이상훈의

고품격 중국어

이상훈의
고품격 중국어

이상훈 · 강월아 지음

학교에서는
가르쳐주지 않는
고급스러운
중국어

올림

일러두기

본문 가운데 중국어 지명과 인명의 한국어 표기는 국립국어원의 외래어 표기법을 따르되, 그 외의 중국어는 외래어 표기법과 무관하게 중국어 발음에 최대한 가깝게 표기했다.

문법적 설명이 필요한 경우에는 비전공자인 일반 독자들도 쉽게 이해할 수 있도록 같은 의미이지만 명칭이 다른 경우 가능한 한 우리말 명칭을 사용하여 谓语(wèi yǔ : 위어), 宾语(bīn yǔ : 빈어), 定语(dìng yǔ : 정어), 状语(zhuàng yǔ : 상어), 及物动词(jí wù dòng cí : 급물동사), 连接词(lián jiē cí : 연접사) 등의 중국어 명칭 대신 술어, 목적어, 관형어, 부사어, 타동사, 접속사 등의 우리말식 명칭으로 표기했다.

의미도 같고 명칭도 같아 우리말과 중국어에서 공통적으로 사용하는 주어(主语), 명사(名词), 동사(动词), 형용사(形容词), 부사(副词), 감탄사(感叹词) 등등의 명칭은 우리말 명칭을 그대로 사용했고, 우리 품사에는 없거나 우리 문법과는 다르게 사용되는 품사들은 중국어 명칭을 그대로 사용하되 우리 발음으로 개사(介词), 어기조사(语气助词), 동태조사(动态助词), 결과보어(结果补语), 추향보어(趋向补语), 가능보어(可能补语), 능원동사(能愿动词) 등등으로 표기했다.

시각적인 면을 고려하여 중국어 표현에는 인용 부호를 생략하기도 했다.

나를 돋보이게 하는 중국어

중국어와 영어는 존댓말이 없으니 '대충' 하면 된다고 생각하는 사람들이 많은 것 같다. 정말 그럴까?

"영어로 기본적인 의사소통을 할 수 있는 직원은 많은데, 제대로 하는 사람은 드물더라. '어? 저렇게 말하면 안 되는데?' 싶은 경우가 한두 번이 아닌데, 그럴 때마다 아찔하더라고."

30여 년 전, 한국에서 영문학을 전공하고 미국에서 여러 해 직장생활을 하다 귀국, 서울의 한 유명 호텔에서 근무하던 선배가 들려준 이야기다. 최대한 정중한 표현을 써야 하는 고객에게 친구 사이에서나 써야 할 말을 마구 쓰더라는 것이다. 일부러 그러지는 않았을 텐데……

중국어는 어떨까? 대만과 중국에서 오랜 세월 공부하고 생활하다 보니 한국인들이 반말투 혹은 교양 없는 중국어를 쓰는 경우를 가끔 접하게 된다. '격조 있는 좋은 표현이 있는데, 왜 저렇게 말할까?' 하는 생각에 안타까웠다. 이 책은 필자의 이러한 경험에서 출발했다.

시중에 중국어 교재들은 이미 넘쳐난다. 이들 교재들이 다루는 어휘나 표현, 문장이 예의 바른 표현이 아니라거나 품위가 없다는 말은 아니다. 단지 모든 경우에 통용될 수 있는 표준 어휘, 표준 문장들로 구성되어 있다 보니 상황이나 대상에 따라 달라져야 하는, 이를테면 존댓말이나 고급스러운 어휘 등에 대한 별도의 친절한 설명을 기대하기는 어렵다는 말이다.

'중국어? 뜻만 통하면 되지.' 하는 분은 사실 중국어를 배우려고 애쓸 필요도 없다. 여행 가서 쇼핑할 때 필요한 정도의 중국어라면 핸드폰에 앱 하나만 깔면 웬만한 의사소통에는 문제가 없는 시대이니까. 이 책은 기본적인 의사소통에서 한 걸음 더 나아가 '교양 있는 중국인이 사용하는, 품격 있는 중국어'를 구사하고자 하는 분을 위한 책이다.

필자의 책 『이상훈의 중국 수다』가 필자의 30년 중국생활에서 보고 들은 경험담을 수다스럽게 이야기로 풀어낸 것이라면, 이 책은 40년의 세월 동안 학교에서, 직장에서, 일상에서 중국어를 배우고 듣고 말하면서 체득한 '중국어 제대로 알고 말하기'에 관한 책이다.

이 책은 일반 중국어 교재와는 다르다. 가장 초보적인 인사말부터 사용하는 사람의 격을 높여 줄 다양한 고급스러운 표현까지 소개한다. 단순한 사전적 언어 지식에서 한 걸음 더 나아가 문화적 · 역사적 · 사회적 배경까지 독자가 한눈에 파악할 수 있도록 했다. 블로그에 글을 연재하면서 놀랍게도 초보 학습자는 물론 학교나 학원에서 중국어를 가르치는 선생님들에게도 도움이 되었다는 이야기를 듣고 흐뭇했다.

한 분의 독자라도 이 책을 통하여 정확하고도 품격 있는 중국어를 구사함으로써 소통의 차원을 높일 수 있게 된다면 더 이상 바랄 것이 없겠다.

강의와 연구에 바쁜 와중에도 이 책의 저작에 적극적으로 협력해 준 강월아 교수께 충심으로 감사드린다.

올림 이성수 대표의 거듭된 요청을 거절하지 못해, 독자의 이해를 돕기 위해 필요하다고 판단되는 삽화들을 직접 그려 넣었다. 그림이 다소 서툴더라도 아마추어의 첫 작품(?)이라는 점을 감안하여 너그럽게 봐주시기 바란다.

2022년 11월
저자를 대표하여
이상훈

차 례

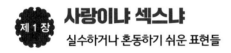

다음을 기약하지요
제 2 장
격조 있는 표현들

중국어에는 존댓말이 없다고?

예의를 갖춘 교양 있는 표현

제 3 장

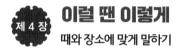

이럴 땐 이렇게

제 4 장

때와 장소에 맞게 말하기

 제 5 장

고사성어는 고사성어가 아니다
알아 두면 좋은 관용어

제 1 장

사랑이냐 섹스냐

실수하거나 혼동하기 쉬운 표현들

"니하오마(你好吗)?"는
"안녕하세요?"가 아니다?

정류장까지 아직도 100미터는 더 남았는데 내가 탈 버스가 내 옆으로 지나가는 것이 아닌가. 버스를 놓치지 않으려고 허겁지겁 달리다 그만 돌부리에 걸려 넘어질 뻔했다. 가까스로 곤두박질 신세를 면하고 다시 버스를 향해 달리고 있는데, 마침 지나가던 단골 마트 사장님이 인사를 한다.

마트 사장님 : 你好吗?(nǐ hǎo ma)
나 : 你好吗?
마트 사장님 : ???

웃자고 한번 만들어 본 상황극인데, 박장대소까지는 아니더라도 피식

18

하고 웃은 분들은 중국어가 상당한 수준에 접어든 분들이다. 무엇이 문제일까?

내가 넘어질 뻔한 모습을 보고 "괜찮으세요?"라고 묻는 마트 사장님에게 "괜찮으세요?"라고 되물은 꼴이 되어 '본의 아니게' 웃음거리가 되어버린 상황이다. "你好吗?"를 '안녕하세요?'라는 뜻으로 잘못 알고 있었기 때문에 생긴 촌극이다. 뭐라고 대응했어야 할까?

"你好, 没问题, 谢谢, 再见。(nǐ hǎo, méi wèn tí, xiè xie, zài jiàn)"

만일 독자 여러분이 저 바쁜 상황에서 단숨에 이 네 마디를 던지고 버스를 향해 달려갈 순발력을 갖추었다면 중국어 고수의 반열에 들었다고 자부해도 좋다.

초보적인 표현들이지만 해석부터 해 보자.

"你好, 没问题, 谢谢, 再见。"
"안녕하세요, 괜찮아요, 감사합니다, 또 봬요."

아는 사람이므로 일단은 "你好(안녕하세요)!" 하고 인사부터 하는 게 순서이겠다. 모르는 사람이 그냥 괜찮냐고 물은 것이라면 당연히 "你好!"는 빼고 "没问题, 谢谢。"만 하면 된다. "再见"을 붙이면 코미디다. 낯선 이에게 무슨 "또 만나자(再见)"는 인사를 하겠는가?(再见을 '안녕히 가세요'라고 오해하는 사람들이 있다. 필자도 대만 생활 초창기에 택시기사에게 이 말을 썼다가 같이 탄 친구한테 놀림을 당했던 기억이 있다. 再见은 헤어질 때 하는 인사지만 우리말의 '안녕히 가세요'와 달리 再(다시, 또), 见(보다)이라는 중국어 원래의 의미대로 '또 봐/또 뵙겠습니다'라는 뜻이다).

이때 没问题(méi wèn tí) 대신 没事儿(méi shìr)을 써도 된다. 홍콩이나 대만에서는 没问题를, 대륙에서는 没事儿을 많이 쓴다. 단언하기는 어렵지만, 앞으로 5년이나 10년 후에는 没事儿이 没问题에게 완전히 자리를 내주게 될지도 모른다. 그러나 그때까지도 没事儿이 살아남아 있다면 그 이후의 변화를 예단하는 것은 정말 쉽지 않을 것이다.

언어란 자고로 문법의 경우에는 옳은 문법(어려운 것)에서 틀린 문법(쉬운 것)으로 하향식으로 진화(?)한다. 즉 틀린 문법이 옳은 문법을 몰아내는, 소위 악화가 양화를 구축하는 현상이 자연스럽게 일어난다. 그러나 어휘만큼은 일반적으로 품위 있고 고급스러운 어휘(경제적·문화적·정치적으로 우월한 지역의 것들, 어쩌면 돈 많고 배우고 힘 있는 사람들이 쓰는 것이라 그것이 고상하고 격조 있다고 착각하는 것인지도 모르지만)들이 상대적으로 열등(?)한 쪽으로 전파되는 것이 일반적인 경향이다. 필자가 감히 중국 대륙의 没事儿이 홍콩이나 대만의 没问题에 자리를 내줄 것이라 말한 이유가 바로 여기에 있다. 개혁개방 이후 적어도 지금까지는 대만이나 홍콩의 일부 어휘들이 중국의 어휘들을 밀어내고 주류의 자리를 차지해 온 것이 엄연한 현실이었다. 개방 후 새로운 세상을 맞이한 중국이 아직 구시대의 때를 벗지 못하던 시절, 그것이 언어이건 패션이건 음악이건 대만이나 홍콩의 것을 더 멋있는, 심지어 더 우월한 것으로 받아들였기 때문이었다. 중요한 것은, 이러한 문화적 사대주의의 흐름은 정치 경제적 상황이 역전되었다 하여 하루아침에 뒤바뀌는 것이 아니라는 사실이다.

그러나 '10년 후에도 没事儿이 살아남아 있다면 그 이후의 변화를 예단하는 것은 정말 쉽지 않을 것'이라고 얘기한 이유는 대만이나 홍콩의 입장에서는 안타까운 일일 수 있겠지만, 중국이 이미 명실 공히 G2의 자리에 올라선 오늘의 상황에서 향후 이 흐름의 역전은 시간 문제일 수도 있기 때문이다.

각설하고, 외국어를 잘한다는 것은 머릿속에서 생각할 틈 없이 '반사적으로' 말이 튀어나오는 것에서 출발한다. 그 비결은 어떤 말이 사용되는 상황을 정확하고 다양하게 이해하고 그 상황을 머릿속에 그리면서 해당 문장을 반복해서 외우는 것이다. 머릿속에 '그림'이 있어야 한다는 말이다.

한국어 번역과 외국어 원문을 나란히 놓고 무작정 외우는 것은 도움이 되지 않는다. 오히려 방해가 될 수도 있다. 위의 상황도 "你好吗?"와 "안녕하세요?"를 나란히 적어 놓고 머릿속에서 상황을 그려 보지 않은 채 열심히 외우기만 한 결과이다. (요즘은 *你好!*와 *你好吗?*의 차이를 비교 설명한 교재들이 많이 나와 있지만, 아직도 네이버 중국어 사전 같은 경우에는 여전히 *你好吗?*를 '안녕하세요?'라고 번역하고 있다.)

你好와 你好吗의 차이

자, 이제 정확하게 무엇이 문제인지 *你好!*와 *你好吗?*의 차이를 차근차근 살펴보자.

지인으로부터 방금 소개받은 두 사람이 서로 인사를 나눈다.

왕 사장 : 안녕하세요, 이 교수님. 반갑습니다.
이 교수 : 왕 사장님, 안녕하세요. 말씀 많이 들었습니다.

이럴 때의 "안녕하세요"를 중국어로 "니하오마(*你好吗?*)"라고 할까? 절대 아니다. 이 글의 제목에서도 얘기했고 상황극을 통해서도 얘기했지만, *你好吗?*는 이럴 때의 "안녕하세요?"가 아니다. "*你(您)好!*"까지만 해야 초면이건 구면이건 의례적인 인사로 하는 '안녕하세요?'의 의미가 된다. 뒤에 가서 자세히 설명하겠지만 서로 아는 사이에 '잘 지냈어요?'라는 의미로, 혹은 설사 초면이라도 '괜찮아요?'라고 구체적으로 안부나 상태를 묻고자 하는 말인 *你好吗?*와는 전혀 다른 인사말이라는 얘기이다. *你好!*라고 인사를 할 상황에서 상대의 호칭(이름이나 직함 등)을 아는 경우에는 호칭 뒤에 好만 붙여도 된다.

앞의 대화를 중국어로 바꾸어서 살펴보자.

왕 사장 : 您好, 李教授。幸会幸会。(nín hǎo, lǐ jiào shòu, xìng huì xìng huì / 안녕하세요. 이 교수님. 반갑습니다)

이 교수 : 王总好*, 久仰久仰。(wáng zǒng hǎo, jiǔ yǎng jiǔ yǎng / 왕 사장님, 안녕하세요. 말씀 많이 들었습니다)

---

*王总好에서의 总은 总经理(zǒng jīng lǐ)의 준말로 우리의 사장, CEO에 해당하는 말이다. 앞에 성을 붙이는 경우에는 王总(왕 사장님), 李总(이 사장님)이라고 줄여서 부른다. 이때 王总经理, 李总经理 등으로 부르는 사람은 거의 없다. 그러나 앞에 성을 붙이지 않고 '사장님'이라고 부를 때는 总이라고 줄여 부를 수 없다. 단, 성이 아닌 이름 석 자를 다 붙이는 경우에는 王○○总经理, 李○○总经理 등으로 불러야 한다. 이때에는 王○○总, 李○○总 등으로 불러서는 안 된다. (기타 중국의 직함은 32~33 페이지 참조)

정통 중국식 인사법이다.

우선 어디에도 *你好吗?*나 *您好吗?*는 없다. 그냥 *您好* 혹은 앞에서 설명한 것처럼 *王总*이라는 호칭 뒤에 바로 *好*를 붙여서 *王总好*라고 한 것을 볼 수 있다.

'반갑습니다'와 '만나서 기쁩니다'

첫 번째 문장의 *幸会*는 무슨 말일까?

번역은 '반갑습니다'라고 했다. 幸(xìng)은 '행운'이란 말이고 会(huì)는 '만나다'라는 말이다. 즉 만나서 기쁘다, 혹은 만나서 영광이라는 말인데, 반갑다는 인사다. *幸会*를 두 번 반복해서 *幸会幸会*라고 더 강조해서 표현했고, 이런 용법은 바로 다음에 나오는 *久仰久仰*에서도 볼 수 있다.

그런데 요즘 젊은 사람 중에는 *幸会*라는 말을 잘 모르는 사람도 간혹 있다. 알든 모르든, 요즘 젊은이들은 대신 다음과 같은 표현을 많이 쓴다. 다 반갑다는 말인데, 각각의 인사 뒤에 직역한 한국어를 괄호 안에 넣어 보면

很<u>高兴</u><u>见到</u>您。(hěn gāo xìng jiàn dào nín / 만나서 기쁩니다.)

很<u>高兴</u><u>认识</u>您。(hěn gāo xìng rèn shi nín / 알게 돼서 기쁩니다.)

很<u>荣幸</u><u>见到</u>您。(hěn róng xìng jiàn dào nín / 뵙게 돼서 영광입니다.)

很<u>荣幸</u><u>认识</u>您。(hěn róng xìng rèn shi nín / 알게 돼서 영광입니다.) 등등이다. (이때 밑줄 그은 부분이 문장 맨 앞으로 가도 무방하다.)

대충 들어도 Nice to mee you, Glad to know you, It's my honor to

meet you, It's my honor to know you. 등의 영어에서 온 표현임을 금방 알 수 있다.

이 교수는 "幸会幸会"라는 왕 사장의 인사를 받아 "王总, 您好!" 대신 您을 생략한 "王总好"라는 표현을 썼다.

您을 생략한 인사로 일상에서 많이 들을 수 있는 것에는 학생들이 아침에 등교하면서 교문 앞에서 맞이하는 선생님에게 하는 인사 "선생님, 안녕하세요"가 있다. 이때에도 "老师, 您好!" 대신 您을 빼고 "老师好!"라고 한다. 이때 您을 빼고 안 빼고는 중요하지 않다. 습관일 뿐이다.

말씀 많이 들었습니다

바로 뒤 구절 久仰久仰(jiǔ yǎng jiǔ yǎng)은 오랫동안 앙모(仰慕)해왔다, 혹은 흠모해왔다는 뜻의 久仰을 두 번 반복해 강조한 것으로, 이보다 더 격식을 갖춘 표현으로는 '명성을 오랫동안 흠모해 왔습니다'라는 뜻의 久仰大名(jiǔ yǎng dà míng)이 있다.

정리해 보자. 처음 만나서 서로 '안녕하세요?' 할 때는 你好! 혹은 您好!를 쓴다. 你好吗?나 您好吗?가 아니다. 그리고 '반갑습니다'의 중국식 표현은 幸会이며, '말씀 많이 들었습니다'와 유사한 표현은 久仰이다. 앞에서 幸会나 久仰을 두 번 반복한 것을 강조한 것이라고 말했는데, 정확히 말하자면 한 번만 하는 것에 비해 훨씬 더 공손하게 들린다. 幸会라고 하면 '반갑습니다' 정도의 느낌인 데 비해 幸会幸会라고 하면 '뵙게 돼서 영광입니다' 정도의 느낌이 난다는 얘기이다. 중간을 끊지 않고 빠르게 두 번 반복하면 된다. 久仰久仰도 마찬가지이다. 久仰, 久仰久仰, 久仰大名(jiǔ yǎng dà míng)의 순서대로 대략 이런 뜻이 된다. '말씀 많이 들었습니다', '존함은 익히 들어왔습니다', '명성을 늘 흠모해 왔습니다'.

한 가지 주의할 것은, 幸会나 幸会幸会는 굳이 상대가 높은 신분이 아니더라도, 관용적으로 '반갑습니다'라는 의미로 쓸 수 있지만, 久仰이나 久仰大名은 아무한테나 쓰면 오히려 어색해질 수 있다. 상대가 내 입장에서 존경할 만한, 그러니까 나름 유명한 사람이거나 개인적으로 선후배 관계 같은 사이, 혹은 지인을 통해 실제로 서로에 대해 여러 가지 이야기를 들은 사이여서 상대가 듣기에도 어느 정도 납득이 되는 경우여야지, 그게 아니라 '엥? 내 얘기를 많이 들었다고? 어디서?' 혹은 '내 명성을 흠모했다고? 왜?' 하는 느낌이 드는 관계에서는 써서는 안 된다는 말이다.

이런 경우엔 상대의 말을 그대로 받아서 幸会 혹은 幸会幸会 하면 된다. 물론 요즘 식으로 很高兴认识您(hěn gāo xìng rèn shi nín : 알게 돼서 기쁩니다) 같은 표현을 써도 된다. 내

가 상대보다 어떤 식으로든 어른인 경우, 혹은 서로 대등한데 상대가 별 긴 인사 없이 "你好, 李教授." 정도로 인사를 끝냈다면 나 역시 그냥 "你好!"나 "王总好!" 혹은 "你好, 王总." 하는 식으로 다른 추가 인사말 없이 짧

게 받으면 된다.

계속해서 우리말에서 '안녕하세요'가 쓰이는 경우를 몇 가지 더 보자. 동네 가게에 가서 주인 아주머니한테는 어떻게 인사할까? 아는 사이건 모르는 사이건 "안녕하세요"이다. 오다 가다 한 번씩 마주치는 동네 할아버지와 눈이 마주쳐서 "안녕하세요?" 할 때도 역시 *你好*다. 서두의 상황극의 *你好* 역시 이런 경우이다.

그러면 모르는 사람에게는 어떻게 인사할까? 우리는 미국 사람처럼 모르는 이한테도 "Hi!" 하는 실없는 민족이 아니고^^, 중국도 마찬가지이다. 물론 현대인들은 서구식 에티켓에 익숙해져서(나쁘다는 말이 아니다. 오히려 아주 바람직한 일이다) 세미나 같은 곳에서 모르는 사람들과 마주쳐도 그냥 소 닭 보듯 하기보다는 목례라도 하거나 "안녕하세요"라고 영혼 없는(^^) 인사를 건네는 일들이 많아졌다. 중국 역시 마찬가지이다. 이때도 '你好' 하면 된다.

서비스 업종에서 고객에게 하는 '안녕하세요' 역시 장소가 은행이든 식당이든 관공서이든, 뒤에 따라오는 말이 "이리 앉으세요"든 "몇 분이세요?"든 혹은 "뭘 도와드릴까요"나 "무슨 일로 오셨습니까?"이든, '안녕하세요'가 첫 마디 인사의 대표 인사로 거의 통일(?)되어 있다. 중국어에서도 마찬가지로 *你好*(您好)를 문두에 꺼내 놓고 그 뒤에 이어서 "이리 앉으세요(请坐 : qǐng zuò)"나 "몇 분이세요?(几位 : jǐ wèi)" 혹은 "뭘 도와드릴까요?(有什么需要帮忙的吗? : yǒu shén me xū yào bāng máng de ma)" 등의 본론을 얘기하면 된다. 물론 대형 식당이나 백화점 같은 곳에서는 우리의 '어서 오십시오'와 같은 의미로 欢迎光临(huān yíng guāng lín : 광림을 환영하다. 즉 '어서 오세요'의 상업적 표현)이라는 그들만의 인사를 하지만, 어쨌든 중요한 것은 이들 중 어떤 경우에도 '안녕하세요'라는 의미로 *你好吗*?는 쓸 수 없다는 것이다.

*你好吗*는 어떤 때 쓰는 말일까?

그러면 *你好吗*?는 어떤 때 쓰는가? 의례적인 인사 '안녕하세요'가 아니라 상대방의 실제 상태가 궁금할 때 묻는 안부인사이다.

며칠 동안 결석을 한 짝꿍에게 글자 그대로 "너 괜찮아?"라고 묻는 경우, 넘어져 우는 아이에게 다가가 "너 괜찮니?"(서두의 버스 정류장의 상황과 유사한), 혹은 오랜만에 할머니에게 전화를 해서 "할머니, 잘 지내세요?" 이렇게 안부를 물을 때 쓰는 인사말이 *你*(*您*)*好吗*?이다.

좀 더 구체적으로 살펴보면 앞의 세 가지 경우도 실은 크게 둘로 나뉜다. 짝꿍의 경우와 넘어진 아이의 경우는 같은 *你好吗*?라도 문제가 있을 것 같다는 전제하에서 하는 말이므로 '그럼에도 불구하고'의 느낌에 해당하는 *还*를 *好吗* 앞에 붙여서 *你还好吗*?(너 정말 괜찮아?)라고 묻는 느낌이다. 실제로 이런 경우에 *你还好吗*?라고 물으면 *你好吗*?에 비해서 상태가 더 걱정스럽다는 느낌을 담게 된다. 즉 '너 며칠이나 결석했는데(무슨 문제가 있는 것 같은데), 그럼에도 불구하고 괜찮아?', '너 넘어졌는데(다친 것 같은데), 그럼에도 불구하고 괜찮아?'라는 느낌, 즉 'Are you OK?'의 뜻이고, 세 번째의 할머니에게 한 *您好吗*?는 순수한 안부인사, 즉 '어떻게 지내세요?'

나 '편안하세요?'에 해당하는 말이다. 이런 경우에는 뒤에 이어서 '오랜만이예요'라는 好久不见。(hǎo jiǔ bú jiàn)이나 '요즘 어떠세요?/ 어때?'라는 의미의 最近怎么样?(zuì jìn zěn me yàng) 등을 쓰기도 한다. 물론 바로 어제 시골 집에서 할머니를 만나고 왔는

데, 이상하게 밤에 할머니가 편찮으신 꿈을 꿨다면 일어나자마자 바로 전화를 해서 奶奶,你好吗?(nǎi nai, nǐ hǎo ma : 할머니, 괜찮아?)라고 할 수도 있겠다. 아무튼 이 각각의 경우가 조금씩 상황이 다르긴 하지만 모두 실제 안부를 묻는 말들이다. 따라서 초면이건 구면이건 단순하게 '안녕하세요?'라고 건네는 인사인 你(您)好!와는 구별해서 사용해야 한다.

그리고 你와 您의 차이는 이 경우에도 당연히 그대로 적용이 된다. 그래서 위에서 예를 든 모든 경우의 你好는 상대가 손윗사람이거나 예의를 갖추어야 할 상대이면 您好로 바꾸면 된다. 그리고 우리말에서도 손녀와 할머니의 사이가 친구처럼 가까우면 반말을 하는 것이 더 자연스럽듯 중국어에서도 이런 경우에는 굳이 您을 쓰지 않는 경우도 많다.

중국의 직함들

우리말의 정부 관리나 기업 간부 명칭은 대개 일본식이다. 장관, 차관, 국장 혹은 사장, 전무, 상무, 부장, 과장 등이 그런 예이다. 중국에서는 이런 직함을 어떻게 부를까? 우선 중앙정부의 장관은 부장(部长 : bù zhǎng), 차관은 부부장(副部长 fù bù zhǎng), 국장은 사장(司长 : sī zhǎng), 부국장은 부사장(副司长), 과장은 처장(处长 : chù zhǎng) 등으로 부른다.

우리나라에도 행정조직에 따라 장관 외에 원장이나 청장, 실장, 처장 등의 별도 직함이 있듯이, 중국 역시 부장 외에 다른 직함들도 있다. 우리의 국세청에 해당하는 국세국(国税局 : guó shuì jú)의 장은 국장(局长 : jú zhǎng)이라는 직함을 쓰며, 과거 우리의 경제기획원과 유사한 기능을 가진 국가발전 및 개혁위원회(国家发展和改革委员会 : 약칭 발개위 发改委) 같은 경우 최고위 간부의 직함은 주임(主任 : zhǔ rèn)이다. 우리의 주임과는 차이가 크다.

중앙정부와 지방정부의 직위 명칭은 좀 다르지만 크게는 성장(省长 : shěng zhǎng), 부성장(副省长)이나 시장(市长 : shì zhǎng), 부시장(副市长) 밑에 청장(厅长 : tīng zhǎng)과 처장(处长 : chù zhǎng)이 순서적으로 자리한다(조직에 따라 예외도 있다). 각 지방의 성장은 장관급이며 시장은 도시의 크기에 따라 또는 직할시냐 아니냐 등에 따라 장관급, 차관급, 국장급 등등으로 나뉘는데, 그 등급에 따라 산하 청장(厅长)이나 처장(处长) 등 간부들의 위상도 달라진다. 마치 민간 기업도 대기업 전무나 부장과 중소기업의 전무나 부장이 그 중량감에서 차이가 나는 것과 마찬가지이다. 우리도 그렇긴 하지만 시장이라고 다 같은 시장이 아니요 부장이라고 다 같은 부장이 아니란 말인데, 워낙 땅덩어리가 크고 도시도 많은 국가라 그 차이가 가히 천양지차라 할 만하다.

기업의 직위는 어떨까. 중국에서 사업을 할 때 가장 많이 듣는 직함이 총경리 (总经理 : zǒng jīng lǐ)와 동사장(董事长 : dǒng shì zhǎng)이다. 우리의 사장과 회장에 해당하는 직함들인데, 2인자는 역시 앞에 부(副)를 붙인다.

기업마다 다르지만 일반적으로 중견 간부로는 임원급에 해당하는 총감(总监 : zǒng jiān)이 있고 각 부서별로 경리(经理 : jīng lǐ)가 있는데, 기업에 따라서는 부서별 리더의 명칭을 부장이나 과장으로 부르기도 한다. 이때 중국어의 과장 은 우리와 한자가 다르다. 課長(课长 : kè zhǎng)이 아니라 科长(kē zhǎng)이다. 규모가 큰 기업의 경우에는 일반적으로 경리급 밑에 주관(主管 : zhǔ guǎn)이 나 조장(组长 : zǔ zhǎng) 등을 두기도 하는데, 정확히 우리나라 직급의 어느 것 과 대응이 되는지는 해당 기업의 규모나 조직 구조를 보아야 알 수 있다. 최근 에는 서구화의 물결로 중국 기업에도 CFO(최고재무책임자) CTO(최고기술 책 임자) CHO(최고인재개발책임자) 등의 개념이 생기면서 财务(cái wù)总监(CFO), 技术(jì shù)总监(CTO), 人力资源(rén lì zī yuán)总监(CHO) 등의 직위가 생기고 있다.

이 정도만 해도 중국정부 인사들이나 기업인들을 만나기 위한 기본 정보는 알게 된 셈인데, 여기서 중요하고 재미있는 사실 한 가지를 알고 가야 한다. 중국에서는 2인자의 직위 앞에 붙는 부(副) 자는 호칭에서 제외한다. 부부 장은 부장이라 부르고 부시장은 시장, 부총경리는 총경리라고 부른다는 말 이다.

그러면 시장과 부시장이 함께 식사 자리에 나온 경우는 어떻게 하는가? 일반 적으로 정부 조직이나 대기업의 경우 1인자와 2인자가 함께 나타나는 경우는 잘 없다. 간혹 해외 투자를 유치하기 위해 시장이 각 분야별 부시장들을 소개 시키고 자신의 위상도 과시할 겸 부시장들을 대동하고 외국 정부나 기업의 대 표단을 만나기도 하지만 흔한 경우는 아니다. 이럴 때는 해당 시장이나 수행한 실무 간부들이 부시장을 어떻게 부르는지 주의해서 들어 두었다가 그대로 따 라 하는 것이 안전하다. 일반적으로는 부시장들을 소개하는 시장 본인조차 부 시장들을 시장이라는 호칭으로 소개해서 처음 이런 자리에 참석하는 한국 사 람들을 어리둥절하게 하기도 한다. 상황이 이런 만큼 특히 회의나 만찬의 상 대 대표로 앞에 부(副) 자가 붙은 직함의 인사가 나온 경우에는 절대 부(副) 자 를 앞에 붙여서는 안 되니 명심하시기 바란다.

참고로 대만의 습관은 우리와 같다. 2인자에게 붙이는 부(副) 자는 꼭 붙여야 한다. 이야기 나온 김에 대만 기업들의 직위 가운데 대표적인 것 몇 가지만 알 아보자.

董事长, 总经理, 副总经理, 经理 등의 개념은 중국과 똑같은데, 중국에는 전 혀 없는 직위 명칭이 몇 가지 있다. 协理(xié lǐ), 副理(fù lǐ), 襄理(xiāng lǐ) 같은 직함이다. 이들 직함은 대략 副总经理와 经理 사이 어딘가쯤에 위치해 있다고 보면 되는데, 일반적으로 '协理'급이면 우리의 임원급이라고 봐도 되고 그 외 는 부장급, 과장급 정도로 보면 된다. 공기업 같은 경우에는 때로 부총경리 밑 에 바로 主任과 副主任이 위치하고 그 아래에 组长(zǔ zhǎng), 副组长(fù zǔ zhǎng) 등이 오는 경우도 있다.

대만 행정부의 장관과 차관은 중국과 마찬가지로 '부장', '부부장'으로 부른다.

교재에 나오는 인사말,
실제로 쓰는 인사말

早上好！(zǎo shang hǎo)

晚上好！(wǎn shang hǎo)

최근의 회화교재에서 각각 아침인사, 저녁인사라고 소개되는 표현이다. 영어의 good morning이나 good evening에서 유래한 표현이지만, 실생활에서 아침에 혹은 저녁에 사람을 만났다고 이렇게 인사하는 사람은 거의 없다. 뒤에서 자세히 설명하겠지만, 방송이나 공식 행사 같은 데서 주로 쓰는 표현이다.

早上好와 晚上好는 방송에서나 쓰는 말

그러면 일상생활에서 아침에 만나면 뭐라고 할까? 일반적으로 중국식 '굿 모닝'인 早(zǎo)를 가장 많이 쓴다. 물론 하루 중 아무 때나 쓸 수 있는 인사말 你好를 써도 전혀 문제가 없다. 그러면 저녁에는? 저녁에도 그냥 你好다.

참고로 우리는 아침에 사람을 만나면 뭐라고 인사할까? '좋은 아침입니다'라고 하는가? 물론 이런 서양식 인사도 이미 일상이 된 지 반백 년이 가까우니 이젠 정말 우리말처럼 들리기도 하고 또 다들 그렇게 쓴다. 나쁘다는 말이 아니다. 그러나 본래 우리의 아침 인사는 '일찍 기침하셨네요', '밤새 편안하셨습니까?', '잘 잤어?'였다. 아침을 먹었을 만한 조금 더 늦은 시간이라면 '조반 드셨습니까?', '아침 먹었니?'였다. 이게 우리식 전통 인사다. 뒤에 가서 더 상세하게 얘기하겠지만 사실은 중국어도 본래는 우리와 비슷하다.

본격적으로 早上好와 晚上好에 대한 얘기를 하기 전에 다시 한번 강조하지만, 아침이건 점심이건 저녁이건 우리말의 '안녕하세요'에 해당하는 인사는 你好 하나면 된다. 물론 아침에는 특별히 早가 你好를 대신하기도 한다고 했다. 그렇다고 처음 만난 사람끼리 아침 시간이라고 해서 "早, 王总, 幸会幸会。"라거나 "李教授, 早, 久仰久仰。"이라고는 잘 하지 않는다.

이 밖에도 특별히 아침이나 저녁 분위기를 강조하고 싶다면, 예를 들어 노을 진 강변을 산책하다가 동네 할아버지를 만났다면 "爷爷, 晚上好! (yé ye, wǎn shang hǎo/ 할아버지, 좋은 저녁이에요.)" 같은 인사는 충분히 가능하다.

그러나 특별히 아침, 저녁을 강조하고 싶지 않은 이상 '좋은 아침입니다' 혹은 '좋은 저녁입니다'라는 인사말을 사용하는 사람은 라디오나 TV 프로그램의 진행자 정도 외에는 별로 없다. '아침 건강 365일' 같은 프로그램 진행자가 "시청자 여러분, 좋은 아침입니다.(各位观众朋友, 早上好 : gè wèi guān zhòng péng you, zǎo shang hǎo)!" 할 때 쓴다는 말이다. 그 밖에는 세미나나 유치원 학예회 같은 행사의 진행자나 방과 후 저녁반 학원에서 강사 선생님과 학생들 사이에서 하는 인사 정도? 선생님이 단상 앞에 서서 "同学们, 晚上好! (tóng xué men, wǎn shang hǎo / 여러분 좋은 저녁입니다)"라고 인사를 던지면 학생들이 "老师, 晚上好! (lǎo shī, wǎn shang hǎo / 선생님, 좋은 저녁이예요)"라고 되받는 이런 상황에서 하는 인사이지, 평소에 일상적으로 쓰는 인사는 아니니 알고는 있되 굳이 이 용법을 써 보려고 애쓸 필요는 없다.

하지만 앞으로 몇 년 혹은 몇십 년이 지나면 早上好와 晚上好가 영어의 Good morning이나 Good evening처럼 일상 회화의 정식 아침인사, 저녁인사로 교재에 등장할 가능성은 상당히 높다고 볼 수 있다.

실제로 이미 TV나 라디오의 뉴스 아나운서나 프로그램 진행자들 그리고 각종 행사의 진행자들은 早上好나 晚上好 외에도 오후 프로그램에서는 영어의 Good afternoon에 해당하는 下午好(xià wǔ hǎo)를 아주 자연스럽게 쓴다.

晚上好는 Good evening! 晚安은 Good night!

早安=早上好

午安 ≠ 下午好

晚安≠晚上好

이 밖에 早安(zǎo ān), 午安(wǔ ān), 晚安(wǎn ān) 등도 쓰는데, 주의할 것은 早安은 早上好와 같은 상황에서 같은 의미로 아침에 '안녕하십니까'라는 의미로 쓰지만, 午安과 晚安은 下午好나 晚上好와 다르다는 점이다. 下午好가 오후 인사인 데 비해 午安은 점심 무렵에만 쓰는 인사이며, 晚上好가 저녁에 만나서 하는 인사인 '좋은 저녁입니다'인 데 비해 晚安은 잠들기 전에 하는 인사인 '안녕히 주무세요'나 '잘 자' 혹은 밤 늦은 시간에 헤어지면서 明天见(míng tiān jiàn : 내일 봐)이나 再见(잘 가/ 담에 봐) 대신 하는, '잘 쉬어~'라는 느낌을 담은 말이다. 즉, 晚上好는 Good evening에, 晚安은 Good night에 해당한다고 보면 된다.

早上好나 晚上好 같은 외국어에서 온 인사말이 이렇게 대중매체에서 유행하는 이유 가운데 하나는 복수의 시청자나 대중을 상대하는 진행자들의 입장에서 아주 알맞는 표현이기 때문이다.

36

예전에 早上好나 下午好, 晚上好 등이 보편적으로 쓰이기 전에는 各位观众朋友, 早上好(gè wèi guān zhòng péng you, zǎo shang hǎo) 대신 各位观众朋友, 大家好(gè wèi guān zhòng péng you, dà jiā hǎo) 즉 '시청자 여러분 모두 안녕하십니까?'라고들 얘기했었다. 행사에서도 사회자들은 各位来宾, 下午好(gè wèi lái bīn, xià wǔ hǎo)가 아니라 各位来宾, 大家好(gè wèi lái bīn, dà jiā hǎo / 내빈 여러분 다들 안녕하십니까)를 사용했었다. 상대가 단수인 일개인이 아니라 대중, 즉 복수이므로 2인칭 단수에게 쓰는 你好나 您好라는 인사말이 쓰일 수 없는 상황에서, '여러분 안녕하세요', '다들 안녕하세요'의 의미로 사용되던 大家好의 자리에 인사하는 대상의 수와 관계없는 '좋은 아침입니다'나 '좋은 오후입니다' 같은 서양식 인사말이 자리하게 되었다고 보면 크게 무리는 없을 것이다. 바꿔 말하면, 꼭 아나운서나 사회자가 아니더라도 다수의 사람을 상대로 인사를 할 때에는 여러분이나 나도 이런 早上好나 下午好, 晚上好를 훨씬 자연스럽게 쓸 수 있다는 말이다.

자랑스러운(?) 동양인의 아침인사 "식사하셨어요?"

서양에서 왔건 어쨌건 '좋은 아침', '좋은 저녁', 早上好, 晚上好 등은 좋은 인사말임에 틀림이 없다. 문제는, 아무리 좋은 것일지라도, 애써 제 걸 폄하하면서까지 떠받들 필요는 없을 텐데, 우리는 간혹 그런 우를 범하는 것 같다. 반세기 전만 하더라도 온 국민이 널리 사용하던 우리의 아침 인사 '일찍 기침하셨네요'나 '조반 드셨어요?', '잘 잤니?', '밥 먹었어?' 등이 어느 사이엔가 '좋은 아침입니다', '좋은 아침!'에 자리를 뺏긴 것 같다. 심지어 '밥 먹었냐'는 우리식 전통 인사말은 못살던 시절 밥 굶는 사람이 하도 많아 '밥을 먹었는지' 묻는 것이 인사가 되었다는 자기비하적 해설까지 따라붙기도 한다.

필자는 이런 자기비하적 해설을 별로 수긍하고 싶지 않다. 밥 제대로 챙겨 먹는 것이 어렵던 시절, 우리처럼 예의를 숭상하고 체면을 중시하는 민족이, 행여 상대방이 밥 못 먹은 변명거리를 찾느라 안절부절하게 만들거나 못 먹고도 먹었다고 거짓말을 하게 만드는 그런 민감한 질문을 일상의 문안인사로 삼았을 리가 없기 때문이다. 물론, 너도 나도 배를 곯던 시절이니 부끄러울 것도 없었고, 그래서 그것이 문안이 될 수 있었으리라고 얘기할 수는 있겠다. 그렇다면 지구 반대편에서 기근으로 고통받았던 중세 유럽에서는 왜 그런 인사말이 생기지 않았는지는 어떻게 설명할 수 있겠는가? 필자는 그들에게 식사 여부와 관련한 인사가 없는 이유는 동양에 비해 상대적으로 풍족했던 여건 때문이라기보다는 그들의 개인주의와 더 관계가 있을 것이라고 생각한다. 직업이든 나이든 식사 여부든, 개인적인 질문을 금기시하는 서양에서는 아주 기본적인 안부를 묻는 인사 외에는 날씨 등을 보편적인 인사말로 삼지 않았을까 한다.

따라서 '진지 드셨습니까?' '밥 먹었니?' 등의 인사말은 결코 가난한 시절의 부끄러운 유산이 아니라, 서양에는 없는 우리만의 미덕, 깊숙이 상대의 삶에 개입해 배려하고 동고동락하려는 한국적 인간관계의 결과가 아닌가 생각해 본다.

재미있는 것은, 중국도 실은 이 부분에서 우리와 같은 인사말을 갖고 있

다는 사실이다. 우리말에서 굳이 아침이 아니더라도 '밥 먹었냐'는 말이 하루 중 거의 아무 때나 인사가 되듯, 중국어에서도 밥 먹었느냐는 의미의 吃饭了吗(chī fàn le ma)?(우리가 중국어를 처음 배울 때 우리의 욕설과 발음이 비슷하다 하여, 가르쳐 주는 이도 없는데 농담처럼 제일 먼저 배웠던 '츠판러마?')는 여전히 하루 중 아무 때나 쓸 수 있는 인사이다. 吃饭了吗?는 吃饭了没? 혹은 吃饭了没有? 등으로 말하기도 한다.

　아무튼 언어라는 것은 이렇게 시대와 지역을 넘나들며 서로에게 영향을 미치고 변화하며, 또 그렇게 삶에도 영향을 미치는 것이기는 하지만, 가능하면 기존의 언어 질서를 파괴하지는 않았으면 하는 것이 필자의 생각인데, 요즘처럼 '창조적 파괴' 같은 어휘들이 새 시대의 언어로 부상하는 시대에는 이런 생각조차도 살아 꿈틀거리는 언어의 자유로운 생명력을 억압하는 폭력일 수도 있겠다 싶긴 하다.

很高兴见到您은 무식한 자들의 인사법?

앞에서 예로 들었던 '만나서 반갑습니다'라는 말도 예전에 우리는 '만나서'라는 말을 굳이 더하지 않았다. 이 경우 우리말에서는 '만나서'라는 말은 필요가 없는 군더더기이다.

'반갑다'는 말이 그냥 혼자 좋은 게 아니라 누군가를 만나서 기쁜 상태를 말하는 것이기 때문에 '만나서 반갑습니다'는 '역전앞'이나 '낙숫물'처럼 안 써도 될 군더더기 하나를 더 붙인, 중국어 속어의 표현을 빌자면 '바지 벗고 방귀 뀌는(脱裤子放屁/ tuō kù zi fàng pì)' 격이라는 것이 필자의 생각이다. 필자가 아는 한, 영어에는 반갑다는 말이 없다. 그러니 '반갑다'라는 형용사가 없는 영어에서는 '반갑다'는 말을 '만나서 기쁘다(Glad to meet you)'라고 표현할 수밖에 없었던 것인데, 멀쩡한 좋은 우리말 '반갑다'를 놔두고서 우리는 영어의 '만나서(to meet)'를 굳이 번역해서 만남의 의미가 중복된 영어식 '만나서 반갑습니다'라는 '바지 벗고 방귀 뀌는' 인사말을 만들어낸 것이다.

이 점은 중국어도 마찬가지이다. 중국어에 우리말의 '반갑다'에 해당하는 단어가 바로 앞에서 얘기한 幸会라는 단어이다. '만나서 기쁘다'는 말을 이렇게 간결하게 한마디로 압축해서 했었는데, 그걸 제대로 모르는 요즘 사람들이 굳이 영어를 번역해 很高兴见到您 같은, '바지 벗고 방귀 뀌는' 식의 인사말을 만들어냈다는 말이다.

그러나 또 다른 의미에서는 이런 군더더기(?) 또한 한 시대를 대표하는 중요한 언어사적 사료가 되어, 이를 통해 우리는 그냥 '반갑습니다'라고 인사하는 사람과 '만나서 반갑습니다'라고 인사하는 사람, 혹은 幸會라는 인사가 등장하는 문헌과 很高兴见到您이 등장하는 문헌의 서로 다른 시대적 배경을 가늠할 수도 있는 것이니, 무조건 이것은 틀렸다, 저것은 틀렸다 할 일은 아닌 듯하기도 하다.

여인을 조심하라?

A : 你要特别小心这个女人，她心狠手辣。(nǐ yào tè bié xiǎo xīn zhè ge
nǚ rén, tā xīn hěn shǒu là /너 이 여자 특히 조심해야 돼, 독하고 무서운 여
자야)

B : 只不过是一个普通的女子,怕什么?(zhǐ bu guò shì yī ge pǔ tōng de
nǚ zǐ, pà shén me /그냥 보통 여자에 불과한데, 뭐가 무서워?)

A : 你看错人了，她不是普通的女子，她是个可怕的女人。(nǐ kàn cuò
rén le. tā bú shì pǔ tōng de nǚ zǐ. tā shì ge kě pà de nǚ rén / 너 사람 잘
못 봤어. 보통 여자가 아니야, 무서운 여자야)

같은 사람을 두고 두 가지 표현을 썼다. 女人과 女子. 우리말 번역은 모두 '여자'라고 했는데, 중국어에서는 어떤 차이가 있을까? 이 대화를 보면 女人은 나쁜 여자, 女子는 일반 여자를 지칭하고 있다. 다른 예를 하나 더 보자.

여자 A : 我们家儿子已经十六岁了, 还是喜欢跟女孩子们玩。(wǒ men jiā ér zi yǐ jīng shí liù suì le, hái shi xǐ huan gēn nǚ hái zi men wán / 우리집 아들은 벌써 열여섯인데 아직도 여자애들이랑 노는 걸 좋아해)

여자 B : 他是不是已经开始玩女人了^^?(tā shì bu shì yǐ jīng kāi shǐ wán nǚ rén le / 그 녀석 벌써 여자애들 후리고 다니는 거 아냐?^^)

여기서도 女人은 좋지 않은 내용과 연계되어 사용되었다. 이유는 간단하다.

女人이라는 어휘에 단순히 성별로서의 '남성(男性)'의 반대어인 '여성(女性)'의 개념 외에 전통 사회가 여성에 대해 갖고 있는 부정적 편견이 숨어 있기 때문이다. 똑같은 이유로(전통적 편견) 정반대의 효과를 갖는 어휘가 男人이다. 男人은 남성의 전통적인 우월적 지위 덕에 단순히 '남성'을 의미하는 어휘가 아니라 영웅적인 남성상의 어감이 강한 어휘이다. 이 얘기는 잠시 후에 하기로 하고, 女人이라는 어휘가 갖는 부정적 어감이 배제된 중립적 어휘로는 女儿, 女生, 女孩子, 女士, 女的, 女性, 女子 등이 있다. (물론이들이 다 똑같이 사용되는 어휘라는 얘기는 아니다.)

　남성의 경우에는 앞에 열거한 어휘들에서 女만 男으로 바꾸면 이들에 대응되는 단어가 되는데, 예외가 하나 있다. 방금 얘기한 男人 외에 男儿(nán ér)이다. 男儿과 女儿(nǚ ér)은 서로 대응되는, 즉 단순히 성별만이 다른 동격 관계의 어휘가 아니다. 女儿은 '딸'이라는 말이지만, 男儿은 '아들'이 아니라는 말이다. 男儿은 '사나이'라는 말이고, '아들'이라고 하려면 儿子(ér zi)라고 해야 한다. 유덕화가 주연했던 영화 「열혈남아(热血男儿 : rè xuè nán ér)」의 男儿이 좋은 예이다. 이 차이를 설명하기 위해 女儿을 중립적 어휘의 범주에 잠시 편입시켰지만, 女儿은 '딸'이라는 의미 외에 여성을 달리 지칭하는 어휘는 아니니 혼동하지 말기 바란다.

　남성과 관련한 단어는 잘못 쓴다고 크게 실수할 일은 없으니 여성과 관련한 어휘, 특히 女人의 쓰임새와 주의할 점에 대해 알아보자. 우리말에서는 우아한(?) 느낌으로 다가오는 이 말이 중국어에서는 오히려 반대의 경우가 될 수도 있다. 우선 이 女人이라는 어휘가 무조건 쓰면 안 되는 좋지 못한 어감만을 갖고 있는지, 다음의 예를 보면서 이 질문의 답을 찾아보자.

여인의 향기?

她很有女人味儿。(tā hěn yǒu nǚ rén wèir) / 그 여자 상당히 여성스러운 매력이 있어.

우리말로 길게 해석했는데, 짧게 이야기하면 '그 여자 참 여자다워'라는 뜻이다. '她很有魅力。(tā hěn yǒu mèi lì) / 그 여자 상당히 매력 있어'라는 말에 비해 여자 냄새가 농후하게 나는 표현이다. 매력의 근원은 '유머감각', '업무적 능력', '건강미', '지적 능력', '외모', '시원시원한 성격' 등등으로 다양하지만, 女人味儿은 맛이라는 뜻의 味에서 알 수 있듯 '여자다운 맛'에 초점이 맞춰져 있다. 우리말의 여성미와 거의 같은 의미이지만 (우리말의 여성미에는 女性美와 女性味 두 가지가 있는데, 女性美의 사전 풀이는 '체격이나 성질에서 여성만이 갖는 특유의 아름다움'이고 女性味는 '여자다운 맛'이므로, 중국어의 女人味는 우리말의 女性味에 해당하지만) 활용 방식에 다소 차이가 있다. 우리말에서는 '여성미 넘치는 그녀만의 매력'처럼 쓰면 자연스럽지만 '그 여자 참 여성미가 있어'처럼 쓰면 어딘지 어색한 반면, 중국어에서의 她很有女人味(儿)은 극히 자연스럽고 자주 쓰이는, 여성에 대한 일종의 찬사이다. '여성스러움이 물씬 풍긴다' 혹은 '여성미가 넘친다'라는 말인데, 사람마다 여성스러움의 정의는 다르겠지만, 아무튼 이 말을 여성에게 했다면 어떤 종류의 여성스러움을 염두에 두고 했건 찬사라고 할 수 있다. 이때의 女人은 앞에서 본 예들과는 정반대로 긍정적 뉘앙스로 사용되었다.

女人, 女生, 女孩子, 女士, 女的, 女性, 女子의 차이

이번에는 女人이 중립적으로 쓰인 예를 보자.

成功的男人背后, 都有一个伟大的女人。(chéng gōng de nán rén bèi hòu, dōu yǒu yí ge wěi dà de nǚ rén / 성공한 남성의 뒤에는 모두(항상) 위대한 여성이 있다.)

为什么女人喜欢钻石？(wèi shén me nǚ rén xǐ huan zuàn shí / 왜 여자들은 다이아몬드를 좋아할까?)

이 두 문장에 사용된 女人에는 어떤 긍정이나 부정의 느낌도 없다.

그러면 앞에서 중립적 어휘의 예로 들었던 女生(nǚ shēng), 女孩子(nǚ hái zi), 女士(nǚ shì), 女的(nǚ de), 女性(nǚ xìng), 女子(nǚ zǐ) 등의 어휘를 위 두 문장에 대입해도 될까? 되는 것도 있지만 그렇지 않은 것도 있다.

成功的男人背后, 都有一个伟大的女士。

成功的男人背后, 都有一个伟大的女性。

둘 다 알아듣는 데 문제는 없지만 몹시 어색하다. 어법에 문제가 있기 때문이다. 어법에 맞게 좀 덜 어색하게 하려면 成功的男士背后, 都有一个伟大的女士。나 成功的男性背后, 都有一个伟大的女性。처럼 男士와 女士나 男性과 女性을 대응시키면 훨씬 나아진다. 그러나 원래 문장이었던 成功的男人背后, 都有一个伟大的女人。만큼 일반화된 문장의 느낌은 떨어진다. 순수하게 '성공한 남자들의 집단'과 그들을 성공하게 만든 '위대한 여자들의 집단'이라는 일반적 집합으로 보이기에는 男士와 女士는 '신사', '숙녀'의 느낌이 강하고, 男性과 女性은 성별의 대비가 강조되기 때문이다. 이들 대신 男的, 女的나 男子, 女子를 넣어도 뜻은 통하지만 어색하긴 마찬가지다.

그러면 이런 어색함의 이유가 정말 필자가 말한 신사 숙녀, 남성 여성의 대비 같은 특수한 어감 때문만일까? 그렇게 말한다고 틀렸다고 말할 사람은 없겠지만, 더 근본적인 이유는 이 말은 이미 관용적으로 굳어진 일종의 격언이기 때문이다. 그리고 여성을 칭하는 다른 모든 명사를 제치고 女人이 이 격언에 쓰인 이유는 이것이 가장 어울리기 때문이다. 女生이나 女孩子의 경우에는, 둘 다 어리거나 젊은 여성을 칭하는 명사이므로 성공을 논하고 내조를 논하는 문장에 어울릴 수가 없다. 이렇듯 말이라는 것은 뜻이 통한다고 해서 비슷한 어휘들끼리 함부로 자유롭게 치환할 수 있는 것은 아니다.

그러면 두 번째 문장 为什么女人喜欢钻石?의 경우에는 어떨까? 女生, 女孩子, 女性, 女的, 女士 등 어떤 어휘를 써도 느낌의 차이는 있지만 다 정상적인 문장이다. 여기서 女人 대신에 썼을 때 어색한 것은 女子이다. 연령대에 관계없이 다이아몬드를 좋아하는 여성의 보편적 취향을 얘기하려 한다면 젊은 여성에게만 제한적으로 사용되는 女生이나 女孩子는 역시 옳은 단어가 아니다. 그러면 외국인의 입장에서 어떻게 이들 가운데서 논리적으로나 습관적으로 가장 어울리는 어휘를 선택해 사용할 수 있을까? 많이 듣고, 보는 수밖에 없다. 그러다 보면 나름의 규칙을 조금씩 파악하는 요령이 생기게 된다. 여기서는 독자들의 이해를 돕기 위해 대략적으로 구분해 보자.

女生과 女孩子

女生은 '여자 학생'이란 의미에서 출발해 그 의미가 확장되어 젊은 여성을 지칭하게 되었고, 女孩子는 글자 그대로 '여자아이'라는 말에서 의미가 확장되어 젊은 여성을 가리키는 말이 되었다. 연령은 다분히 상대적이어서, 태아부터 심지어 30~40대까지도, 부르는 사람이 해당 여성보다 나이가 많은 큰언니나 이모, 엄마뻘 혹은 또래의 친구 사이라면 女孩子라는 표현이 가능하다. 女生도 마찬가지이다. 구어체에서 젊은 여성을 칭할 때 가장 자연스럽게 쓸 수 있는 말들이다.

女的

연령에 관계없이 구어체에서 가장 일반적으로 자연스럽게 사용되는 표현이다. 물론 女的 뒤에 일반 명사가 따라오면 이때는 的가 앞에 오는 명사를 관형사형으로 만들어 주거나 우리말의 소유격 조사처럼 사용되므로 이때의 女的는 '여성의' 혹은 '여성인'으로 해석이 된다.

예) 女的衣服(여자 옷 : 여성의 옷, 여성용 옷), 女的朋友(여자 친구 : 여성인 친구, 애인을 칭하는 女朋友와는 다름)

아래의 예들을 통해 女生/男生, 女孩子/男孩子, 女的/男的의 실제 사용 사례를 보자.

예1) 我们班女生比男生多。(wǒ men bān nǚ shēng bǐ nán shēng duō) / 우리 반에는 여자(여학생)가 남자(남학생)보다 많아.

예2) 老公, 你喜欢男生还是女生?(lǎo gōng, nǐ xǐ huan nán shēng hái shi nǚ shēng) / 임신한 아내 왈 '여보, 당신은 남자애(아들)가 좋아 여자

애(딸)가 좋아?'

예3) 公司里很多女生都喜欢他。(gōng sī lǐ hěn duō nǚ shēng dōu xǐ huan tā) / 회사에 그 남자 좋아하는 여자애들(여직원)이 엄청 많아.

예4) 她是女生, 你应该保护她。(tā shì nǚ shēng, nǐ yīng gāi bǎo hù tā) / 엄마가 유치원생 아들에게 하는 말 '걔는 여잔데, 네가 보호해 줘야지.'

예5) 我们三个女生能做什么?(wǒ men sān ge nǚ shēng néng zuò shén me) / 우리 여자 셋이 뭘 할 수 있겠어?(30~40대의 여성이라도 서로에게 하는 말이라면 이때는 女生도 가능하다.)

예6) 女的喜欢吃素, 男的喜欢吃肉。(nǚ de xǐ huan chī sù, nán de xǐ huan chī ròu) / 여성은 채식을 좋아하고, 남성은 육식을 좋아한다.

이때의 女的/男的는 女生/男生이나 女孩子/男孩子로 바꾸면 대상 연령층이 달라지므로 연령에 관계 없이 일반적인 여성과 남성의 식습관을 얘기하는 이 문장의 취지에 맞지 않는다.

女性

연령에 관계없이 남성이 아닌 여성임을 강조하거나 남성에 대비해 얘기하는 경우 주로 사용하며, 구어체보다는 신문 기사 등 문서에 많이 등장한다.

예1) 她不是我的女朋友, 只是个女性朋友。(tā bú shì wǒ de nǚ péng you, zhǐ shì ge nǚ xìng péng you) 걔 내 여자친구 아냐, 그냥 여성 친구일 뿐이야.

이 문장에서는 女性 대신에 女的를 사용해도 된다.

예2) 西方国家的女性吸烟人口比东方国家多。(xī fāng guó jiā de nǚ xìng xī yān rén kǒu bǐ dōng fāng guó jiā duō) 서양의 여성 흡연인구는 동양에 비해 많다.

이 문장에서는 女的를 사용해도 되지만, 신문 기사 같은 이런 글의 특성상 女性이 더 어울린다.

女子

많이 쓰이는 경우가 운동 경기 기록을 다루는 경우이다.

예 : 她获得了本次奥林匹克女子100米短跑比赛的冠军。(tā huò dé le běn cì ào lín pǐ kè nǚ zǐ 100 mǐ duǎn pǎo bǐ sài de guàn jūn) 그녀는 이번 올림픽 여자 100미터 단거리에서 우승했다.

여자 100미터 허들 결승(女子 100米 栏决赛)

女士

신사에 대응되는 여사의 의미와 일반적인 성인 여성에 대한 존칭으로 쓴다.

예1) 这是给王女士的礼物。(zhè shì gěi wáng nǚ shì de lǐ wù) / 이건 왕여사님께 가는 선물입니다.

예2) 女士专用停车位(nǚ shì zhuān yòng tíng chē wèi) / 여성 전용 주차

장(여성 전용 관련 기사가 신문
에 난다면 女性专用을 쓰는 것
이 더 어울린다)

예 3) 女士们, 先生们。(nǚ shì
men, xiān sheng men) / 신사
숙녀 여러분.

여성 전용주차구역 (女士专用车位)

여자를 갖고 논다?

자, 이제 다시 女人을 조심해서 써야 하는 이유를 좀 더 살펴보자.

A : 我比较喜欢玩女人。(wǒ bǐ jiào xǐ huan wán nǚ rén : 난 여자들 갖고 노
는 걸 더 좋아해.)

B : 什么意思?(shén me yì si : 무슨 뜻이야?)

A : 女人比男人懂事也比较体贴啊。(nǚ rén bǐ nán rén dǒng shì yě bǐ jiào
tǐ tiē a : 여자들이 남자보다 철도 들었고 배려심도 많잖아.)

B : 哦 , 原来是这个意思。那你不应该那么说。(ò, yuán lái shì zhè ge yì si.
nà nǐ bù yīng gāi nà me shuō : 아, 원래 그 뜻이었구나. 그러면 그렇게 말하
면 안 돼.)

A : 那我应该怎么说?(nà wǒ yīng gāi zěn me shuō : 그럼 어떻게 말해야 돼?)

B : 你可以说"我喜欢跟女生玩"或者"我喜欢跟女孩子玩"(nǐ kě yǐ shuō
"wǒ xǐ huan gēn nǚ shēng wán" huò zhě "wǒ xǐ huan gēn nǚ hái zi

wán" : "난 女生이랑 노는 게 좋아"라든지 "난 女孩子랑 노는 게 좋아"라고 말하면 돼.)

A : 也可以说"我喜欢跟女人玩"吗(yě kě yǐ shuō "wǒ xǐ huan gēn nǔ rén wán" ma)? : "女人이랑 노는 게 좋아"라고 말해도 돼?)

B : 呃, 不好。(e, bù hǎo : 음, 안 좋아.)

우선 이 대화를 이해하려면 앞에서 본 바와 같은 女人, 女生, 女孩子의 차이도 알아야 하지만 玩女人과 跟女生玩의 차이를 알아야 한다. 玩女人은 '여성을 갖고 논다'는 좋지 못한 의미이고 跟女生玩은 '여성과 논다'는 일반적인 의미이다. 처음 중국어를 배운 외국인 친구가 "여자들이 남자들보다 성숙하고 배려심도 많아서 나는 남자들하고 노는 것보다는 여자들이랑 시간 보내고 노는 게 더 좋아"라고 말한다는 게, 바른 표현을 몰라서 "난 여자를 갖고 노는 게 더 좋아"라고 말하자 중국 친구가 친절하게 그때는 '玩 누구누구'의 형태로 말하면 안 되고 '跟 누구누구 玩'의 형태로 말해야 하고, 또 이때는 女人보다는 女生이나 女孩子라는 어휘를 써야 한다고 설명하는 장면이다.

어느 정도 정리가 되긴 했지만 여전히 실제 대화에서 실수 없이 적절하게 사용하기란 쉬운 일은 아니다. 실제 대화와 드라마 등을 통해 다양한 경우를 경험하여 익숙해지는 것이 최선의 방법이다.

연애와 섹스의 차이

중국말을 꽤 잘하는 미국 친구가 하나 있는데, 필자의 영어 실력이 신통치 않아서인지 본인의 중국어 회화 연습을 위해서인지 나와 대화할 때면 영어보다 중국어를 훨씬 많이 쓴다.

하루는 전화를 해서 한다는 소리가

明天早上你可以帮我走狗吗?(míng tiān zǎo shang nǐ kě yǐ bāng wǒ zǒu gǒu ma)

나도 모르게 피식 웃음이 나왔다.

이 말을 알아들은 독자라면 중국어도 영어도 어느 정도 수준에 와 있다는 말인데, 도대체 이 친구는 무슨 말을 하려 한 것일까?

영어에서 개를 산책시키는 것을 walk a dog이라고 한다. 개를 걷게 한

遛狗

다는 뜻으로 그리 말하는 모양인데, 중국어에 영어 표현을 그대로 대입시킨 결과가 '走(walk) 狗(a dog)'이었다.

정확한 중국어는 무엇일까?

遛狗(liù gǒu)가 맞는 말이다. 遛(liù)는 '산책하다' 혹은 '애완동물을 데리고 산책하다'라는 말로, 이른 아침 중국 도시들의 공원에 가 보면 새장을 한 손에 들고 이리저리 흔들며 공원을 거니는 노인들을 볼 수 있는데, 개를 산책에 데리고 나와 운동을 시키듯 새를 운동시키는 것이다. 이때도 역시 遛를 써서 遛鸟(liù niǎo)라고 한다.

아무튼 이 미국 친구가 走狗라는 표현을 쓰는 바람에 '일본군의 주구(走狗)가 되어 민족을 배신한 ~' 하는, 독립투사들이 등장하는 영화에나 나올 법한 대사를 연상하며 필자 혼자 웃었다는 얘기인데, '주구(走狗 : zǒu gǒu)'는 우리말뿐 아니라 중국어에서도 똑같이 '하수인', '앞잡이'라는 뜻으로 사용된다. 그래도 이 경우에는 走狗(zǒu gǒu)가 동사가 아니므로 "你可以帮我走狗吗?"라고 했다 해서, '너 나를 도와서 앞잡이가 돼줄래?' 같은 의미로 알아들을 사람은 없고 별 난처한 상황을 만들 일도 없을 것이다. 그러나 우리말 표현을 중국어로 그대로 옮겼다가는 자칫 난감한 상황을 연출할 수도 있다. 필자의 경험담이다.

여선생님을 당황하게 만든 학생

대만 언어연수 시절, 회화시간에 선생님 앞에서 한 한국 학생이 이렇게 말했다.

"我以前做爱的时候(wǒ yǐ qián zuò ài de shí hou)~"

헐~! 그 학생이 하려던 말은 사실 이 말이었다.

我以前谈恋爱的时候(wǒ yǐ qián tán liàn ài de shí hou : 제가 예전에 연애할 때)

'연애하다(谈恋爱 : tán liàn ài)'라는 중국어 표현을 모르는 상황에서 '연애를 하다'를 '사랑을 하다'로 치환해서 나름 머리를 굴린 결과 나온 표현인데, 이 말이 영어의 'make love'와 같은 뜻인 줄은 모르고 한 말이었지만, 당시 시집도 안 간 젊은 여선생님을 당황케 하기에는 충분한 실수였다.

잘 기억하시기 바란다. '연애를 하다'는 做爱가 아니라 谈恋爱이다!

언어교습법의 기본 중에 '설사 비교 설명을 위해서라도 틀린 예는 들지 마라'는 원칙이 있는데, 필자는 독자 여러분들의 실수를 유발해 볼까 하는 장난기에서 원칙을 깨뜨리니 행여 이 함정에 빠지지 말 일이다.^^

'본부장질'을 몇 년이나 하셨습니까?

"周末你要干什么？(zhōu mò nǐ yào gàn shén me)"

10년에 가까운 대만 생활을 마치고 북경 생활을 처음 시작한 지 2년쯤 지났을까, 자주 만나는 시정부의 과장 하나가 통화 중에 내게 한 말이었다. '주말에 뭐 할 거요?'라는 말인데, '흠, 우리가 좀 친해지긴 했지만 이렇게 무례한 표현을 써도 되나?' 하는 느낌이었다.

대만사람이나 대만에서 생활했던 필자 같은 사람은 '하다'라는 뜻의 동사 干(gàn)을 做(zuò)의 속된 표현이라고 말하기도 하는데, 이는 틀린 말이기도 하고 맞는 말이기도 하다.

대만에서만 천대받는 干

干과 做는 같은 뜻이고, 특히 중국 대륙에서는 같이 쓰인다. 그러나 干이 做에 비해 어감이 세고 특히 부정적 표현(성행위와 관련된 욕설)과 연관이 있어서 대만에서는 일반적으로 평이하게 '하다'라고 말할 때 '干'을 쓰지 않는다. 대만에서만 유별나게(?) 이 글자에 부정적인 이유는 干이 들어간 干你娘이라는 욕설이 대만에서 주로 쓰는 욕이기 때문일 것 같은데, 다른 이유가 또 있는지는 뒤에서 자세히 살펴보더라도, 干을 做의 속된 표현이라고 말하는 것은 옳은 표현은 아니다. 마치 "교사로 몇 년이나 일하셨습니까?"라고 묻는 것과 "선생질을 몇 년이나 하셨습니까?"라고 묻는 것 중에 어느 것이 더 고급스러운 표현이라고 정의를 내릴 수 없는 것과 마찬가지이다. (물론 우리말의 기준으로 보면 당연히 전자가 표준어이고 고급스러운 표현이지만 말이다.)

우리말에서 접미사 '질'은 대개 부정적 단어 뒤에 붙어서 부정적 행위를 나타낸다. 도둑질, 계집질, 패악질 등이 그런 예이다. 심지어 친목질, 자랑질처럼 멀쩡한 단어들조차 '질'이 붙으면 부정적 의미로 바뀐다. 물론 개중에는 칼질, 물질, 담금질처럼 중립적 성격을 띄는 어휘들도 있지만, 눈을 씻고 찾아보아도 긍정적 의미로 쓰이는 경우는 없다. 그러니 선생, 의사, 사장 등의 뒤에 '질'을 붙여 '선생질' '의사질' '사장질'이라고 하면 우리의 언어 습관으로는, 이 말을 하는 사람이 의도적으로 이들 직업을 폄하하려고 하거나 화자의 수준이 낮다고 생각할 수밖에 없다. 그러나 연변의 조선족 사회에서 '선생질' '의사질' '사장질'이라는 표현에는 전혀 부정적이거나 폄하의

의도가 없다.

예를 들어 중국 어느 시의 시장이 한국 회사의 중국본부장인 사장급 인사와 면담을 하면서 "사장님께서는 중국본부장을 맡으신 지 몇 년이나 됐습니까?"라고 질문했다고 치자. 이 경우 조선족 통역이라면 열에 아홉은 "사장님은 중국본부장질을 몇 년이나 했습니까?"라고 통역한다.

'폄하의 의도는 없지만 시정잡배들이나 쓰는 속된 어휘인데, 그 통역이 수준이 낮아서 그랬겠지'라고 생각할 수도 있겠으나, 전혀 그렇지 않다. 예컨대 선생, 의사, 사장처럼 지적·사회적으로 상당한 위치에 있는 이들이 자연스럽게 점잖은 자리에서 이 말을 쓴다. 각기 다른 지역에서 다른 역사적 경험을 하면서 어떤 연유에서건 변화해 온 언어 습관의 차이로 하나는 한국에서 다른 하나는 연변에서 각자에게 익숙한 표현이 표준적인 쓰임새로 자리잡았을 뿐이다.

그러나 하나는 양쪽에서 공통적으로 무리 없이 쓰이고 다른 하나는 어느 한쪽에서 어색하거나 불편하게 느껴진다면, 둘 다 정확하게 사용 지역을 구분해 쓸 만큼 언어적 감수성이 뛰어나지 못할 바에야 두 지역 모두에서 무난히 쓰이는 표현 위주로 외워 두는 것이 좋을 것이다. 다시 말해 한국어를 배우는 외국인이라면 '사장질'보다는 '사장 역할'이라는 표현을 배워 두는 것이 안전할 것이라는 말이다. 같은 맥락에서 你做什么는 你干什么에 비해 외국인이 대륙과 대만 어느 곳에서나 불필요한 오해를 받지 않고 사용할 수 있는 표현이다. 그러나 한 차원 높은 언어적 감수성을 추구하는 사람이라면 중국 대륙에서 사는 경우에는 你在做什么?(nǐ zài zuò shén me)보다는 你在干什么?(nǐ zài gàn shén me)라고 말해야 할 것이다. 그것이 그쪽에서는 훨씬 자연스럽기 때문이다. 단언컨대, 중국 대륙에서 이때의 干을 부정적으로 생각하는 사람은 없을뿐더러 你在干什么?라고 말하는 것이 오히려 훨씬 현지인처럼 들린다.

같으면서 다른 글자 干, 幹, 乾

그러면 이때 사용된 干이라는 글자의 본래 뜻은 도대체 무엇일까?

'하다'의 뜻이라고 앞에서 설명을 해 놓고서 또 본래 뜻이 뭐냐고 묻는 이유는, 원래의 뜻을 찾다 보면 왜 대만사람들이나 필자에게 이 글자가 환영받지 못하는지를 이해할 실마리를 찾을 수가 있기 때문이다. 干은 본래 세 개의 글자에서 왔다. 다소 복잡하게 들릴 수도 있겠지만, 중국 대륙의 학자들이 간체자를 만드는 과정에서 여러 글자를 하나의 글자로 통일해서 간체화해 버린 경우가 있는데, 이 干의 경우가 바로 그런 예이다.

간체자의 반대어는 번체자인데(우리식으로 말하면 약자 대 정자의 개념) 干의 번체자, 즉 정자는 干, 幹, 乾 세 가지였다. 여기서 干의 번체자가 幹과 乾이라는 말은 알겠는데, 干이 干의 번체자라는 것은 무슨 말인가? 干은 幹과 乾 같은 다른 글자들을 줄여서 만든 간체자이기도 하지만 干이라는 글자 자체가 하나의 정식 한자라는 말이다. 우리나라에서 흔히 '방패 간 (干)'이라고 부르는 干에는 '방패'라는 뜻도 있지만 冒犯(mào fàn : 침범하다/결례하다)라는 의미도 있다. 이것이 좋은 의미가 아님은 말할 나위도 없다.

干의 또 다른 모체인 幹(gàn)은 명사로 '줄기'라는 뜻 이외에 '일', '사무'라는 뜻으로도 쓰인다. 동사로는 '하다'라는 뜻으로 쓰이는데, 你干什么의 干은 바로 이 幹의 간체자인 것이다. 그런데 이 글자를 '범하다', '결례하다'라는 뜻이 있는 干으로 써 놓았으니, 번체자를 쓰는, 즉 干, 幹, 乾을 확연히 구분해 사용하는 대만에서는 이 글자가 예뻐 보이기 어려울 것이다. 불경스러운 욕에 이 글자를 갖다 쓴 것도 아마 그런 연유에서이리라.

이왕 공부를 시작했으니 乾까지 마저 보자. 우리가 주로 '마를 건(乾)'이라고 부르는 이 乾은 '마르다'라는 의미로 쓰는 경우에는 gān으로 읽고, 쓸 때도 이미 간체자로 굳어진 干을 쓴다. 술자리에서 질리도록(^^) 듣는 말 건배, 즉 중국어 干杯(gān bēi)의 干이 바로 '마르다', '말리다'라는 뜻의 이 乾의 간체자이다. 우리말의 건포도를 중국어로는 葡萄干(pú tao gān) 이라고 하고, 고기를 말린 육포는 肉干(ròu gān)이라고 한다. 牛肉干(niú ròu gān)은 쇠고기 육포, 猪肉干(zhū ròu gān)은 돼지고기 육포를 가리킨다. 산동식 발음으로 깐풍기라고 부르는 干烹鸡(gān pēng jī)의 干 역시 이 乾의 간체자이다.

그러나 팔괘의 하나로 '하늘'을 뜻하는 '하늘 건(乾)'으로 쓰는 경우에는 qián이라고 읽고, 쓸 때도 간체자 干을 쓰지 않고 번체자 乾을 쓴다. 따라서 우리도 '한판 승부를 건다'고 할 때 쓰는 '건곤일척(하늘과 땅을 걸고 한 판의 승부를 하다)'이라는 성어를 쓸 때에는 乾坤一擲이라고 쓰고 qián kūn yí zhì라고 읽어야지, 干坤一擲 라고 쓰고 gān kūn yí zhì라고 읽어서는 안 된다.

존댓말이지만 조심해서 써야 하는 有何贵干

干이 幹의 뜻으로 사용된 표현 하나를 공부하고 넘어가자.

有何贵干?(yǒu hé guì gàn)

무협지나 드라마에 많이 나오는 대사이다. 번체자를 쓰는 대만에서라면 有何貴幹?이라고 쓸 테지만, 아무튼 무슨 말일까? 드라마 등에 자주 등장하고 실제로 쓰이기도 하므로 알아두어야 하는 표현이지만, 쓰려면 조심해서 써야 하는 말이다. 왜 그럴까?

여기서 문제가 되는 표현은 贵干이다. 贵는 우리말의 귀하, 귀사, 귀국 등의 말에서도 알 수 있듯이 상대를 높여 부를 때 쓰는 말이다(중국어에서는 贵国, 贵公司, 贵姓 등을 예로 들 수 있을 것이다). 앞에서 干(幹)이 명사로 쓰일 때는 '일', '사무' 등의 뜻이 있다고 했으니 贵干은 '상대의 일' 혹은 '상대가 하려는 일'을 높여 이르는 말이었다. 앞에 온 有何의 何는 '무엇' 혹은

'무슨'이라는 말이므로 有何贵干?은 평이한 구어체로 바꾸어 보면 有什么事?가 된다. '무슨 일이 있습니까?' '무슨 일입니까?'로 해석이 되는데, 구어체의 어휘인 什么 대신 좀 있어 보이는 문어체의 어휘 何를 쓰고 평어체 어휘인 事 대신 경어체 어휘인 贵干을 써서 예의 바르고 격조 있게 표현하려고 노력한(?) 말임을 알 수 있다.

이렇게 예의를 갖춘 말인데 조심해서 사용해야 한다니, 왜 그럴까? 더욱이 이때의 干(幹)은 干이 아니라 幹의 간체자이므로 '범하다', '결례하다' 같은 부정적 의미가 있는 단어도 아닌데 말이다. 이 말을 조심해서 해야 하는 첫째 이유는, 경어체를 썼음에도 불구하고 의미 자체가 그다지 호의적이지 않기 때문이다.

머릿속에 상황을 그려보자. 누군가가 찾아오거나 전화를 해 왔는데, 거기다 대고 "무슨 일입니까?"라고 묻는다. 자, 이게 반갑다는 얘기인가 아니면 무슨 일인지를 알면 친절히 도와주겠다는 선의가 느껴지는 말인가? 생면부지의 사람이 찾아오거나 전화를 했다면 '무슨 일이신지?'라는 느낌의 이 말 외에 딱히 할 수 있는 말이, 서양의 영향을 받은 '뭘 도와드릴까요?' 같은 말이 유행하기 전엔, 없었으니 딱히 악의가 있는 말은 아니다. 하지만 아는 사람에게 이렇게 말한다면 느낌이 달라진다. 이때는 같은 말이지만 '뭣 때문에 왔어?' 혹은 '뭣 때문에 전화했어?'와 다름 없는 말이 되는 것이다.

저 앞에서 배운 干을 써서 有什么事?에 숨어 있는 뜻을 꺼내 본다면 바로 你要干什么?(뭘 하려고?)이다. '무슨 일입니까?'의 뒤에 숨은 진짜 의미는 '목적이 뭐야?'인데, 你要干什么?를 좀 더 불손하게 말하면 你要干

吗?가 된다. 이때 吗는 什么의 뜻으로 2성으로 읽어야 한다.(흔히들 干吗 대신 干嘛를 쓰기도 하는데, 이는 잘못된 것이지만 나름의 이유가 있다. 자세한 설명은 66~70 페이지 참조) 你要干什么?이건 你要干吗?이건 이 말이 학생의 장래 희망을 묻는 담임 선생님의 입에서 나왔다면 순수하게 '너 뭐 할 거니'라는 의미가 되지만, 평소에도 짜증나게 치근덕거리는 남학생 녀석이 구내식당에서 혼자 김밥을 먹고 있는 여학생 옆에 슬그머니 다가와 엉덩이를 슬슬 여학생 쪽으로 이동시키려고 할 때 여학생이 앙칼지게 내뱉는 你要干什么?나 你要干吗?는 '너 뭐 하려고 그러니?' 같은 순한 의미가 아니라 '너 뭐해?' 혹은 '뭐 하자는 수작이야?'의 의미이다. 이런 의미로 쓰일 때의 你要干什么?나 你要干吗?는 단 두 글자 干吗?로 줄일 수 있다. '왜 이래?' 정도의 느낌이다. 또 다른 경우로는 매번 말썽만 부리는 데다 말 안 듣기로는 둘째 가라면 서러워하는 막내동생 녀석이 갑자기 "혀엉~" 하고 눈웃음을 치며 다가올 때 형이 의심스러운 눈초리로 你要干什么?나 你要干吗?를 쓸 수 있는데, '너 뭐 하려고? 무슨 꿍꿍이야?' 같은 느낌이다. 물론 이때도 干吗?(왜 이래?)라고 할 수도 있다.

그렇다면 과연 有何贵干?이 현대에서 사용될 때 정말 你要干什么?/你要干吗?처럼 쓰이는지 보도록 하자.

여러 가지 경우가 있지만 대표적으로 현대 중국어에서 이 말이 쓰이는 경우는 별로 반갑지 않은 사람이(아는 사람이건 모르는 사람이건) 찾아왔을 때 '무슨 일이시길래?(귀찮게스리⋯⋯)', 바꿔 말하자면 '목적이 뭐야?'의 느낌으로 말하고 싶을 때이다. 혹은 싸우고 헤어진 남자친구가 전화를 걸어왔을 때에도 딱 어울리는 표현인데, 이렇게 전화를 받으면 표현은 그럴듯하지만 숨은 의미는 '왜 전화질이야?'와 다를 바가 없다.

물론 친한 친구 사이에서는 큰 고민 없이 이 말을 쓸 수 있다. 친구 사이에 무슨 말인들 못 하겠는가? 뜬금없이 찾아오거나 오랜만에 전화를 해온 상대에게 농담조로 이 말을 한다면 그저 반갑다는 말을 농담조로 하는 것일 수도 있고, 오랫동안 연락을 하지 않은 상대의 무정함을 살짝 비난하려는 의도가 섞여 있을 수도 있다. 어떻게 구별하느냐고 묻지 마시기를. 표정과 어투 그리고 그와 나와의 관계가 그 말의 진정한 의도를 결정한다.

이렇게 친구 사이의 농담을 제외하고 실제로 현대어에서 有何贵干?을 쓰는 경우는 화자의 불쾌감이나 불편함을 의도적으로 비틀어 표현하려는 경우이다. 수준 있어 보이는 문어체 말투(有何)와 경어체에 쓰이는 어휘(贵干)를 빌렸을 뿐, 실은 상대를 비꼬는 어감이라는 말이다. 이것이 이 말을 조심해서 써야 하는 두 번째 이유이다. 사람들은 차라리 대놓고 불친절한 건 참아도 비꼬는 건 못 참는 법이니까.

무협지나 사극에서 이 대사가 나온다면 본래의 의미대로 '어쩐 일이십니까?' 정도로 해석되는 장면들이 많겠지만, 드라마나 영화가 만들어진 시점이 현대라는 점을 감안하면 작가가 어떤 의도로 이 대사를 사용했는지, 전후 상황을 보고 판단해야 오역을 피할 수 있다. 물론, 이 말이 정상적으로 널리 쓰이던 과거에도 '무슨 일입니까?'라는 말이 갖는 의도적(?) 거리두기의 느낌 때문에, 상황이나 화자의 표정에 따라 앞서 얘기한 '무슨 일인데(왜 귀찮게 해)?'의 의미일 가능성을 배제할 수는 없다.

你要干吗와 你要干吗는 어떻게 다를까?

이 글의 제목을 읽은 독자는 틀림없이 '교정도 제대로 하지 않고 책을 냈나?'라고 필자나 출판사를 나무랐을 것이다.

그러나 이 질문은 글로 쓰면 그 차이를 전혀 알 수 없지만, 말로 하면 확연히 다른 두 가지 표현의 차이를 묻는 것이다.

비밀은 마지막 글자 吗의 성조에 있다. 한어병음을 주의해서 보자.

你要干吗?(nǐ yào gàn má) : 너 뭐 할 거야?(이때 吗는 의문대명사)

你要干吗?(nǐ yào gàn ma) : 너 할 거야?(이때 吗는 의문형을 만드는 어기조사)

"무슨 소리야? '너 뭐 할 거야?'라고 할 때는 你要干嘛?라고 嘛를 써야지!"라고 이의를 제기하는 독자들이 틀림없이 있을 것이다.

중국어를 꽤 하는 이들도 你要干吗?(뭐 할 거야) 혹은 干吗?(왜 이래) 등의 표현을 일상에서 수도 없이 쓰면서도 이때의 吗를 嘛로 잘못 알고 쓰는 경우가 많다.

'이게 무슨 소리지? 필자가 뭘 틀려도 한참 틀린 것 같은데?'라고 생각하는 독자들은 이 기회에 정확히 알고 넘어가도록 하자. 의문을 제기하는 독자들과 똑같은 이유 때문에 많은 사람들이 '할 거야, 말 거야?'가 아니라 '뭘 할 거냐?'라고 물을 때는 你要干嘛?라고 쓴다. 그러나 바이두 백과사전에서도 이것은 嘛의 표준 용법이 아니라고 얘기한다.

그러나 단언컨대, 몇 년이 더 지나면 '무엇을 할 거냐?'라고 묻는 경우에는 你要干嘛?라고 쓰는 것이 표준어 표기 방식이라는 새로운 규정이 나올 것이다. 언어는 살아 있는 생물이고, 그 언어를 사용하는 사람들의 습관과 생각을 먹고 자란다. 때로는 그 습관과 생각이 틀린 것일지라도 말이다.

嘛에 대한 얘기를 더 하기 전에, 吗로 쓰건 嘛로 쓰건, 우리가 중국어로 소설을 쓰는 작가가 될 계획이 없는 바에야 이 구별을 놓고 고민(?)할 경우는 중국 친구에게 문자 메시지를 보내거나 메일을 보낼 때뿐일 터이니, 그보다 더 중요한 성조, 즉 말을 할 때 ma의 발음에 우선 초점을 맞추자.

ma를 '2성'으로 읽느냐 '경성'으로 읽느냐에 따라 뜻이 확연히 달라진다는 점 말이다. 2성으로 nǐ yào gàn má라고 말하면 '무엇을 할 겁니까?'이지만 경성으로 nǐ yào gàn ma라고 말하면 '할 겁니까?', 즉 할 것인지 하지 않을 것인지를 묻는 질문이 된다. 성조가 다르면 전혀 다른 말이 되니 주의하도록 하자.

嘛 얘기가 나왔으니, 이 또한 공부를 하고 넘어 가자.

필자가 길게 설명을 해도 믿지 않는 이들이 있을 것으로 짐작되어, 그리고 그 이유가 중국의 百度(baidu.com)에 우리의 '네이버 지식인' 답변 글 같은 형태로 올라와 있는 글들 중에 주관적이고 부정확한 설명들이 워낙 많아서인지라, 아예 사전에 해당하는 百度百科에 있는 정식 해석을 인용해 왔다. 경성으로 읽는 경우와 2성으로 읽는 경우의 설명이 있는데, 2성으로 '무엇'이라는 뜻으로 사용되는 경우는 표준 용법이 아님을 명확히 지적하고 있다.

< 嘛 > :

ma ：

1. 表示道理显而易见。

如：别灰心, 这是头一回~；有意见就提~！

2. 助词, 表示很明显, 事理就是如此。

如：不会不要紧，边干边学~！

3. 用在句中停顿处，唤起听话人对于下文的注意

如：科学~，就得讲究实事求是。

má：

【注意】按照规范，表示疑问语气的"什么"应用"吗"，而不是"嘛"。如：干吗？

（意思是"干什么"）

但"干吗？"（干什么）与"干吗？"（干不干）存在歧义，因此作"什么"之意时，人们

常用"嘛"代替"吗"。

초급 독자들을 위해 해석을 해 보자.

ma(경성으로 읽는 경우에 대한 설명)

1. 이치가 명확하게 드러나는 것을 나타냄.

예) 낙담하지 마, 이게 처음이잖아. 의견 있으면 제기하면 되지.

2. 어기조사, 명확함, 이치가 그러함을 나타냄.

예) 못 해도 괜찮아. 하면서 배우면 되지.

3. 문장의 중간에서 말을 끊고 청자로 하여금 다음에 할 말에 주의를 기울이게

함.

예) 과학이라~, 실사구시에 역점을 두어야지.

보다시피, 1번과 2번은 하나 마나 한 구분이고 예문 또한 거기서 거기다. 당연한

상황을 얘기할 때 말 중간이나 마지막에 더해서 '당연한 거 아니냐?'는 강조의

어감을 나타내는 어기조사라는 말이다. 1번은 말 중간과 마지막에 사용되었고, 2번은 문미에만 사용되었다.

1번 예문은 '실망하지 마라, 처음 하는(있는) 일(상황)이니 틀리거나 마음에 들지 않을 수가 있고 그건 너무 당연한(이치에 맞는) 일이니, 그런 경우엔 의견을 개진하면 된다'는 얘기다. 灰心(huī xīn)은 '낙담하다', '실망하다'는 뜻으로, 气馁(qì něi), 失望(shī wàng) 등과 유사한 의미이고 头一回(tóu yì huí)는 头一次(tóu yí cì), 第一次(dì yī cì), 第一回(dì yī huí) 등과 같은 뜻이다.

2번 예문은 '못 한다(不会)고 해서 걱정할 필요없다(不要紧 : bú yào jǐn), 한편으로 하면서 한편으로 배우면 된다(边干边学嘛 : biān gàn biān xué ma)'는 말인데, 역시 모르면 해 나가면서 배우는 게 '당연한' 일이니 걱정할 것 없다는 말이다. 不要紧은 우리말에서 '긴장(紧张)하다'라고 할 때 쓰는 紧이 있는 것으로 미루어 '긴장할 필요 없다'는 말과 유사한 의미임을 알 수 있는데, '상관없어', '별거 아니야', '걱정 마' 같은 의미로, 没关系(méi guān xi), 不重要(bú zhòng yào), 别担心(bié dān xīn) 등과 유사하게 쓰인다. 마지막의 边干边学는 一边干一边学에서 一가 생략된 형태이다.

계속해서 2성으로 읽는 경우에 대한 설명을 보자. 아예 【注意: 주의】라는 표까지 해 가며 굵은 글씨로 써 놓았다.

má :

【주의】 규정에 따르면 '무엇'이라는 의문의 어투를 나타내는 경우에 嘛가 아닌 吗를 써야 한다. 예 : 干吗? (의미는 干什么)

그러나 干吗? (干什么)와 干吗? (干不干) 사이에 혼선이 있어서 什么의 뜻으로 사용되는 경우, 흔히들 嘛로 吗를 대신한다.

필자 개인의 생각이긴 하지만 무엇을 할 것이냐고 묻는 干吗?는 언젠가는 干嘛?가 干吗?를 공식적으로 대체하는 날이 올 것이므로 이것은 알아는 두되, 너도 나도 틀리는 이 두 글자의 쓰임에 너무 구애될 필요는 없다. 오히려 성조, 그리고 말할 때의 강세에 주의하기 바란다.

nǐ yào gàn má이건 nǐ yào gàn ma이건 干(gàn)은 4성이다. 그렇지만 '뭘 할 거냐?'고 묻는 yào gàn má의 경우 gàn 은 다소 짧고 약하게, má는 상대적으로 강하고 길게 발음하며, 반대로 '할 거야 말 거야?'라고 묻는 nǐ yào gàn ma의 경우에는 gàn을 강하고 길게 발음하고 본래 경성인 ma는 경성의 발음 원칙대로 가볍게 발음한다.

제 2 장

다음을
기약하지요

격조 있는 표현들

염치없지만
사양하지 않겠습니다

恭敬不如从命。

돌도 안 지난 아기를 안고 만원 버스에 오른 젊은 남자에게 백발의 노신사가 자리를 양보한다. 남자가 "괜찮습니다"를 연발하자 노신사는 곧 내린다며 재차 자리를 권한다. 아기 아빠는 더는 사양하지 못하고 자리에 앉는다.

'괜찮습니다'는 노신사를 공경하는 마음에서 나온 말이다. 그러면 권유에 못 이겨 앉는 행위는? 노신사의 제안에 대한 순종이다.

상대가 진심으로 권하는데 체면 차리느라 계속 사양만 하는 것도 결코 예의는 아닌 법, 이럴 땐 못 이기는 척하며 상대의 호의를 받아들이는 것이 오히려 예의에 맞는 일이다. 이 경우 우리라면 아마 '그럼 염치없지만(받겠습니다, 먹겠습니다, 앉겠습니다)' 같은 표현을 쓸 것이다. 중국어에서는 뭐라고 할까?

보통 恭敬不如从命(gōng jìng bù rú cóng mìng)이라고 한다. 공자님 말씀 같은 표현인데, '염치없지만 사양하지 않겠습니다'라는 의미이다.

백문이 불여일견

恭敬(gōng jìng)은 우리말의 '공경(恭敬)하다'라는 말을 생각해 보면 그 뜻을 짐작할 수 있을 것이다. 우리말과 다른 것은, 중국어의 恭敬은 동사가 아니라 '예의 바르다', '공손하다'라는 의미의 형용사라는 점이다.

不如(bù rú)는 아니 불(不), 같을 여(如)이니 직역하면 '같지 않다'는 말처럼 보이지만, 사실은 그렇지 않다. 'A 不如 B'는 'A는 B와 같지 않다'가 아니라 'A가 B만 못하다', 즉 'B가 A보다 낫다'는 말이다. 따라서 '금이 은보다 낫다', 즉 '은이 금만 못하다'라는 말을 하고 싶으면 银不如金이라고 하면 된다.

우리가 자주 쓰는 속담 '백문(百聞)이 불여일견(不如一见)'에서도 마찬가지다. '백 번 듣는 것(百聞)'이 '한 번 보는 것(一见)'보다 '못하다(不如)', 즉 '한 번

보는 것이 백 번 듣는 것보다 낫다'는 말이다.

그렇다면 恭敬不如从命은 恭敬이 从命만 못하다는 말이 되는데, 이 말이 어떻게 해서 '염치없지만 사양하지 않겠다'는 말이 되는 걸까?

从命(cóng mìng)은 '순종하다', '따르다'라는 의미의 从과 명령이라는 뜻의 命을 썼으니 명령에 순종한다. 말씀에 따른다는 말이다. 따라서 직역하면 '공손한 것이 순종하는 것만 못하다', 즉 '순종하는 것이 공손한 것보다 낫다'인데, 예의 바르고 공손해 보이려고 사양하는 것보다 말씀에 따르는 것(사양하지 않는 것)이 낫다는 뜻이다. 우리말로 부드럽게 해석하면 '염치없지만 사양하지 않겠습니다'가 된다.

恭敬不如从命, 어떨 때 주로 쓰는 말일까?

– 과장님이 지난번 판촉 활동 때 내 활약이 상당히 인상 깊었다면서 이번 신상품 개발 계획은 내가 리더가 되어 짜보라고 한다. 나보다 경력이 많은 팀원들이 여럿인지라 몇 차례 사양을 하다가 계속되는 과장님의 권면과 다른 팀원들의 성원에 못 이기는 척 한마디 한다. "恭敬不如从命."

– 며칠 전 개업한 곰탕집 앞을 지나는데 주인 아주머니가 부리나케 뛰어나오며 개업하는 날 손님들 많이 모시고 와서 너무 감사했다며 곰탕 한 그릇 드시고 가라고 붙잡는다. 마침 약간 시장하기도 했던 차에 성의를 무시하기도 어려워 식당 안으로 발걸음을 옮기며 한마디 한다. "恭敬不如从命."

– 출장길에 내 짐이 많아 보인다며 사장님이 굳이 하나 들어 주겠다고 할 때 역시 "恭敬不如从命." 한마디면 된다.

– 원로 회원들이 선배들 제쳐 놓고 젊은 나를 회장으로 추대해 줄 때에도 恭敬不如從命은 훌륭한 대응이 된다.

恭敬不如從命은 이처럼 격조 있게 쓸 수 있는, 일상에서 매우 자주 쓰이는 표현이다. 상대의 호의가 좀 부담되기는 하지만 사양하는 것보다는 감사한 마음으로 받아들이는 것이 낫겠다 싶은 경우에 유용하게 쓰시기 바란다.

재미있는 것은, 꽤 유식해 보이고 격식을 갖추어 우아하게 쓸 수 있는 표현이지만, 사실은 아무 데서나, 아무에게나 쓸 수 있다는 사실이다. 앞에서 예를 든 경우들은 비교적 예의를 갖추어야 할 상대와의 대화라 우리말로 옮긴다면 '그럼 고집 부리지 않고 말씀을 따르겠습니다' 정도의 느낌이지만, 편하고 격의 없는 상대나 친구와 이야기할 때라면 '정 그러시다면' 혹은 '그, 그러지 뭐' 같은 느낌으로도 쓸 수 있다. 예를 들어 친구가 "지난번에 네가 샀으니 오늘 점심은 내가 쏠게"라고 말할 때 "恭敬不如從命.(뭐, 네 뜻이 정 그렇다면)"이라고 받아도 아주 자연스럽다는 말이다.

심지어 윗사람이 아랫사람에게 써도 상관이 없다. 결혼 날짜를 받아 놓은 젊은 직원이 사장님에게 결혼식 축사를 해 달라고 부탁한다. 사장님은 의례적으로 "나같은 사람이 무슨 자격이 되나"라며 고사하지만, 그래도 예비 신랑이 한사코 부탁해 오는 경우, 사장님이 "자네 뜻이 정 그렇다면 내가 해 봄세" 하는 뜻으로 써도 된다.

즉, 恭敬不如從命은 상대가 윗사람이건 아랫사람이건 관계없이, 호의를 담은 상대의 제안에 못 이기는 척 응할 때 쓰는 표현이다.

중국어가 때로 쉽고 편한 것은, 앞에서 보았듯이 우리말 번역은 여러 가지이지만 중국어로는 恭敬不如從命 한마디면 된다는 것이다. 물론 앞뒤에 약간의 추가 표현을 넣어 전후 문맥 연결을 부드럽게 하는 방법은 있지만 恭敬不如從命만으로도 충분하다.

중국의 결혼식에도 주례가 있을까?

우리도 이제는 주례의 개념이 많이 없어졌지만 한족의 현대식 결혼식에는 결혼식 전체를 주관하는 예전의 한국식 주례는 없다. 대신 '사회자(主持人 : zhǔ chí rén)', '증혼인(證婚人 : zhèng hūn rén)', '주혼인(主婚人 : zhǔ hūn rén)'이 각자 역할을 분담한다.

우리처럼 식의 진행을 맡는 사회자와 혼인의 합법성을 증거하는 증인으로서의 증혼인(사회적으로 명망이 있는 어른으로 신랑이나 신부의 스승이나 상사 혹은 양가와 인연이 있는 인사가 결혼증명서를 낭독하고 신랑 신부에게 덕담이나 축사를 한다)과 혼사를 주관하는 주혼인이 있다.

주혼인은 우리의 혼주와는 다른 개념으로 양가의 일가친척 중에서 가족들의 존경을 받고 사회적으로도 명망이 있는 어른이 맡으며, 주요 역할은 신랑 신부에게 당부의 말을 하는 것이다. 예전에는 신랑의 아버지가 주혼인의 역할을 했으나 현대에 와서는 일가친척 중에서 앞에 얘기한 조건에 부합하는 어른이 맡는 경우가 많다.

예전 우리의 주례와 다른 것은 이들 증혼인이나 주혼인의 역할은 잠깐 나와 몇 마디 하는 것에 그친다는 것이다. 우리의 요즘 결혼식의 모습과 많이 비슷한데, 우리는 일반적으로 친지 어른이 성혼 선언문을 낭독하는 데 비해 중국에서는 법원이 발급한 '빨간색' 결혼 증명서를 증혼인이 들고 나와 읽는 모습이 우리와는 사뭇 다르다.

이 밖에 하객 중에 주요 인물이나 친구 대표 등이 내빈 축사나 축가 등을 하는 것은 우리와 같다.

차라리 집에서 TV나 보지

앞에서 恭敬을 동사가 아니라고 했다. 따라서 선생님이 학생들에게 '너희들 어른을 공경해야 돼'라고 말하는 경우 중국어에서는 你们要恭敬老人(nǐ men yào gōng jìng lǎo rén)이라고 하지 않고 존경(尊敬 : zūn jìng)이라는 동사를 써서 你们要尊敬老人이라고 하거나 효도(孝道)한다는 孝를 써서 你们要孝敬老人(nǐ men yào xiào jìng lǎo rén)이라고 한다.

내친 김에 不如에 대해서도 한 가지 더 알고 넘어가자. 'A가 B만 못하다'라는 'A不如B'의 용법 외에 '차라리' 혹은 '그러느니'와 같은 의미로 사용되기도 한다.

친구가 "우리 영화 보러 가자(我们去看电影吧 : wǒ men qù kàn diàn yǐng ba)"라고 하는데 내키지 않는 경우 "不如在家看电视吧(bù rú zài jiā kàn diàn shì ba)"라고 하면 상대가 제안한 去看电影(영화 보러 가기)이 不如앞에 생략된 형태로, '영화관 가는 것이 집에서 TV 보는 것만 못하다', 즉 '차라리 집에서 TV나 보자'는 말이 된다.

去看电影吧.

不如在家看电视吧.

不如这样吧(bù rú zhè yàng ba)라고 하면 '(그러지 말고) 차라리 이렇게 하자'는 말이다.

다른 건 다 추가 설명을 하고 从命에 관한 얘기를 더 하지 않으면 좀 섭섭하다. 从命이 '순종하다', '명령에 따르다'라는 뜻인 것은 맞지만, 일상의 대화에서 '말씀대로 하겠습니다'라고 말할 때는 从命이 아니라 遵命(zūn mìng)이라고 말한다. 遵 역시 '따르다', '좇다'의 뜻이므로 '뜻에 따르겠다'는 말이 되는데, 군대나 회사 등 상하 간의 구분이 확실한 조직에서뿐 아니라 가족이나 친구 사이에서 '알았어요!' 혹은 '알았어. 그렇게 할게!'라는 말을 다소 장난스럽게 할 때도 자주 쓰는 표현이니 군대 같은 조직에서나 쓰는 딱딱한 표현일 거라고 지레 짐작할 필요는 없다.

숙제도 하지 않고 월드컵 실황중계를 같이 보러 친구집에 간다는 막내 녀석에게 엄마가 "너 갔다 오자마자 숙제부터 해야 돼!"라고 뒤통수에 대고 소리를 지르신다. 이때 막내가 "遵命!"이라고 하면 별 잔소리 없이 축구경기를 보게 허락해 준 엄마에게 고마운 마음을 담은 애교 섞인 '알았어요~'의 느낌이 된다.

从이 고희(古稀)와 무슨 관계지?

마지막으로, 从이 恭敬不如从命에서와 같이 '따르다'라는 뜻으로 쓰인 공자님 말씀 하나와 전혀 다른 뜻(영어 'from'의 뜻)으로 쓰이는 예를 보도록 하자.

78

먼저 공자님 말씀. 일반적으로 나이 사십을 불혹(不惑)이라 하고 오십을 지천명(知天命), 육십을 이순(耳順)이라고 하는 것은 많이 보고 들은 듯한데, 칠십은 뭐라고 할까? 고희(古稀)라는 말은 많이 들었는데, 공자님은 뭐라고 하셨는지 보자.

『논어(論語)』 「위정편(爲政篇)」에 이런 말이 있다.

'吾十有五而志于学, 三十而立, 四十而不惑, 五十而知天命, 六十而耳順, 七十而从心所欲, 不逾矩。'

간단히 해석하면 '내 나이 열 하고도 다섯에 학문에 뜻을 두었고, 서른에 독립적으로 뭔가를 할 수 있게 되었으며, 마흔에 세상일에 미혹하지 않게 되었고, 쉰에 하늘의 뜻을 알게 되었으며, 예순에 귀가 순해졌고(다른 의견도 들을 줄 알게 되었고), 일흔에는 마음이 가는 대로 행하여도 크게 어긋남이 없게 되었다'는 말이다. 참고로 제일 앞의 글자 吾는 我(나)의 문어체적 표현이며 고문에 많이 등장하는 글자로, '오등(吾等)은 자(兹)에 아조선(我朝鮮)의 독립국임과 조선인의 자주민임을 선언하노라.'로 시작하는 기미독립선언서에 나오는 바로 그 글자이다. 吾等은 현대 중국어의 구어체로 바꾸면 我们, 즉 '우리'라는 뜻이다.

본론으로 돌아와서, 앞에서 얘기한 불혹(不惑), 지천명(知天命), 이순(耳順) 등이 여기에 나오는 말인데, 공자가 한 이 말에 나오는 또 다른 나이들에 대한 표현 중에 열다섯을 '지학(志学)', 서른을 '이립(而立)'이라고 한 것 외에도 마지막에 가서 일흔을 얘기하는 부분에서 종심(从心)이라는 말이 나온다. '마음을 따르다'라는 말인데, 뒤에 소욕(所欲)이라는 말도 있고 불유구(不逾矩)라는 말도 따라 온다.

중국어 발음과 함께 이 부분을 자세히 살펴보자. 앞에서 七十而从心所欲不逾矩(qī shí ér cóng xīn suǒ yù bù yú jǔ)를 '일흔에는 마음이 가는 대로 행하여도 크게 어긋남이 없게 되었다.'라고 해석하였는데, 여기서 而(ér)은 우리 고문에서는 '어조사'라고 부르지만 중국어에서의 품사는 연접사(连接词)로, 우리말의 접속사에 해당한다. '그래서', '그리고', '그러나', '그러면' 등등 경우에 따라 다양하게 해석되는 글자로서, 이 문장에서는 '칠십이 되어서' 정도로 해석하면 되니 크게 신경 쓰지 말고 그 다음의 말들을 보자.

먼저 从心所欲(cóng xīn suǒ yù). 이때의 从(cóng)은 '따르다'라는 뜻으로 쓰였다. 무엇을 따르는가? 뒤에 오는 心所欲 전체가 목적어이다. 이때 所(suǒ)는 '바 소(所)'이고 欲(yù)는 '하고자 할 욕(欲)'이므로, 心所欲는 '마음(心)이 하고자 하는(欲) 바(所)'를 중국어 어순으로 적은 것이다. 따라서 从心所欲는 '마음이 하고자 하는 바를 따르다', 즉 좀 거칠게 말하면 '마음대로 하다'라는 말이다.

마지막의 不逾矩(bù yú jǔ)에서 逾(yú)는 逾越(yú yuè), 즉 '넘다'는 뜻이고 矩는 規矩(guī jǔ), 즉 '규범과 법도'를 말하니, 不逾矩는 '규범이나 법도를 넘지 않는다'는 뜻이다. 앞의 从心所欲와 합치면 从心所欲不逾矩, 즉 '마음이 가는 대로 해도 법도를 어기지 않는다'는 말이 된다.

이때 从心所欲와 不逾矩(우리나라에서는 逾 대신 踰를 쓴다) 사이에 우리말의 접속사 같은 것이 없는데 어떻게 이것이 '마음대로 하면'이나 '마음대로 하니'가 아니라 '마음대로 해도'로 해석될까? 앞뒤 문맥이 결정한다.

누구든지 나를 따르려거든

고문에서 '따르다'라는 뜻으로 쓰인 从의 예를 보았는데, 같은 '따르다'이지만 从命이나 順从이라고 할 때의 从과 从心所欲의 从은 미세한 차이가 있다. 전자에 '복종하다(obey)'의 느낌이 강하게 담겨 있다면(물론 함께 쓰인 글자들인 명 命(명령)이나 順(순순히) 등으로 인해 '명령을 따르다', '순순히 따르다'의 뜻이 되면서 그리 된 것이지만), 이에 비해 후자인 从心所欲에서의 从은 단순히 '따르다(follow)'의 뜻으로 사용되었다.

从이 '따르다'의 뜻으로 사용되는 예를 가장 많이 볼 수 있는 것은 성경이다. 예를 들어 마태복음 16장 24절에 보면 '若有人要跟从我,就当舍己,背起他的十字架,来跟从我。(ruò yǒu rén yào gēn cóng wǒ, jiù dāng shě jǐ, bēi qǐ tā de shí zì jià, lái gēn cóng wǒ : 누구든지 나를 따르려거든 자기를 부인하고 자기 십자가를 지고 나를 따를 것이니라)' 라는 구절이 있다. 跟从이 두 번이나 나온다. 이때의 跟从은 '따르다'의 의미로 사용되었다. 跟도 '따르다', 从도 '따르다'라는 의미이다. 물론 이 또한 문어체의 느낌이 강해서 일상의 구어체에서 길을 잘 모르는 친구에게 '나 따라와'라고 말할 때 跟从我라고 하지 않고 跟着我(gēn zhe wǒ)라고 한다. 이때 跟의 뒤에 오는 着(zhe)는 동사 뒤에 붙어서 동작이 지속되고 있음을 나타내는 동태조사(动态助词)인데, 바이두 사전의 해석을 보면 이런 경우, 즉 명령형에서 동사 뒤에 붙는 着는 '권고나 요청의 의미를 나타낸다'라고 되어 있다. 즉 '따르다(跟)', 듣다(听), 보다(看) 등의 동사 뒤에 붙여서, 跟着, 听着, 看着라고 하면 그냥 跟, 听, 看 혹은 跟吧, 听吧, 看吧라고 하는 것에 비해 '잘 따라와', '잘 들어', '잘 봐'처럼 좀 더 강한 느낌을 준다는 말이다. 이렇게 상대가 내게 你听着(잘 들어)라고 말했는데, 내가 '(나 이미 잘) 듣고 있어'의 뜻으로 답하고자 하는 경우 我听着呢 혹은 我在听着呢와 같이 말할 수 있는데, 이때의 着는 동태조사 着의 본래의 역할, 즉 동작이 지속되고 있음을 나타낸다. 따라서 我听着만 해도 '나 듣고 있어'의 뜻이 되지만, 일반적으로 진행형의 문장에서는 동사 뒤에 着를 붙이는 외에도 그 뒤에 어기조사 呢를 더하고 또 동사 앞에도 현재 진행을 나타내는 在를 더하여 뜻을 더욱 명확히 한다.

바이두 사전에서 跟着, 听着, 看着 등의 경우에 쓰이는 동태조사 着의 용법을 권고나 요청의 역할이라고 설명하고 있고, 또 이렇게 이해하는 것이 쉽기는 하지만, 실은 이때에도 着는 동사를 현재 진행형으로 만드는 원래의 용법으로 사용되었다. 즉, '따라오는 상태', '듣는 상태', '보는 상태'를 멈추지 말고 지속하라는 얘기이므로 결과적으로 '(다른 데로 새지 말고) 계속 따라와!', '(다른 데 정신 팔지 말고) 계속 들어!', '(한눈 팔지 말고) 계속 봐!'처럼 강조의 느낌이 나는 것이다.

이상의 예에서 보듯이 从이 현대 구어체에서 '따르다'라는 뜻으로 쓰이는 경우는 '순종한다'는 의미로 쓰인 恭敬不如从命 외에 별로 없다. 从心所欲不逾矩처럼 성어를 대화에 활용하거나 다른 이에게 성경 구절을 소개할 때 쓸 수는 있지만, 恭敬不如从命처럼 일상 대화에 잘 등장하지는 않는다. 현대 구어체에서 '따르다'의 뜻으로 주로 쓰이는 동사는 跟이다.

오늘부터 다이어트 할 거야

病从口入 , 祸从口出(병은 입으로 들어가고 화는 입으로부터 나온다)

이제 영어 from의 뜻으로 쓰이는 从의 예를 보자. 영어라면 전치사에 해당하고 우리말이라면 조사에 해당하는 이때의 从의 중국어 품사는 '개사(介词)'이다.

从海里捞起来的宝物。(cóng hǎi lǐ lāo qǐ lái de bǎo wù) / 바다에서 건져 올린 보물.

我从此以后不要跟你说话了。(wǒ cóng cǐ yǐ hòu bú yào gēn nǐ shuō huà le) / 이제부터 너랑 말 안 할 거야.

从今天开始我要减肥了。(cóng jīn tiān kāi shǐ wǒ yào jiǎn féi le) / 오늘부터 다이어트 할 거야.

从他身上学到了不少宝贵的经验。(cóng tā shēn shang xué dào le bù shǎo bǎo guì de jīng yàn) / 그에게서(그로부터) 적지 않은 귀한 경험을 배웠다.

이런 경우에 쓰는 말인데, 마지막 예는 다소 특수한 쓰임새이다. 일반적으로 '~에게서 배우다'의 구문 가운데 사람에게서 배우는 경우에는 '에게서(from)'에 해당하는 말로 앞에서 얘기한 跟을 쓰지만, 사람이 아닌 경우에는 여전히 从을 쓴다. 예를 들어 '이번 경험에서 우리는 중요한 교훈을 얻었다'라고 말하고 싶다면 从这一次的经验, 我们得到了很好的教训。(cóng zhè yí cì de jīng yàn, wǒ men dé dào le hěn hǎo de jiào xùn)라고 하면 된다.

그런데 위의 예문 从他身上学到了不少宝贵的经验은 해석상으로는 '그에게서 배웠다'인데 왜 跟을 쓰지 않고 从을 썼을까? '그'에게서 배웠다 이지만, '그'로 해석된 실제 단어는 인칭대명사인 他가 아니라 他身上이기 때문이다. 그러나 이 경우에 他身上의 해석은 '그의 몸'이나 '그의 몸 위'가 아니라 '그' 혹은 '그 사람'으로 해야 한다. 계속해서 유식한 말 한마디 알고 넘어가자.

우리 한자어에도 있는 말 중에 祸从口出라는 말이 있다. 화(祸)는 입(口)에서(从) 나온다(出). 보다시피 이 말에서도 从이 '에서', '으로부터'라는 뜻으로 사용되었다.

이 말의 본래 전문은 '病从口入 , 祸从口出(bìng cóng kǒu rù, huò cóng kǒu chū)', 즉 병(病)은 입으로부터 들어가고 화(祸)는 입으로부터 나온다는 말이다.

나는 '결코' 후회하지 않아

从은 이 밖에도 '과거로부터 이제까지 줄곧'이라는 의미의 从来에도 사용된다.

他从来没有学过汉语。(tā cóng lái méi yǒu xué guo hàn yǔ)라고 하면 '그는 이제껏 한 번도 중국어를 배운 적이 없다'가 된다. 또 '나는 한 번도 운 적이 없다'라고 말하려면 我从来没有哭过。(wǒ cóng lái méi yǒu kū guo)라

84

고 하면 된다. 영어 문법식의 표현을 빌리자면 현재완료의 부정인 셈이다.

从来는 과거 부정을 나타내는 没有를 수반하는 외에 긍정문에도 쓰인다. 在学校我们从来只穿校服。(zài xué xiào wǒ men cóng lái zhǐ chuān xiào fú)라고 하면 '학교에서 우리는 줄곧 교복만을 입었다'가 된다.

부정형의 从来没有는 줄여서 从不로 쓰기도 한다. 从不가 들어간 문장은 从不를 '결코'라고 해석하고 뒷부분을 현재형의 문장처럼 해석해도 자연스럽다.

1. 从不认输的人(cóng bú rèn shū de rén : 결코 패배를 인정하지 않는 사람 / 한 번도 패배를 인정한 적이 없는 사람),

2. 我从不后悔。(wǒ cóng bú hòu huǐ : 나는 결코 후회하지 않아 / 나는 한 번도 후회한 적이 없어),

3. 他是从不受伤的超人。(tā shì cóng bú shòu shāng de chāo rén : 그는 결코 다치지 않는 슈퍼맨이다 /그는 한 번도 다친 적이 없는 슈퍼맨이다)

이 밖에도 从은 어떤 일에 종사하다(从事 : cóng shì)라는 의미로도 쓰이고, zòng으로 읽힐 때에는 纵과 같은 뜻으로 세로와 가로를 말하는 종횡(纵横 : zòng héng)의 纵의 뜻으로 쓰이거나 방종하다(放纵 : fàng zòng)의 纵과 같은 의미로 사용된다.

앞에서 '따르다'라는 뜻으로 쓰인 从의 예도 들 겸 논어에 나오는 말씀도 공부할 겸 '칠십'을 '종심'이라고 표현한 것을 예로 들었는데, 우리나라에서도 从心은 사전에서나 볼 수 있지 일반적으로 일흔을 얘기할 때 '종심'이란 표현을 쓰지는 않는다. 중국에서는 일흔을 얘기할 때 종심(從心)이라는 표현은 아예 쓰지 않는다. 서두에도 얘기했지만 일흔을 얘기할 때는 고희(古稀)라는 표현을 쓰는데, 이는 중국도 마찬가지이다.

인생 길어야 칠십이다?

그러면 이 고희라는 말은 어디서 온 것일까?

당(唐 : táng)나라 시인 두보(杜甫 : dù fǔ)의 칠언시 「곡강(曲江 : qǔ jiāng)」의 두 번째 칠언절구에 나오는 '酒債尋常行处有(jiǔ zhài xún cháng xíng chù yǒu), 人生七十古来稀(rén shēng qī shí gǔ lái xī)'의 뒷부분 "인생칠십고래희(人生七十古來稀)"에서 유래한 말이다. 한자 사전을 찾아보면 '사람이 일흔 살까지 살기란 예로부터 드문 일이다'라고 해석되어 있다. 틀린 말은 아니지만 이 시에서는 그렇게 해석해서는 맛이 나지 않는다.

곡강은 안록산(安禄山)의 난으로 백성의 삶이 도탄에 빠져 있던 당(唐) 숙종(肅宗) 시절, 겨울 옷을 전당잡혀 생긴 푼돈으로 퇴청 후면 곡강(曲江)변에서 술을 마시는 것이 일상이었던 두보가 서기 758년의 어느 날 쓴 시이다. 酒債尋常行处有, 人生七十古来稀。의 앞부분 酒債尋常行处有는 직역하면 '술빚(酒債)이 가는 곳마다(行处) 있는(有) 것은 늘 있는 일이다(尋常)'라는 말로, 의역하자면 '여기저기서 외상 술 먹는 일이 뭐가 대수랴'라는 뜻이다. 그런데 그 뒤에 오는 人生七十古来稀를 '사람이 일흔 살까지 살기란 예로부터 드문 일이다'라고 해석해 버리면 마치 '웬만한 사람들은 살아 보지도 못하는 칠십 년이라는 세월을 살았는데, 그깟 술빚이 대수랴'처럼 들린다.

그러나 이때 두보의 나이는 불과 마흔여섯이었다. 실제 712년생인 두보는 쉰여덟이던 770년에 세상을 뜬다. 그러니 위의 해석은 말이 안 되는 얘기이다. 그러면 어떻게 해석해야 할까? '일흔 살까지 살기란 자고로 드문 일이다'라는 말은 달리 말하면 '인생 길어야 칠십'이란 뜻이다. 다시 말해 두보는 마흔여섯밖에 되지 않았지만 '그까짓 것 인생 길어야 칠십인데 술빚 좀 있는 게 대수냐? 마실 수 있을 때 마시자.'라는 식으로 우울한 자신의 마음을 표현했던 것이다.

앞으로 독자들도 중국 술친구들과 단골집에서 외상술을 마실 일이 생길 때 '酒债寻常行处有, 人生七十古来稀' 한마디를 읊으면 여러분을 보는 중국 친구들의 눈빛이 달라질 것이다.^^ 하긴 요즘은 신용카드뿐 아니라 무슨무슨 페이 등등 지불수단이 너무 많아져서 외상술이란 낭만을 찾아보기도 힘들게 되어 버렸으니 연습할 기회가 없을지도 모르겠지만, 두드리라, 열릴 것이라, 방법은 있다. 내가 내기로 철석같이 약속한 날, 차비 약간만 챙겨 넣고는 폰이고 지갑이고 다 두고 나가는 것이다.^^

때론 문어체가 더 쉽다

小时了了, 大未必佳。(xiǎo shí liǎo liǎo, dà wèi bì jiā)

필자가 근자에 아내에게 부쩍 자주 듣는 말이다. 무슨 말일까?

다음의 두 상황을 보자.

상황 1 :

친구 A : 你怎么那么笨啊?(nǐ zěn me nà me bèn a) / 너 왜 이렇게 멍청
해?

친구 B : 喂, 我是全校第一名毕业的人呢。(wèi, wǒ shì quán xiào dì yī
míng bì yè de rén ne). / 야, 나 전교 1등으로 졸업한 사람이야!

친구 A : 小时了了, 大未必佳。(xiǎo shí liǎo liǎo, dà wèi bì jiā) / 그건 그때

얘기고(어릴 때 똑똑했다고 커서도 그러란 법은 없지~).

상황 2 :

친구 A : 听说阿文连续两年落榜了。他以前还是老师的得意门生呢。

　　　　(tīng shuō ā wén lián xù liǎng nián luò bǎng le. tā yǐ qián hái shi

　　　　lǎo shī de dé yì mén shēng ne) / 阿文이 내리 2년을 낙방했다는

　　　　데, 그 친구 예전엔 선생님 수제자였잖아.

친구 B : 小时了了, 大未必佳啊。(xiǎo shí liǎo liǎo, dà wèi bì jiā a) 이젠 한

　　　　물갔어(어릴 땐 똑똑했는데, 지금은 아니야).

앞의 두 대화에 공통적으로 등장하는 이 말, 小时了了, 大未必佳(xiǎo
shí liǎo liǎo dà wèi bì jiā)

해석을 보고 감을 잡았겠지만 아내의 말인즉슨, '어릴(젊을) 땐 똑똑하더
니, 나이 들어선 여엉……'이라는 뜻이다.

차근차근 살펴보자.

小时, '소싯적에'라는 말이니, '어려서는' 또는 '젊어서는'이란 뜻이다.

了了는 총명하다는 말인데, 了의 뜻 가운데 '이해하다', '명료하다'라는 뜻이 있다는 사실을 기억하면 쉽게 이해가 된다. 了解(liǎo jiě)의 경우를 보아도 了가 이해와 관계가 있음을 알 수 있다.

이제 大未必佳를 보자. 앞에 小时의 小가 어리다는 말이었으니 대비가 되는 大는 장성했다는 말일 테고, 未必은 不一定, 즉 '꼭 ~한 것은 아니다'라는 말이다.

그리고 마지막의 佳는 '좋다', '우수하다', '훌륭하다' 등의 의미다.

풀어 보면 '어릴 때 똑똑하다고, 자라서도 꼭 훌륭한 것은 아니다'라는 말이다. 현대의 구어체로 풀어 보면 小时候很聪明, 长大不一定很优秀(xiǎo shí hou hěn cōng míng, zhǎng dà bù yí dìng hěn yōu xiù) 정도가 되겠다. 자주 쓰는 말이지만 농담이 가능한 친한 사이에서나 하는 말이다. 예전의 우수함은 인정하지만 지금의 상태를 폄하하는 것이기 때문에 상대를 욕 먹일 생각이 없는 한 써서는 안 된다는 얘기이다. 그러나 상황 2의 경우처럼 자리에 없는 제 3자에 대한 얘기를 할 때는 눈치 볼 필요가 없으니 편하게(^^) 쓸 수 있다.

未必, 자주 쓰는 말이니 서두의 예와 함께 아래의 예도 보고 그 쓰임을 잘 기억해 두자.

예문 1

A : 老师会帮我们吧?(lǎo shī huì bāng wǒ men ba) / 선생님께서 우리

도와주시겠지?

B ; 未必。(wèi bì) / 글쎄(꼭 그렇진 않아).

예문 2

A : 他应该会赢吧?(tā yīng gāi huì yíng ba) / 아무래도 그 친구가 이기겠
   지?

B : 未必。(wèi bì) / 그건 모르지(반드시 그렇진 않지).

예문 3

A : 他怎么可以这样对我?(tā zěn me kě yǐ zhè yàng duì wǒ) 王八蛋!
   (wáng bā dàn) / 그 놈이 어떻게 나한테 이럴 수가 있지? 나쁜 새끼.

B : 他虽然对你不好,但未必是个坏人。(tā suī rán duì nǐ bù hǎo, dàn wèi
   bì shì ge huài rén) / 그 친구가 너한테 잘못하기는 하지만, 꼭 나쁜 사
   람은 아닐 수도 있어.

예문 4

A : 打雷了,准备雨伞吧。(dǎ léi le, zhǔn bèi yǔ sǎn ba) 천둥 친다. 우산 준
   비해.

B : 打雷了未必会下雨。(dǎ léi le wèi bì huì xià yǔ) 천둥이 친다고 꼭 비가
   오는 건 아니야.

예문 5

A : 我这一份报告写得怎么样？(wǒ zhè yí fèn bào gào xiě de zěn me yàng) 나 이번 리포트 잘 쓴 것 같아?

B : 你这么写老师未必看得懂。(nǐ zhè me xiě lǎo shī wèi bì kàn de dǒng) 이렇게 쓰면 선생님이 알아보실 것 같지 않은데.

한국인에게는 더 쉬울 때도 있는 중국어의 문어체

여기서 '반드시 그렇지는 않다'라는 뜻으로 不一定 대신에 쓰인 未必 (wèi bì)를 눈여겨보자. 고급반 정도가 되어야 알 수 있는 문어체 표현인데, 재미있는 것은 한자를 아는 우리나라 사람 입장에서는 현대어의 구어체보다 이런 문어체 표현이 이해하기 쉬울 때가 있다는 것이다. 未必의 未(wèi)는 우리 한자에서도 '아닐 미(未)', 즉 '아니 불(不)'과 유사하게 쓰일 수 있는 글자이고, 必(bì)는 우리말에서도 '반드시'라는 의미이므로 그대로 해석해도 '반드시는 아니다', 즉 '꼭 그런 것은 아니다'라는 의미임을 쉽게(?) 알 수 있다. 우리 법률 용어 가운데 '미필적 고의(未必的 故意)'라는 말도 바로 이런 의미로 쓰인 것이다. 그러나 오히려 중급반만 되면 배우는 不一定은 우리 식으로 해석해 보면 '불일정'이 되어 '일정하지 않다'라는 느낌, 마치 균일하지 않거나 들쭉날쭉하다는 뜻으로 보이니, 문어체가 우리에게는 더 쉬울 수도 있다는 필자의 말이 다소 이해가 갈 것이다.

앞에서 배웠던 '무슨 일이십니까?'로 직역되는 有何贵干(yǒu hé guì gàn)의 有何도 마찬가지 경우이다. 현대의 구어체로 얘기하면 有什么라는 즉

'무엇이 있는가?'라는 말인데 이때 什么는 중국어를 배우지 않은 이상 한자를 아무리 많이 알아도 도저히 해석할 수 없는 단어이지만, 何는 한자를 아는 사람이면 이 글자가 '무슨', '어떤'의 뜻임을 쉽게 알 수 있으므로 중국어를 배운 적이 없어도 해석이 가능하다. 실제로 한자어에 익숙한 우리가 쉽다고 느끼는 어휘들이 오히려 중국에서는 난이도가 높은 어휘로 분류되는 경우가 대단히 많은데, 그것은 우리의 어휘에 있는 한자어들이 지금은 문어체에 주로 남아 있는 중국의 고어에서 온 것이기 때문이다. 우리에게 생소하고 어려운 구어체의 어휘들(외국어이니 생소한 것이 너무도 당연한 일이지만)과 오히려 우리에게 익숙한 문어체의 어휘들 간의 난이도의 차이를 보면 이 말이 더욱 쉽게 이해가 된다.

미필적 고의(未必的故意)

우리말에서 '미필'이라는 말을 들을 수 있는 경우는 둘이다. 하나는 젊은 남성들이 민감하게 받아들이는 '군 미필'이라고 할 때의 '미필'이고 다른 하나는 법률 용어에서 '미필적 고의'라고 할 때의 '미필'이다. 둘 가운데 어느 것이 '반드시는 아니다/ 꼭 그렇지는 않다'는 의미 즉 不一定과 같은 의미로 쓰이는 미필(未必 :wèi bì)과 같은 의미일까?

'군 미필'이라고 할 때의 '미필'도 중국어 발음은 wèi bì이지만 글자는 다르다. 우리 한자에서는 未畢(미필)이라고 적고 중국의 간체자로는 未毕(wèi bì)라고 적는다. 당연히 不一定이란 의미의 未必(wèi bì)와는 전혀 다른 뜻이다. 畢(毕)이 '마치다'는 뜻이므로, '미필(未畢 /未毕)'은 '마치지 않았다'는 뜻이다. 그리고 중국어에는 未毕 두 글자가 단독으로 쓰이는 그런 단어는 없다.

그러면 법률용어 '미필적 고의'는 어떤가? 이 글에서 다루는 未必와 같은 뜻으로 쓰였고, 당연히 글자도 같다. 그러면 미필적 고의는 '반드시 고의는 아니다'라는 말인가? 그런 의미이다. 풀어서 쓰면 '不一定是故意的' 정도로 얘기할 수 있겠는데, 그 의미를 들여다보면 더 정확하게 이해가 된다. 어떤 행위를 함에 있어 그 행위가 어떤 결과를 초래할지 명백히 인지하고도 행하는 경우 그 행위는 고의적 행위이지만, 그 행위로 인해 어떤 결과가 발생할 수도 있으나 '반드시 그렇지는 않을(未必)' 때, 즉 그 행위의 결과를 완전히 인지하고 행한 행위가 아닌 경우, 이는 미필적 고의에 해당한다. 이 未必的故意라는 말은 중국의 법률 용어에서도 같은 의미로 사용된다.

한자(漢字)의 중요성에 대해 얘기했지만, 한자를 모르면 이런 경우에도 '군 미

필'과 '미필적 고의'에서 '미필'이 어떤 이유로 쓰이게 되었고 둘 사이에는 무슨

차이가 있는지 한글만 보고 알 수 있는 방법이 없는 데다, 중국 법률 서적을 읽

다가 未必的故意라는 용어를 보아도 그 말이 무슨 의미인지 선뜻 짐작하기가

쉽지 않을 것이다.

고급 중국어를 구사하려면 문어체를 알아야

중국은 어휘의 난이도를 갑(甲), 을(乙), 병(丙), 정(丁)의 네 단계로 나누어 쉬운 것부터 어려운 순서대로 甲(jiǎ), 乙(yǐ), 丙(bǐng), 丁(dīng)의 순서를 정해 '갑급 어휘', '을급 어휘'라는 뜻으로 甲级词(jiǎ jí cí), 乙级词(yǐ jí cí) 등으로 부른다. 외국인이나 중국내 소수민족을 대상으로 하는 중국어 능력 시험인 HSK에도 이 분류에 따라 초급에는 甲级词, 고급으로 갈수록 丙级词나 丁级词들이 나타난다. 실제로 앞서 얘기한 不一定과 未必를 보자. 不一定이 乙级词인 데 비해 한자를 아는 우리 입장에서는 더 쉬운 未必는 난이도가 한 단계 더 높은 丙级词로 분류되어 있고, HSK에서도 고급인 5급 어휘로 분류되어 있다. 何와 什么는 더 극단적 대비를 보여준다. HSK 1급 어휘인 什么가 甲级词인 데 비해, '6하원칙(6何原则)'으로 우리에게 익숙한 何는 丁级词로 분류되어 있다.

어느 나라나 그렇듯이 외국인을 위해 어휘의 등급을 분류할 때에는 어휘의 난이도도 기준이 되지만 해당 어휘의 일상대화에서의 사용빈도도 동시에 고려하여 정한다. 한자를 아는 사람에 국한된 얘기이기는 하지만, 우리에게는 더 쉬운 未必나 何가 중국어를 따로 배우지 않고는 알 수 없는 不一定이나 什么에 비해 상대적으로 고급의 어휘로 분류되는 이유는 바로 일반 중국인의 일상 대화에 자주 등장하지 않는 문어체의 어휘들이기 때문이다. 대화에 자주 등장하지도 않는다면서 이 얘기를 길게 하는 이유는 무엇일까?

오늘날 문어체가 더 필요해진 까닭

사용 빈도가 낮다는 이 문어체의 어휘들이 고급 중국어를 구사하고자 하는 학습자들, 특히 SNS와 문자의 홍수 속에 사는 현대 중국어 학습자들의 입장에서 매우 중요한 무기가 될 수 있기 때문이다.

문어체의 어휘들이 고급 중국어에 사용되는 현상은 우리말의 상황을 봐도 쉽게 알 수 있다. 학자연하는 사람들이 문어체의 어휘나 표현을 즐겨 쓰기 때문이다. 그래서 강의나 연설을 할 때 문어체의 표현이 자주 등장한다. 강사의 수준을 높게 보이려는 의도된 표현이다.

그러면 SNS와 문자에는 왜 문어체가 필요한가? 이유는 간단하다. 문어체가 구어체보다 짧기 때문이다. 전화 통화보다 문자 메시지로 서로 연락을 주고받는 일이 많아진 요즘, 글자 수는 줄일 수 있으면 줄여야 한다.

不一定 대신 未必, 怎么样 대신 如何, 可不可以 대신 可否를 쓴다면 좀 과장되게 얘기해서 문자 치는 시간의 1/3을 줄일 수 있다.

우리는 심지어 '열심히 공부하세요'는 '열공하세요', '즐겁게 감상하세요'는 '즐감하세요', '오케이'는 'ㅇㅋ'로 문법 파괴까지 자행하고 있지 않은가.

한자를 알면 중국어 학습에 유리한 까닭

그런데 이런 문어체의 표현들이 한자를 아는 사람 입장에서는 그리 어려울 것이 없다. 앞에서 예를 든 未必이나 有何는 한자를 잘 모르는 이들에게 있어서는 不一定이나 有什么에 비해 쉬울 것이 하나도 없는 그저 외국어일 뿐이니 좀 더 이해하기 쉬운, 우리가 늘 사용하는 한자어 단어들을 보자.

고혈압(高血压 : gāo xuè yā), 공무원(公务员 : gōng wù yuán), 공평(公平 : gōng píng), 남성(男性 : nán xìng), 내막(内幕 : nèi mù), 도시(都市 : dū shì), 모험(冒险 : mào xiǎn), 명예(名誉 : míng yù), 법관(法官 : fǎ guān), 보온(保温 : bǎo wēn), 본능(本能 : běn néng), 불량(不良 : bù liáng), 삼각형(三角形 : sān jiǎo xíng), 상표(商标 : shāng biāo), 사치(奢侈 : shē chǐ), 양심(良心 : liáng xīn), 입체(立体 : lì tǐ), 재무(财务 : cái wù), 점원(店员 : diàn yuán), 전원(电源 : diàn yuán), 천당(天堂 : tiān táng), 출입(出入 : chū rù), 특권(特权 : tè quán), 판결(判决 : pàn jué), 화면(画面 : huà miàn), 회원(会员 : huì yuán), 활력(活力 : huó lì).

특별히 어려운 한자들도 아니지만 이들 모두는 중국어에서는 가장 고급에 속하는 丁级词들이다. 그러나 우리 한국사람의 입장에선 일상에서 늘 쓰는, 그야말로 일상용어들이다. 다시 말해, 한자만 알면 저 단어들의 개념을 이해하고 외우기 위해 서양 사람들처럼 별도의 노력을 기울일 필요가 없다는 말이다. 특히 한자를 쓰지 않는 서양의 학습자들에 비해 고사성어 같은 것을 배울 때에도 훨씬 유리한 입장에서 공부할 수 있는데, 요즘은 한자 교육이 제대로 이루어지지 않다 보니 같은 한자 문화권에 있는 학습자로서의 이점을 제대로 살리지 못하는 것 같아 아쉬울 따름이다.

그렇다고 한자가 전가의 보도는 아니다

얘기가 길어질지 모르지만 오해를 막기 위해 한 가지 짚고 넘어갈 것은, 모든 한자를 다 안다 해서 현대 중국어의 어휘들을 다 알 수 있는 것은 아니라는 것이다.

현대 중국어의 구어체 어휘에는 한국 한자어에는 전혀 없는 것들이 많고(漂亮 piào liàng /什么 shén me / 对不起 duì bu qǐ 등), 한국식 한자어와 중국어 어휘가 서로 다르게 사용되는 것도 있으며(동서/东西 dōng xi , 조심/操心 cāo xīn , 소심/小心 xiǎo xīn , 방편/方便 fāng biàn 등), 또 어떤 한자어는 중국어에는 아예 없는 것도 있으므로(감기/感氣, 고생/苦生, 복덕방/福德房, 배려/配慮, 만년필/萬年筆, 자전거/自轉車 등) 한자 공부가 중국어 어휘의 의미를 이해하는 것과 관련한 전가의 보도는 아니라는 점이다.

앞에서 보았던 漂亮이나 什么 같은 어휘나 对不起(duì bu qǐ : 미안하다), 看不起(kàn bu qǐ : 깔보다), 怎么样(zěn me yàng : 어때?), 不客气(bú kè qì : 천만에요) 등이 우리식 한자어에는 전혀 없는, 따라서 우리식 한자어 지식으로는 알래야 알 수 없는 중국어 단어들이라면, 东西나 神经病 같은 어휘는 일견 알 것 같기도 한 말이지만 우리와는 다르게 쓰이는 어휘들이다. 东西(dōng xī)는 방위를 나타내는 '동'과 '서'이므로 '东西文化的结合(dōng xī wén huà de jié hé : 동서 문화의 결합)'처럼 쓰기도 하지만, 실제 일상에서는 '물건'이라는 뜻의 일반명사로 쓰이는 경우가 압도적이다. 초급 단계에서 반드시 배우게 되는 东西(dōng xi)는 '방에 잡다한 물건이 너무 많아(房间里太多杂七杂八的东西 : fáng jiān lǐ tài duō zá qī zá bā de dōng xi)'라든지, '오늘 재미

있는 것(물건) 정말 많이 샀어(今天买了很多好玩的东西 : jīn tiān mǎi le hěn duō hǎo wán de dōng xi)' 같은 문장에서 보듯 물건이라는 뜻으로 쓴다.(이때 东西의 西는 경성으로 읽는다.) 혹은 '그거 뭐야(那是什么)?'라고 묻는 대신 '그거 뭐하는(무슨) 물건이야(那是什么东西)?' 같은 느낌으로 다소 빈정거리는 말투로 물을 때에도 쓰고, 시비가 붙은 경우에는 사람에게도 이 말을 쓸 수 있다. 우리말에서도 그렇지 않아도 예의없는 '너 뭐야?(당신 뭡니까?)'를 좀 더 무례하게 '너 뭐하는 물건이야?'라고 말하면 싸우자는 의미이거나 윗사람이 아랫사람을 완전히 무시하는 의미이듯, 중국어에서도 你是什么?부터가 예의없는 말이긴 하지만 여기에다 东西를 붙여 你是什么东西!라고 하면 우리말처럼 '너(당신) 뭐하는 물건이야?'의 의미가 된다. 여기서 한 술 더 뜨면 是 대신 算(suàn)을 써서 你算什么东西!라고도 할 수 있는데, '네까짓 게 뭔데?'라는 말이다.

신경병은 신경통이 아니다 (혼동하기 쉬운 한자어와 중국어 어휘)

이어서 예를 든 神经病(shén jīng bìng)도 우리식 한자 상식으로 보면 '신경병'이니 '신경통'이라고 짐작할 수 있겠지만, 중국어에서는 '정신병'과 유의어로 쓰이면서 일상에서는 속어로 '미친놈'이라는 뜻으로 쓰이는 말이다.

평소에도 밥맛이라고 생각하는 남자가 느닷없이 대낮에 그것도 길거리에서 사랑의 세레나데를 불러댄다면 "神经病!" 이 한마디로 향후 유사한 그의 행동을 효과적(?)으로 차단할 수 있을 것이다.

알아두면 좋은 算의 몇 가지 용법

算은 '계산을 하다'라는 말인데 '계산하다', '셈을 하다'라는 뜻으로 쓰일 때는 '我一天才赚五十块钱，你算看看一个月才多少钱。(wǒ yì tiān cái zhuàn wǔ shí kuài qián， nǐ suàn kàn kan yí ge yuè cái duō shǎo qián : 나 하루에 겨우 오십 원 벌어, 계산해 봐, 한 달에 기껏 얼마나 되는지)' 라든지, 수학 시간에 선생님이 '38乘以29呢？ 你算一下。(sān shí bā chéng yǐ èr shí jiǔ ne？ nǐ suàn yí xià : 38 곱하기 29는? 너 한번 계산해 봐)' 하실 때처럼 쓰이지만, 위에서 말한 你算什么东西 같은 경우에는 '쳐 주다', '인정해 주다'라는 의미로 쓰인다. 동네에서 악명 높은 양아치에 패륜아인 인간을 가리켜 사람들이 他算人吗?(tā suàn rén ma)라고 하면 '그를 사람으로 인정하는가? /쳐 주는가?'라는 의미로, '그게 인간이야?'라는 말이다. 늘 형 말을 말 같지 않게 여기는 동생에게 형이 我算不算你哥哥？(wǒ suàn bu suàn nǐ gē ge)라고 하면 '나를 너의 형으로 인정하는거냐?'라는 의미이므로 '나 네 형 맞아?'라는 말이다. 따라서 你算什么东西는 '널 뭘로 인정해야 하지?' 혹은 '널 뭘로 쳐줄까?'의 의미로 얘기하는 '네가 뭔데(你算什么)?'라는 말을 더 무례하게 들리게 하기 위해 '물건'이라는 东西를 더했으므로 해석할 때는 굳이 '물건'을 따로 해석해서 '너 무슨 물건이야?' 하고 해석하기보다는 '네가 뭔데?'를 더 무례하게 만드는 우리말식 방법을 써서 '네 까짓게 뭔데?'라고 하면 아주 정확한 해석이 된다.

더 알기 어려운 경우가 하나 있는데, 바로 算了(suàn le)!이다. '관두다'라는 의미로 '집어쳐!', '됐어!' 혹은 '그만 합시다.'라는 의미로 말하는 볼멘소리이다. 일상에서 많이 쓰는 표현이니 잘 기억해 두자.

　물론 남녀 친구 사이에서 실없는 소리나 행동을 하는 남자 친구에게 여
자 친구가 "神经病!"이라고 쏘아 붙인다면 이때는 '미친놈'처럼 격한 의미
이기보다는 '아, 좀 그만해~' 정도의 느낌이고, 말도 안 되는 소리를 하는
데 대고 한 말이라면 '뭐야~ 미쳤어?' 정도의 느낌이 되겠다. 정말 고운 미
소와 애교스러운 목소리로 했다면 예쁜 투정으로 들릴 수도 있는 말이지
만 상대의 나의 대한 사랑과 나의 매력에 대해 100%의 자신이 없다면 결
코 함부로 쓸 말은 아니니 조심하기 바란다.

한자만 봐서는 오해하기 딱 좋은 중국어 操心 小心 方便

　神经病(shén jīng bìng)보다 더 확실하게(?) 우리가 잘못 사용할 수 있는
말들로는 操心(cāo xīn), 小心(xiǎo xīn), 方便(fāng biàn) 같은 것들이 있다.
　操心은 우리말의 '조심하다' 할 때의 '조심'과 한자로는 똑같지만, 중국
어에서는 '조바심하다' 혹은 '염려하다'라는 의미로 뜻이 전혀 다르다. 오히

려 바로 뒤에 예를 든 小心이 중국어에서는 '조심하다'라는 말인데, 이 역시 우리말에서 '대범하다'의 반대어로 쓰이는 '소심하다'의 소심과 한자는 똑같지만 뜻은 전혀 다르다. 또 우리말에서 '방법', '수단'이라는 의미로 사용되는 '방편(方便)'은 중국어에서는 '편리(便利)하다'는 뜻으로 쓰인다. 중국어에서도 便利(biàn lì)를 便利商店(biàn lì shāng diàn : 편리상점, 우리의 편의점과 같은 뜻)처럼 '편리하다'라는 의미로 쓰기도 하지만, 일상에서 '그것 참 편리하다'라고 할 때는 它很方便(tā hěn fāng biàn)이라고 하지 它很便利(tā hěn biàn lì)라고 하지는 않는다. 더욱이 方便을 우리말의 경우처럼 '방법'이나 '수단'이라는 의미로 사용하는 경우는 없다. 方便이 들어가는 일상용어 중에 가장 많이 볼 수 있는 것이 바로 라면의 중국어 方便面(fāng biàn miàn)이다. '편하게 먹을 수 있는 국수'라는 의미이다. 만일 우리식 한자만 아는 사람이라면 아마도 '밥을 대신할 수 있는 방편으로 먹는 국수' 정도로 해석할지도 모르겠다(^^).

중국사람도 모르는 중국어가 있다?

중국어에 없는 한자어 感氣 苦生 空冊 宮合 弄談 …

마지막으로, 우리가 쓰는 한자어 가운데 중국에는 아예 없는 것들도 있다. 우리나라에서 자체적으로 만든 감기(感氣), 고생(苦生), 복덕방(福德房), 공책(空冊), 궁합(宮合), 농담(弄談) 같은 말 외에 일본식 한자어인 배려(配慮),

만년필(萬年筆), 자전거(自轉車), 산소(酸素), 거래선(去來先), 고참(古參) 같은 말들이다. 이 가운데 고생(苦生)이나 만년필(萬年筆), 자전거(自轉車) 같은 단어는 중국사람도 뜻을 유추할 수는 있겠지만 감기(感氣)나 복덕방(福德房), 궁합(宮合), 배려(配慮), 고참(古參) 등의 말은 그 뜻을 짐작조차 할 길이 없을 것이다.

중국어보다 한자를 먼저 가르쳐야 하는 까닭

한자 공부를 해 두면 좋다는 얘기가 길어졌는데, 혹자는 이런 의문이나 반론을 제기할지도 모른다. 우리가 필담을 할 것도 아니고 결국은 그 한자를 소리 내어 읽어서 말을 만들어야 하는데, 한자음만 알고 중국식 발음을 모르면 열심히 한자 공부를 한들 말짱 도루묵이 아니겠냐고. 과연 그럴까?

외국어 학습의 네 가지 영역인 읽기, 쓰기, 듣기, 말하기를 생각해 보자. 이 가운데 한자를 아는 학습자가 중국어 공부를 하는 경우에 득을 보는 영역은 어느 것일까? 쓰기 하나뿐이라고 생각할지 모르지만, 사실 읽기 영역에서도 상당히 득이 된다. 발음을 모른다 하더라도 글자를 보고 그 의미를 알 수 있다. 따라서 단순히 여행 목적으로 중국어를 배우는 것이 아닌 이상, 유학을 하든 중국에서 직장생활을 하든, 학술 서적을 읽거나 혹은 중국어로 된 보고서와 공문서를 읽어야 하는 학습자들의 경우 한자를 미리 알고 시작한다는 것은 100미터 경주 시 출발선보다 훨씬 앞에서 출발하는 것과 같은 효과를 갖는다.

필자가 중국어를 배우기 시작한 40년 전만 하더라도 일부 선견지명이 있는 학부모들을 제외하곤 중국어를 배우려는 외국인 인구가 지금처럼 많아질 줄은 필자 같은 젊은이들은 상상도 하지 못했다.

그러나 중국이 G2로 부상하고 미국마저 위협하는 지금의 국제정세하에서는 밉건 곱건 중국어는 이제 필수 외국어가 되어 가고 있다.

독자 중에 어린 자녀를 둔 학부모가 있다면 비싼 중국어 학원에 보내려고 애쓰기 전에 집에서 하루 한 자씩 한자 공부부터 하게 하는 것이 어떨까? 한자만 알면 중국어뿐 아니라 일본어 신문을 봐도 대략 무슨 얘기를 하는지 알 수 있을 뿐만 아니라 중국어나 일어를 배우는 데에도 도움이 되는 것은 물론, '한국어' 실력 향상에도 크게 도움이 된다.

난들 이러고 싶겠니

동료 A : 张各来怎么还没来啊?(zhāng gè lái zěn me hái méi lái a) / 장그
　　　래 씨는 왜 아직 안 오지?

동료 B : 可能堵在路上吧。(kě néng dǔ zài lù shang ba) / 길이 막히나 보
　　　지(아마 길 위에 있는 게지)

이때 장그래가 식당 문을 열고 들어선다.

장그래 : 不好意思, 不好意思, 来晚了。(bù hǎo yì si, bù hǎo yì si, lái wǎn
　　　le) / 미안, 미안. 늦었네~.

동료 A : 说到曹操曹操就到。(shuō dào cáo cāo cáo cāo jiù dào). /호랑이
　　　도 제 말 하면 온다더니.

동료 B : 你怎么每次都迟到?(nǐ zěn me měi cì dōu chí dào) /넌 왜 맨날
늦어?

장그래 : 人在江湖身不由己呀。(rén zài jiāng hú shēn bù yóu jǐ ya) / 난들
그러고 싶겠니?

동료 B : 不管了, 自罚三杯, 先喝再说。(bù guǎn le, zì fá sān bēi, xiān hē
zài shuō). / 몰라~ 알아서 벌주 석 잔 해, 마시고 나서 얘기 해.

주말 저녁 퇴근 후 한잔하기로 약속한 동료나 친구들 사이에서 오갈 법
한 대화이다.

호랑이도 제 말 하면 온다더니

여기에 등장하는 说到曹操曹操就到(说曹操曹操到 혹은 说曹操曹操就到라

고 하기도 한다)는 우리 속담 '호랑이도 제 말 하면 온다더니'나 '너도 양반 되긴 글렀구나'와 똑같은 뜻이다. '조조 얘기를 했더니 정말 조조가 왔네'라는 뜻으로, 『삼국지연의』에 나오는 말이다. 헌제(献帝 : xiàn dì)의 신하가 조조에게 원병을 청하자는 제안을 하자마자 약속이라도 한 듯 조조의 구원병이 때맞춰 당도하는 부분인데, 후대 사람들이 이 부분을 인용해 누군가의 얘기를 하자 때마침 그 사람이 나타났을 때 이렇게 얘기한다.

중국사람 입장에선 유식하다고 할 수준의 말도 아니고 문법적으로도 어려울 것이 하나 없는 말이지만, 외국인이 이 말을 하기는 쉽지 않다. 삼국지의 내용을 속속들이 알지 않는 한 알아듣기조차 어려운 말이다. 교과서에 이런 것까지는 나오지 않기 때문이다.

그러나 정말 많이 쓰는 말이기 때문에 알아두면 중국친구들로부터 중국통 소리를 들을 수 있다. 이 말을 모른다면 이런 경우 哎哟~我们刚说到你,你就来了。(āi yō ~ wǒ men gāng shuō dào nǐ, nǐ jiù lái le 아이구, 우리 방금 네 얘기 했는데, 바로 왔어?)라고 말하는 수밖에는 없다. 그렇게 말한다고 해서 틀린 것도 아니고 나쁠 것도 없다. 그러나 중국 친구들 앞에서 좀 있어 보이려면 说到曹操曹操就到 정도는 외워 두는 것이 좋다. 이렇게 중국사람들 틈에서 부대끼면서 서당개 노릇을 하거나 TV 드라마를 열심히 보아야만 알 수 있는, 교과서에는 나오지 않는 표현 가운데 또 하나가 바로 그 아래에 나오는 人在江湖身不由己呀(마지막의 呀는 단순 어기조사임)이다.

「영웅본색(英雄本色 : yīng xióng běn sè)」이나 「상해탄(上海灘 : shàng hǎi tān)」 같은 홍콩 누아르 혹은 무협지에 단골로 등장하는 표현인데, 人在江湖身不由己, '몸이 강호에 있으니 내 몸이 내 뜻대로 되지 않는구나', 의역하면 '난들 이러고 싶어서 이러겠니'라는 뜻이다. 이 경우엔 '목구멍이 포도청이라……' 정도의 느낌이겠다.

강호(江湖)는 무협 용어?

이 말의 앞부분 人在江湖는 '사람이 강호에 있다'는 단순 구조의 문장이니 강호가 무슨 뜻인지만 알면 의미를 알 수 있겠다.

강호는 글자 그대로 강(江)과 호수(湖)를 말하는 것이다. 그래서 천하, 즉 세상이라는 말로도 쓰이는데, 다른 한편으로는 강과 호수, 대자연, 즉 도성과는 멀리 떨어진 곳, 다시 말하면 법과 제도로부터 떨어져 있는 곳, 그래서 그 제약을 받지 않고 오로지 힘과 실력으로만 얘기하는, 그러다 보니 악당들도 많지만 한편으론 영웅들도 활약하는 곳을 가리킨다. 무협지나 홍콩 마피아 영화에서 강호라는 말을 많이 쓰는데, 『수호지』의 영웅호걸(英雄豪杰 : yīng xióng háo jié)이나 「와호장룡(卧虎藏龙 : wò hǔ cáng lóng)」의 李慕白(lǐ mù bái :주윤발 분) 같은 협객 혹은 「영웅본색」의 小马(xiǎo mǎ : 주윤발 분)와 豪哥(háo gē : 적룡 분) 같은 열혈남아들이 활동하는 무대를 강호라고 보면 된다.

그러나 '법과 제도로부터

109

떨어져 있는 곳'이라는 말의 의미를 곱씹어 보면 회사의 규정 따위는 뒷주머니에 모셔 두고, 늘 갑질을 일삼는 상사 뒤통수를 쳐다보며 들이받을까 말까를 하루에도 열두 번씩 고민하는 현대의 미생들에게는 회사도 강호와 크게 다를 게 없으니, 미생들에겐 회사가 곧 강호일지도 모르겠다. 특히 하필이면 금요일 퇴근 시간에 "월요일 출근하자마자 보고서 제출해" 한마디를 던지고 사라지는 상사의 지시에 벌주 석 잔이 기다리는 줄을 뻔히 알면서도 지각할 수밖에 없었던 장그래의 입장에서는 회사가 강호이고 그가 사는 세상이 강호이리라. 그래서 아마 강호가 천하나 세상이라는 뜻으로도 사용되는 모양이다.

그렇다. 강호는 사실 우리가 사는 세상 전부이다.

내 몸이 내 뜻대로 되지 않아요

뒷부분 身不由己(shēn bù yóu jǐ)가 어려울 수도 있는데, 이런 표현을 만나면 그냥 외우는 게 최상의 방법이다. 어려운 이유는 현대의 구어체 표현이 아닌 문어체의 표현이기 때문인데, 여기에 쓰인 由의 용법을 좀 알아두면 도움이 되겠기에 내친 김에 설명하도록 한다. 우선 身不由己는 '내 몸이라고 내 뜻대로 할 수 있는 게 아니다'라는 말이다. 같은 용법으로 쓰인 다른 말들로는

命不由己(mìng bù yóu jǐ : 목숨을 내 맘대로 할 수 없다),

心不由己(xīn bù yóu jǐ : 내 마음이 내 뜻대로 되지 않는다),

事不由己(shì bù yóu jǐ : 일이 맘 먹은대로 되지 않는다),

概不由己(gài bù yóu jǐ : 모든 것이 뜻대로 되지 않는다) 등이 있다.

다른 예문들까지 함께 보니 不由己가 '뜻대로 되지 않는다'는 말임을 쉽게 알 수 있다 不由己의 己는 '자기(自己)'라는 말이다. 由는 '말미암을 유(由)'로, '비롯되다', '원인이 되다'라는 뜻이다. 성경에 나오는 '나로 말미암지 않고는 구원에 이를 수가 없다'에서 '말미암다'가 의미하는 것처럼 '시작점'이 어디인지, '근원'이 무엇인지, '주관자'가 누구인지 등을 의미한다. 따라서 不由己는 내가 주관자가 아니다, 내 뜻대로 할 수 없다는 말이다. 즉 不由己의 앞에 오는 것이 수명과 관련한 것이건, 마음에 관한 것이건, 일에 관한 것이건 간에, 나로부터 말미암은 것이 아니라는, 다시 말해 내가 어쩔 수 있는 것이 아니라는 말이다. 앞에서 예로 든 命不由己(목숨을 내 맘대로 할 수 없다)를 갖고 응용을 해보자. 人命由天不由己(rén mìng yóu tiān bù yóu jǐ), 사람의 목숨은 하늘로부터 말미암은 것이지 나로부터 말미암은 것이 아니다, 즉 인명은 '하늘'에 달렸지 '내 손'에 달린 게 아니라는 말이다(흔히 쓰는 표현이니 외워 두었다 쓰면 좋겠다. 己 대신에 人을 쓰기도 한다). 이런 경우에는 由를 '~에 달렸다'라고 해석하는 것이 더 자연스럽다.

다른 예문을 보자. 태권도 사범이 새롭게 가르쳐 준 동작을 관원들에게 해 보라고 하면서 "谁(要)先开始?"(shéi(yào) xiān kāi shǐ) 라고 묻는다. 어린 관원들이 "我, 我"(저요, 저요)하며 저마다 손을 들 때, 사범이 한 관원을 지목하며 "由你开始吧。"(yóu nǐ kāi shǐ ba)라고 하면 '너부터 시작해'라는 말이다 물론 你先开始吧(nǐ xiān kāi shǐ ba)라고도 할 수 있다. 또 중대장이 "这一次的任务由谁负责?"(zhè yí cì de rèn wù yóu shéi fù zé)라고 묻는다.

'이번 임무는 누가 책임지고 할래?'라는 말인데, 그때 한 부대원이 "由我来吧。"(yóu wǒ lái ba)라고 하면 '제가 하겠습니다'라는 말이 된다. 물론 我来吧라고만 해도 되지만 由가 더해짐으로써 내가 주관자임이 좀 더 명확해진다. 이때의 由는 특별히 해석을 하지 않는다. 이때의 我来는 '내가 옵니다'가 아니라 '내가 하겠습니다'라는 말이다.

이 말이 왜 '내가 하겠습니다'일까? 중국어의 来에는 우리말과는 달리 '오다' 외에 '가다'의 의미도 있다는 점을 생각해 보면 이해가 쉽다. 아주 대표적인 예가 누가 밖에서 문을 두드릴 때 하는 대답으로 来가 쓰이는 경우이다. 우리말에서는 이때 밖을 향해 '갑니다'라고 소리치며 문을 향해 가지만, 중국어에서는 来了라고 소리친다. 밖에서 기다리는 사람의 관점에서 말한다는 얘기다. 나는 그가 있는 곳으로 '가면서' 말을 하지만 그의 입장에서는 내가 '오고' 있는 것이다. 영어도 이 경우에는 "I'm coming"이라고 하지 "I'm going"이라고 하지는 않는다.

이 상황에서의 느낌을 응용해서 생각해 보면 '갑니다'라는 내 말의 의미는 '내가 나서서 상황을 해결하겠다는(문을 열어주겠다는)' 말이고, 이때 우리 말의 '갑니다' 대신 쓰이는 중국어의 来 역시 나서서 해결한다는 의미로 생각하면 이해가 쉽다.

중대장이 묻는데 아무도 손 드는 부대원이 없으면 어떻게 하나? 중대장이 지명하는 수밖에 없다. 이때도 마찬가지이다. 由你来吧 혹은 由你负责吧라고 하는데, 이때 역시 你来吧가 '너 이리 와'가 아님은 두말하면 잔소리다. '네가 나서서 해결해', 즉 '네가 해'라는 말이다.

由 때문에 말이 길어졌는데, 人在江湖身不由己의 의미는 충분히 이해가 되었을 것이다. 번역은 상황에 따라 얼마든지 변화를 주어도 좋다. '난들 이러고 싶겠니?', '직장생활이라는 게 그렇지 뭐', '내 몸 하나 내 맘대로 못한다. 쩝' 등등.

무협지에 정말 많이 나오는 말인데, 실생활에서도 때론 심각하게, 때론 다소 유머러스하게 자주 사용되는 표현이다.

동료 B가 마지막에 한 말 '自罚三杯(zì fá sān bēi)'를 보자. 스스로 석 잔의 벌을 주라는 말이다. '알아서 벌주 석 잔 마셔'라는 말인데, 아무래도 명령투의 말이므로 친구끼리나 격의 없는 사이에서 더 어울리는 말이지만 가까운 사이라면 사제지간이라고 못 쓸 일도 없는 말이다. 지각한 교수님에게 "老师您自罚三杯哦(lǎo shī nín zì fá sān bēi o)"라고 해도 귀엽게 봐줄 수 있는 정도라는 말이다. 같은 의미로 后来者罚三杯(hòu lái zhě fá sān bēi)라는 말이 있다. 우리가 흔히 술자리 지각생에게 "후래자 삼배"라고 하며 벌주를 마시게 하듯이 중국에서도 마찬가지이다. 이 말을 술자리에서는 문법 무시하고 우리처럼 后来者三杯라고 하기도 하는데, '늦게 온 사람

113

은 벌주 석 잔 하는 법이지~' 같은 느낌으로 명령어의 형식이 아니라는 점
에서 自罰三杯보다 좀 더 광범위하게 쓸 수도 있지만, 언어라는 것이 '이 표
현이 저 표현보다 더 격의 없는, 혹은 반대로 좀 더 예를 갖춘 표현이다'라
는 정의를 내리는 것이 칼로 무 자르듯 할 수 있는 일만은 아니므로 혹시라
도 예의 없는 말은 아닌지 염려스러운 상황이라면 표정이나 목소리의 톤
혹은 작은 손짓 같은 것에라도 좀 더 주의를 기울임으로써 실수를 줄이도
록 해야 한다.

　상대는 나의 말을 음절의 조합으로만 인식하는 것이 아니다. 하다못해
술잔을 건네는 나의 작은 손동작 하나, 마주치는 눈빛에서도 나의 말을,
나의 마음을 읽는다. 언어는 내 마음을 전달하는 매개일 뿐, 정작 전달되어
야 하는 것은 마음이란 사실을 잊지 말아야 할 것이다.

다음을 기약하지요

늦게 도착한 장그래가 혼자 온 줄 알았더니 그 뒤에 묘령의, 그것도 미모의 여성 한 명을 달고 나타난 것이 아닌가!

"你们认识一下, 这是我大学同学。来的路上碰见的。"(nǐ mén rèn shi yí xià, zhè shì wǒ dà xué tóng xué. lái de lù shang pèng jiàn de : 다들 인사해! 내 대학 동창인데, 오다 만났어)

"她叫林黛玉。"(tā jiào lín dài yù : 임대옥이라고 해/임대옥이야)

"叫她小林就可以了。"(jiào tā xiǎo lín jiù kě yǐ le : 소림이라고 부르면 돼/그냥 소림이라고 불러)

"欢迎, 欢迎!"(huān yíng, huān yíng : 환영합니다 / 어서 오세요)

신이 난 동료 녀석들.

"林小姐, 幸会幸会。"(lín xiǎo jiě，xìng huì xìng huì : 미스 임, 반갑습니다),

"小林你好, 请多关照。"(xiǎo lín nǐ hǎo，qǐng duō guān zhào : 소림씨, 안녕하세요, 잘 부탁드립니다),

"很荣幸认识你。"(hěn róng xìng rèn shi nǐ : 알게 돼서 정말 영광입니다),

"请坐请坐, 别客气。"(qǐng zuò qǐng zuò, bié kè qi : 앉으세요, 사양 마시고) 등등 배운 중국어는 다 써먹으며 서로 먼저 악수들을 하려고 그야말로 乱成一团(luàn chéng yì tuán: 난리가 났다)이다.

이때 무리 가운데서 한 친구를 발견한 小林이 깜짝 놀라며 한마디 한다.

"你怎么会在这儿?"(nǐ zěn me huì zài zhèr : 네가 여기 어떻게?)

"久违了, 小林。"(jiǔ wéi le, xiǎo lín : 오랜만이야, 소림) 오늘 따라 멋져 보이는 친구 A가 소림을 향해 한마디를 하더니 무리를 향해

"我们是小学同学。"(wǒ men shì xiǎo xué tóng xué : 우린 초등학교 동창이야)라며 무슨 상이라도 탄 듯 우쭐해한다.

여기저기서 "我敬你一杯(한잔하시죠)", "干杯(원샷)" 등의 소리와 함께 술잔이 몇 순배나 돌았을까, 즐거운 시간은 왜 그리도 빨리 지나가는지, 현실에서 시간의 상대성 원리가 작동하는 사례라도 보여주려는 듯, 어느덧 일어날 시간이 되었다며 소림이 좌중을 향해 미안해하는 미소를 짓는다.

"家里有事, 先失陪了。"(jiā lǐ yǒu shì，xiān shī péi le : 집에 일이 있어서, 먼저 일어날게요)

아쉬워 어쩔 줄 모르는 녀석들. 이구동성으로 "多待一会儿吧"(duō dài yì huír ba : 잠시만 더 계시지)를 외쳐본다.

이때 고개를 살짝 숙여 인사한 소림이 고개를 드는가 싶더니 긴 생머리를 찰랑 뒤로 넘겨 젖히며 내뱉는 한마디, "后会有期."(hòu huì yǒu qī)

소림이 마지막에 한 后会有期라는 말부터 보자.

'그럼 다음 기회에', '다음 기회를 기약하지요'라는 말인데, 더 정확하게 얘기하면 '또 만날 기회가 있겠지요'라는 뜻이다. 영어의 See you next time이나 See you again처럼 '만나자'라는 '의지' 혹은 '계획'을 말하는 것이 아니라 만날 날이 있기를 '기대'한다는 의미여서 좀 더 운치가 있다.

See you next time의 의미로 말하고 싶으면 그냥 下次见(xià cì jiàn : 다음번에 만나요) 혹은 그냥 再见(zài jiàn)이라고 하면 되는데 "后会有期"라니? 다음에 보자는 건지, 말자는 건지? 언제 보자는 건지……?

See you again보다 훨씬 운치가 있는 게 뭔가 무협지 속의 여협객 느낌이 나지 않는가?

무협지에서만 쓰는 표현이 아니라 소림의 경우처럼 요즘도 이렇게 쓰는 말이니 기억해 두자. 우리말에도 자주 보는 사람에게 '또 만날 기회가 있겠지요'라는 말을 쓰지 않듯이 매일 만나는 친구나 동료끼리 쓰는 말은 아니다. 이 경우처럼 다음에 다시 만날 계획에 대해 확정적으로 말하기 어려운 상황에서 쓰거나 혹은 긴 이별을 하는 경우에 '또 만날 텐데 뭘' 하는, 상대를 위로하는 느낌으로 쓰는 말이다.

먼저 일어나겠습니다.

소림이 일이 있어서 먼저 일어난다고 하면서 한 말 先失陪了(xiān shī péi le), 이 말 역시 일상에서 예의 바르게 많이 사용되는 말이니 잘 기억해 두자. 이 문장의 핵심 글자는 陪다. 우리 한자에서도 '모실 배(陪)'라고 하여 '모시다', '수행하다'라는 뜻으로 쓰이는 이 글자는 중국어에서도 같은 의미로 쓰이는데, 우리말에서 이 글자가 쓰이는 경우는 사실 많지 않다. 상관을 모시고 회의 같은 것에 함께 참석한다는 의미인 배석(陪席) 혹은 재판의 심리(審理)가 진행되는 동안 배석(陪席)하는 사람이란 의미의 배심원(陪審員)이라는 단어 등에나 사용되는 정도다.

그러나 중국어에서는 사용 범위가 넓다. '모시다', '수행하다'처럼 높은 사람을 모시는 일에 한해 쓰이는 것이 아니라 어른이든 아이이든 누군가와 무엇을 함께 하거나 시간을 같이 보내는 것을 말한다. 따라서 절친이 "다음 주 내내 가족들 다 바캉스 가고 나만 아르바이트 때문에 남아야 되는데 주말에도 나 혼자야 ㅠㅠ" 이렇게 울상을 지을 때 "我陪你吧(wǒ péi nǐ ba)"라거나 "我陪你玩(wǒ péi nǐ wán)" 혹은 "我陪你看电影(wǒ péi nǐ kàn diàn yǐng)"처럼 얘기하면 "내가 같이 시간 보내 줄게", "내가 놀아 줄게" 혹은 내가 영화 같이 봐 줄게" 등의 의미가 된다. 혹은 내 담당 고객이 불편 사항이 있어서 영업점을 찾아왔는데 급히 처리해야 할 일 때문에 당장 응대를 할 수 없는 경우, 옆자리 동료에게 "你先陪他聊一下, 我马上回来。"(nǐ xiān péi tā liáo yī xià, wǒ mǎ shang huí lái)라고 하면 "네가 우선 모시고 얘기 좀 하고 있어, 나 금방 돌아올게"라는 말이고, 언니가 내일 바빠서 조카를 유치원에 데려다줄 수 없다면서 이모인 나더러 "明天你陪她去幼稚园" (míng tiān nǐ péi tā qù yòu zhì yuán)이라고 하면 "내일은 네가 얘 유치원에 좀 데리고 가"라는 말이 된다.

중국어에서의 陪는 이렇게 사용되는 단어이므로 '실패하다'라는 '실(失)'을 그 앞에 더하면 함께하지 못하거나 모시지 못한다는 의미가 된다. 따라서 일이 있어 먼저 자리를 일어나는 경우에는 소림이 말한 것처럼 (我)先失陪了라고 하면 되고, 잠시 자리를 비웠다가 다시 돌아오겠다는 의미로 말하고 싶을 때는 (我)失陪一下나 (我)先失陪一会儿처럼 了 대신 一下나 一会儿을 쓰면 된다.

중국어의 애칭

장그래가 대학 동창 林黛玉(lín dài yù)를 小林이라고 부르라고 하는 장면에서 小林은 어떤 느낌의 호칭일까? 林이 林黛玉의 성인 것은 알겠는데 小는 작다는 말이니 林黛玉가 키가 작아서? 아니면 장그래보다는 나이가 살짝 어려서? 중국에서는 친한 사이에 이름 대신 이렇게 성씨 앞에 小나 老를 붙여서 小林, 小张 혹은 老李, 老王 등으로 부른다. 주로 동료나 친구 사이에서 사용되며 小나 老는 그들의 연배 혹은 그들 간의 관계 등에 의해 결정된다. 젊은 사람들 성 앞에는 小를 붙이고 연배가 좀 있으면 老를 붙이는데, 청소년들 사이에서 누가 나이가 많다고 해서 老를 붙이지는 않으며, 또 나이 지긋한 양반들이 또래 중에 나이가 다소 어리다고 그 친구에게 小를 붙이지도 않는다. 동료나 친구 사이가 아니더라도 연장자나 상사가 아랫사람을 부를 때 역시 이 호칭이 가능하다. 자신보다 나이나 직급이 어리고 낮더라도 나이가 좀 든 상대에게는 老를 붙여 주고, 젊은 친구에게는 小를 붙여서 부른다.

어디까지나 편한 사이에서 쓰는 말이므로 老를 붙여 주었다고 해서 정식으로 존대하는 의미로 해석하면 곤란하다. 예를 들어 나이 사십 줄의 사장이 환갑이 가까운 회사 청소부 아저씨를 老李, 老王 등으로 부른다면 욕은 아니지만 그 사람을 무시하는 것이고, 그 사장은 수준이 떨어지는 사람이다. 홍콩 갱스터 영화에 이런 대사가 많이 나오므로 오해하는 독자들이 있을까 하여 하는 말이니 주의하시기 바란다. 위 예문에서 장그래가 대학 동창인 林黛玉을 小林이라고 부른 것은 둘 다 서로 친한 사이이며 둘이 젊은 사람이기 때문이다. 小林이 덩치가 작아서도 아니고, 둘 중에 누가 더 나이가 많거나 적어서도 아니다.

이렇게 성 앞에 小나 老를 붙이는 이외에 이름 가운데 한 글자를 따서 그 앞에 阿를 붙이기도 한다. 예컨대 许文强이라는 이름이 있다면 阿文이라고 부를 수도 있고 阿强이라고 부를 수도 있다는 말이다. 어떻게 결정하는지는 어려서부터 그를 불러 온 가족이나 친구들의 습관에 따르거나 처음 만나는 경우 당사자 본인이 "我叫许文强 叫我阿文就可以了。"(wǒ jiào xǔ wén qiáng, jiào wǒ ā wén jiù kě yǐ le : 허문강이라고 합니다. 그냥 아문이라고 부르시면 됩니다) 혹은 "叫我阿强就好了。"(jiào wǒ ā qiáng jiù hǎo le : 그냥 아강이라고 부르세요) 하는 식으로 자신이 원하는 호칭을 정해 줄 수도 있다. 일반적으로 성에 小나 老를 붙이는 경우보다는 이름 한자 앞에 阿를 붙이는 것이 더 친근한 느낌이 들고, 가족 간에는 당연히 이렇게 부른다. 가족끼리 小林이나 老张처럼 성을 부르지는 않는다는 얘기다.

홍콩 누아르의 대명사 「영웅본색(英雄本色)」을 보면 친형인 宋子豪(sòng zǐ háo : 적룡 분)나 형님뻘인 小马(xiǎo mǎ : 주윤발 분)가 장국영이 연기한 宋子杰(sòng zǐ jié)를 阿杰(ā jié)라고 부르는 것을 볼 수 있다. 역시 같은 이유에서이다. 이때 宋子杰의 이름에서 子를 택해서 阿子(ā zǐ)라고 하지 않고 阿杰(ā jié)라고 한 이유는 물론 그 가족이나 친구들이 결정한 것이지만, 阿子(ā zǐ)보다는 阿杰(ā jié)가 더 어울린다고 판단했기 때문이다.

이렇게 阿文(ā wén), 阿杰(ā jié), 阿美(ā měi), 阿玲(ā líng)처럼 阿를 붙이는 것도 반드시 그래야 하는 것은 아니다. 가족이나 친한 친구끼리도 文强(wén qiáng)이나 子杰(zǐ jié), 美香(měi xiāng) 혹은 月玲(yuè líng)처럼 그냥 이름 두 자를 다 부르기도 한다.

小马哥

참고로 「영웅본색」에서 주윤발은 小马로 불리는데, 대부 격인 姚叔(yáo shú)나 조직의 맏형격인 宋子豪는 小马라고 부르지만 동생 격인 阿杰나 기타 꼬붕들은 小马哥(xiǎo mǎ gē)라고 부른다. 친한 사이이기 때문에 애칭인 小马를 쓰기는 하지만 형님이므로 애칭 뒤에 '형(哥)'이란 말을 붙인 것이다.

林黛玉의 경우도 마찬가지이다. 친하지만 나이가 어린 동생들이 林黛玉를 부를 때는 小林姐(xiǎo lín jiě)라고 부른다는 얘기이다.

이때 앞에서 얘기한 阿文, 阿杰, 阿美, 阿玲 등의 애칭 뒤에도 哥나 姐를 붙여서 阿文哥, 阿杰哥, 阿美姐, 阿玲姐라고 하기도 한다.

이때 小马哥나 小林姐라고 부르는 것과 小马哥哥 혹은 小林姐姐라고 부르는 것 사이에는 어떤 차이가 있을까?

小马哥나 小林姐는 성인들이(적어도 성인이고 싶은 연령대에서) 형(오빠)이나 누나(언니)를 부를 때 쓰는 말이고 小马哥哥(xiǎo mǎ gē ge) 혹은 小林姐姐 (xiǎo lín jiě jiě)는 어린이, 혹은 자신이 상대에게 아직은 어린 사람으로 취급받고 싶을 때 오빠(형)나 언니(누나)를 부르는 말이다.

참고로 여성들의 경우에 어느 정도 나이가 있는 경우에도 小马哥哥, 小林姐姐처럼 哥哥, 姐姐의 표현을 쓰는 경우가 있다. 哥, 姐에 비해 哥哥, 姐姐가 좀 더 애교스러운 표현이라는 얘기이다.

성인들 사이에서는 이렇게 애칭 뒤에 哥, 姐를 붙이는 외에도 성씨 뒤에 哥, 姐를 붙어서 李哥, 张姐 등과 같이 부르기도 하는데, 애칭을 부르거나 哥哥, 姐

姐 같은 살가운 표현을 쓸 만큼 친밀한 관계는 아니지만, 상대가 연장자임을 인정하는, 따라서 李先生이나 张小姐 혹은 张女士 같은 사무적인 호칭에 비해 상대와의 거리는 줄이면서 예의는 갖추려는 의도가 담긴 호칭이다.

안 나오셔도 됩니다

后会有期(hòu huì yǒu qī) 한마디를 뒤로 하고 출구를 향해 나가는 소림을 동료 하나가 따라 나가며 배웅을 하겠단다.

뒤를 돌아보며 소림이 하는 마지막 한마디 "请留步."(qǐng liú bù) 역시 무협지 같은 분위기가 나는데, 현대에서도 아주 많이 쓰는 점잖은 말이다.

이 표현을 모르면 우리말의 '나오지 마세요'처럼 您别出来了(nín bié chū lái le)' 혹은 你不用出来了(nǐ bú yòng chū lái le)라고 말하면 되지만, 문어체에 가까운 请留步(qǐng liú bù)가 보다 품위 있게 들리는 표현이다. 중국사람들은 이럴 때 '나오다(出来)'라는 표현 외에도, '보내다', '배웅하다'의 의미를 가진 '보낼 송(送 : sòng)' 자를 사용해서 您不必送了(nín bú bì sòng le)나 不用送了(bú yòng sòng le)와 같이 '배웅하실 필요 없습니다'라고도 말한다.

편한 친구 사이에서라면 不必送了나 不用送了만으로 충분하고, 请留步

에서 请을 뺀 留步를 '나오지 마'와 같은 의미로 사용할 수도 있다.

일반적으로는 예의를 갖추어야 하는 상대에게 请留步라고 좀 더 정식으로 얘기하지만, 웬만큼 편한 사이라도 请을 붙인다 해서 어색하지는 않다. 请留步가 거의 관용적으로 쓰이기 때문이다.

때로 주인이 집 밖까지 따라 나오려고 하는 경우에는 请留步와 不必远送(bú bì yuǎn sòng : 멀리까지 배웅하실 필요 없습니다)을 이어서 말해도 좋다. 바로 문 앞에서 헤어지는 경우라면 不必远送은 어울리지 않는다. 请留步, 您不必送了라고 하면 된다. 어떤 경우이든 请留步 한마디만으로도 훌륭한 인사가 되니 여러 표현을 다 외우기 힘든 경우에는 请留步 한마디로 주인에 대한 예의를 갖추도록 하자.

살펴 가세요

우리와 마찬가지로 손님이 이렇게 인사를 해도 주인은 문 앞까지 혹은 문밖까지 배웅을 하는 것이 보통이지만, 경우에 따라 "그럼 멀리 나가지 않겠습니다. 살펴 가십시오" 하며 손님의 뜻에 따르는 경우도 있다. 이때에는 那么, 我就不送了(nà me, wǒ jiù bú sòng le), 请慢走(qǐng màn zǒu)라고 하면 되는데, 请慢走는 천천히 가라는 뜻이지만 손님을 배웅할 때 '조심해서 가세요', '살펴 가세요'라는 뜻으로 사용하는 관용적인 표현이다. 请慢走 대신 您走好(nín zǒu hǎo)라고 하거나 您好走(nín hǎo zǒu)라고 하기도 하는데, 이때에도 친구 사이라면 慢走 혹은 走好, 好走啊 등으로 편하게 말할 수 있다.

중드 중에서도 사극이나 무협지를 즐겨 보는 독자들은 배웅하고 배웅 받는 상황이 아닌데도 请留步라고 말하는 장면을 본 적이 있을 것이다. 동네 아가씨로 변장하고 앞에 가고 있는 여협객을 불러 세우는 굵직한 목소리 "前面的姑娘, 请留步！"(qián miàn de gū niang, qǐng liú bù), 이때에는 留步가 글자 그대로 '걸음을 멈추다'라는 의미로 사용되었다. "앞에 가는 아가씨 걸음을 멈추시오!"라는 말이다. 요즘 말로 바꾸어 보면 前面的小姐, 请等一下(qián miàn de xiǎo jiě, qǐng děng yí xià), 즉 '앞에 가는 아가씨 좀 기다리세요'가 되겠다.

여기까지만 들으면 대만에서만 생활해 본 독자도, 개방 초기의 중국 본토에서만 생활해 본 독자도 모두 갸우뚱할 가능성이 있는데, 대만에서의 경험만 있는 독자들은 더욱 그러할 것이다. 이 얘기를 하는 이유는 어느 한쪽에서만 생활한 사람은 请慢走와 您走好(혹은 您好走) 둘 중 하나는 들어 본 적이 없을 수도 있기 때문이다. 결론부터 얘기하면 대만에서는 您走好나 您好走는 쓰지 않는다. 반대로 본토에서는 请慢走를 잘 쓰지 않는다. 요즘 대륙의 젊은 층은 대만이나 홍콩과의 빈번한 소통과 대중 매체의 영향으로 두 표현을 다 사용하지만, 개방 초기에는 请慢走를 쓰지 않았다. 마치 누가 谢谢라고 하면 不客气 대신 没事儿만 쓰던 시절이 있었던 것과 마찬가지이다. 이렇게 얘기하면 자칫 请慢走나 不客气는 대만식 표현이고 您走好나 没事儿은 대륙식 표현이라고 생각할 수도 있겠는데, 정확하게 말하자면 대만식 표현이 아니라 전통 중국식 표현이라고 하는 것이 옳다. 중국 대륙은 그동안 잃어버렸던 전통 언어 습관을 회복하는 과정에 있는 중이고.

대만이 走好라는 말을 쓰지 않는 이유는 죽은 자를 보내는 장례의 용어와 중첩되기 때문이다. 더 설명을 하지 않아도 이미 짐작하겠지만 그야말로 '잘 가시라'는 말의 의미대로, 저세상으로 가는 이들에게 하는 말이기 때문이다. '잘 가시고 귀신이 되어 돌아오지는 말아 달라'는(^^) 의미도 있다. 중국 대륙에서는 여행을 떠나는 사람들에게 하는 一路平安(yí lù píng ān)이나 一路顺风(yí lù shùn fēng)과 같은 뜻으로 一路 뒤에 走好를 써서 一路走好라고 하기도 하는데, 대만에서는 절대로 쓰지 않으니 여행을 떠나는 사람에게 하는 인사를 외워 두려면 두 지역 모두에서 안전하게 쓸 수 있는 一路平安이나 一路顺风만 기억해 두는 것이 안전하다.

'미안합니다'에도 등급이 있다?

"各位旅客请注意, 我们非常抱歉地通知你们~"(gè wèi lǚ kè qǐng zhù yì, wǒ men fēi cháng bào qiàn de tōng zhī nǐ men)

중국어를 잘하는 독자 가운데 중국에서 비행기 여행을 몇 번 해본 경험이 있는 독자들이라면 이 말을

보는 순간 피식 웃었을지도 모른다. 필자가 중국에서 근무했던 지난 20여 년간 기내에서건 대합실에서건 수도 없이 들었던 연발착 안내 방송의 도입 부분이다. '승객 여러분, 주의해 주십시오.(请注意

128

는 '주의 집중하고 내 말을 들으세요'라는 말) 대단히 죄송하게도 ~ 안내말씀 드리겠습니다'라는 뜻인데, 이 말속의 抱歉(bào qiàn)은 '죄송하다' 혹은 '송구하다'라는 말이다.

抱歉이라는 이 말, 초급 중국어 초반에 배우는 对不起(duì bu qǐ), 그리고 다소 늦게 배우긴 했지만 중국에서 살다 보면 对不起보다 더 많이 들리는 不好意思(bù hǎo yì si : 역시 '미안하다'라는 의미)와는 무슨 차이가 있을까?

글자도 다소 복잡하게 생긴 게 뭔가 있어 보인다. 그래서 비싼 교통수단인 비행기에서 이 말이 등장하는 것일까?

우선 앞에 나온 저 안내 문구에 抱歉 대신 对不起나 不好意思를 써 보면 어떻게 될까?

"各位旅客请注意，我们非常对不起地通知你们 ~~"

"各位旅客请注意，我们非常不好意思地通知你们 ~~"

이게 말이 되는지 안 되는지 자신 있게 대답할 수 있는 독자는 굳이 다음의 설명을 읽지 않아도 될 수준의 실력자라고 보아도 크게 무리가 없겠다.

결론은, 문법적으로 틀리지 않았다. 그런데 뭔가 찜찜하다. 정확한 비유는 아니지만 마치 "ㅇㅇ 항공편으로 잠시 후 중국 상하이로 여행하시는 승객 여러분"이라고 말할 것을 "ㅇㅇ 항공 타고 좀 있다가 중국 상하이 가시는 여객 여러분"이라고 말하는 느낌이랄까?

가락이 맞지 않는, 혹은 격에 맞지 않는다는 말이다. 공항에서 쓰는 용어와 시외버스 터미널에서 쓰는 말이 다를 수 있다는 말을 하자는 것인데, 이 경우엔 抱歉이 对不起나 不好意思에 비해 공항이라는 위상에 좀 더 잘 어울리는, 나름 형식을 갖춘 표현이라는 의미겠다.

그러면 抱歉이 対不起나 不好意思에 비해 수준이 높은, 혹은 수준 있는 사람들이 쓰는 말이라는 말인가? 그리고 이 세 가지 표현은 다 같은 뜻이라는 말인가?

결론부터 얘기하면 꼭 그렇지는 않다. 사용되는 상황도 다소 다르고, 뜻도 꼭 같지는 않다.

이 질문에 대한 답을 제대로 해 보기 위해 필자가 이미 지각대장의 오명을 씌워 버린 미생의 주인공 우리의 장그래를 다시 소환해 보자.

예외 없이 이번에도 지각을 한 장그래가 "미안, 미안. 내가 늦었네"라며 좌중을 향해 어색한 미소를 지어 보인다.

不好意思, 不好意思, 我来晚了.

対不起, 対不起, 我来晚了.

抱歉, 抱歉, 我来晚了.

장그래가 할 말로 가장 적절한 것은 어느 것일까? 셋 모두 미안하다는 뜻인데, 위의 공항에서의 예를 본 데다가 중국어를 좀 아는 독자들은 일단 抱歉, 抱歉, 我来晚了. 는 아니라고 생각할 수도 있다. 抱歉은 예의를 많이 갖춰야 하는 사이에서 쓰는, 혹은 보다 격식 있는 '미안하다, '죄송하다'의 의미라고 필자에게서가 아니더라도 어딘가에서 들었기 때문이다.

과연 그런가? 위의 비행기 예에서 보았듯이 격식 있는(?) 표현이란 말이 틀렸다고 할 수는 없지만 장그래가 이 말을 못 할 이유는 없다. 즉 친구 사이에서도 쓸 수 있다는 말이다.

그러면 친구가 아닌 하늘 같은 선배님들이나 교수님들 혹은 회사 사장님이 기다리는 자리였다면? 不好意思만이 적절하지 못할 뿐, 나머지 둘은 다 괜찮다. 不好意思가 나머지 두 표현에 비해 가볍게 들린다는 말이다. 그러나 이때에도 不好意思를 연발하며 사색을 하고(^^) 허리까지 굽신거린다면 지각한 것에 대해서 핀잔을 줄 수는 있겠지만 말을 꼬투리 잡아 야단치지는 않을 수도 있다. 장그래의 진심이 행동에서 드러나기 때문이다.

만일 장그래가 급한 마음에 뛰어들어오다 막 식당 문을 나서는 다른 손님 손에 든 핸드폰을 쳐서 떨어뜨려 액정을 박살을 냈다면? 이때 역시 不好意思는 사과의 말로는 약하다. 나머지 둘은 다 괜찮은 표현이다.

위 두 경우를 보니 不好意思가 나머지 두 표현에 비해 상대방도 좀 편한 관계이어야 하고, 본인이 저지른 실수나 잘못도 비교적 경미할 때 쓰는 말임을 알 수 있다. 그러나 이는 통상적인 구분일 뿐이지 어투나 분위기, 각 개인의 언어 습관에 따라 다를 수 있으므로 정확하게 사용하려면 드라마나 실생활을 통해서 많은 경우를 접해 보아야 한다.

그러면 이런 경우는 어떨까?

장그래 옆으로 따라 들어오던 다른 손님의 팔에 강아지가 안겨 있는 것을 본 종업원이 황급히 막아서며 "죄송하지만 개는 데리고 들어올 수 없습니다"라고 말했다면?

对不起, 您不能带狗进来。(duì bu qǐ, nín bù néng dài gǒu jìn lái)일까,

不好意思, 您不能带狗进来。일까,

그도 아니면 抱歉, 您不能带狗进来。일까?

셋 다 상관없다. 셋 중 어느 것도 손님에게 실례되는 표현은 아니다. 굳

이 상황에 가장 어울리지 '않는' 표현을 고르라면 对不起다. 对不起는 다른 둘에 비해 구체적으로 무언가 잘못한 게 있을 때 더 어울리는 표현이기 때문이다. 그리고 이 상황이 호텔 로비에서 일어난 일이라면 아마도 抱歉을 들을 확률이 对不起나 不好意思를 들을 확률보다 높아질 것이고, 동네 분식집이라면 对不起나 不好意思의 출현 빈도가 상대적으로 높아질 것이다. 그렇다고 이 표현들이 수준이 낮은 상스러운 표현이라는 이야기는 결코 아니다. 남의 결혼식장에는 백만 원짜리 청바지보다는 십만 원짜리 양복을 입고 가는 게 나은 것과 비슷한 이치라고 보면 되겠다.

여기까지 듣고 나니 不好意思는 미안한 마음을 표하는 말인 건 맞지만, 정말 잘못한 게 있을 때 이 말을 쓰면 진심이 느껴지지 않는 가벼운 표현인 데다 경미한 잘못이라 할지라도 사과를 받는 상대가 어려운 사람인 경우에는 사용하지 않는 것이 안전한 말임을 알 수 있다.

对不起는? 상대에 관계없이 구체적으로 잘못한 게 있을 때 하는 말인 건 맞지만, 구체적으로 잘못한 것이 없어도 미안한 마음을 표하고자 하는 경우에도 쓸 수 있는 말임이 느껴진다.

抱歉은 실제 잘못을 했건 안 했건 우리말로 '미안합니다'라고 말할 수 있는 경우에는 다 써도 되는 말인데, 다소 격식이 있는 말 같다. 抱歉을 쓸 수 있는 다른 예를 하나 보자. 처음 만난 파트너 회사의 직원이 명함을 건네며 인사를 한다. 그런데, 이런! 명함을 사무실에 두고 왔다. 어떻게 대응할까?

抱歉，我忘了带名片了。(bào qiàn, wǒ wàng le dài míng piàn le)가 가장 멋진 표현이다. 크게 잘못한 것은 없지만, 공식적인 사업상의 미팅임을 감안하여 격식을 갖춘 표현이다. 물론 不好意思, 我忘了带名片了. 나 对不起, 我忘了带名片了. 라고 해도 틀렸다고 할 사람은 없다.

결국 미안하다는 말을 하고 싶을 때, 경우에 따라서는 다소 과하다 싶은 상황이 있을 수 있지만, 그래도 가장 안전한 방법은 抱歉이라고 말하는 것이다. 상대가 어린아이만 아니라면 말이다.

설명을 좀 쉽게 하지 이게 무슨 말이람? 볼멘소리가 나올 만하다.

앞의 설명들이 애매하게 들릴 수 있는 이유는, 이 '미안하다'는 의미의 말들뿐 아니라 무릇 말이라는 것이, 다른 글에서도 늘 하는 얘기지만, 칼로 무 베듯이 '이건 이거고 저건 저거다'가 되지 않는 경우가 많기 때문이고, 실제로 일상에서는 현지인들조차 구분 없이 쓰기도 하기 때문이다.

중요한 것은, 이 세 가지 표현이 모두 '미안하다', '죄송하다'는 뜻으로 쓰일 때는 설사 잘못(미안함)의 정도, 상대방과의 관계, 말이 쓰이는 장소 등에 꼭 맞지 않는 표현을 구사하더라도 별문제가 없지만, 다른 뜻, 다른 용도로 사용되는 경우에는 틀려서는 안 된다는 것이다.

不好意思와 对不起의 경우 특히 주의해야 할 부분이 있다. 무엇인지 알아보자.

不好意思의 또 다른 용법들

不好意思 : '미안합니다', '죄송합니다' 외에 타인에게 부탁을 하거나 말을 물을 때 '실례지만' 혹은 '실례합니다'라는 의미로 많이 쓰고, 어떤 일을

함에 있어 '면목이 없다'거나 '염치가 없다'라는 의미 혹은 '쑥스럽다'라는 의미로도 쓰인다.

우선 '실례지만', '실례합니다'의 느낌으로 쓰는 경우는 不好意思, 请问洗手间在哪儿?(bù hǎo yì si, qǐng wèn xǐ shǒu jiān zài nǎr), 즉 '실례지만 화장실이 어디죠?' 이런 경우이다. 이때 对不起를 쓰면 안 되는가? 써도 되지만 정확한 용법이라고 하기엔 무리가 있다. 내가 구체적 잘못을 저지른 것이 아니라 단지 상대를 귀찮게 하는 것이 마음에 걸리는 미안함이기 때문이다. 抱歉은 이 경우에는 적절하지 않다.

이번엔 이런 말을 보자.

장그래가 동료들과 한잔하는 식당이 마침 그래의 단골집이다 보니 친구 녀석이 자꾸 그래 덕을 보려고 한다.

친구 : 各来 ~, 你是这一家的常客。跟老板再要一盘小菜吧。(gè lái ~ , nǐ shì zhè yì jiā de cháng kè. gēn lǎo bǎn zài yào yì pán xiǎo cài ba) / 그래야, 너 이 집 단골이잖아. 사장님한테 반찬 한 접시 더 달라 그래)

장그래 : 我已经要了两次了, 不好意思再要了。(wǒ yǐ jīng yào le liǎng cì le, bù hǎo yì si zài yào le) / 나 이미 두 번이나 부탁했어. 이제 미안해서 더는 부탁못 해. 즉 "염치없어서 더 못 부탁해" 혹은 "더 부탁하기엔 면목이 없어"라는 말이다. 이때는 '抱歉再要了(bào qiàn zài yào le)'나 '对不起再要了(duì bu qǐ zài yào le)'는 쓸 수 없다!

'면목(염치)이 없다'라고 했는데 不好意思가 '면목이나 염치가 없다'는 말이면 好意思는 면목이 있다는 말인가? 그렇다. 계속 들어 보자.

친구 : 你几乎每天来捧场*, 他好意思拒绝吗?(nǐ jī hū měi tiān lái pěng chǎng, tā hǎo yì si jù jué ma) / 네가 거의 매일 와서 팔아 주는데 거절할 면목이 있겠어?

장그래 : 够啦, 真的不好意思(gòu la, zhēn de bù hǎo yì si) / 됐어, 진짜 염치없어.

이때 주의할 것은 好意思는 '염치가 있겠어?(염치가 있을 리 없다)', '면목이 있겠어?(면목이 있을 리가 없다)'와 같이 '반어 의문문'으로만 사용이 되고 일반 서술문에서는 사용되지 않는다. 즉 他好意思拒绝我처럼 말하지는 않는다는 얘기이다. 우리말도 마찬가지이다. "그 사람이 너를 거절할 면목(염치)이 있겠니?"라고는 말하지만, 설사 그 사람이 충분히 거절할 이유나 자격이 있더라도 "그 사람은 너를 거절할 면목(염치)이 있어"라고 말하지는 않는다. 중국어도 그렇다. 他有资格拒绝我나 他有理由拒绝我처럼 '자격'이나 '이유' 같은 다른 어휘를 동원해야 한다.

---

* 捧场(pěng chǎng) : 본래는 경극 무대 같은 곳에 자신이 좋아하는 배우가 출연하면 가서 성원을 보내는 것을 말했는데, 의미가 타인의 활동(사업, 공연 등)에 지지를 보내는 제반 행위로 확대되어 실생활에서는 식당이나 기타 영업장소에 가서 팔아 주는 행위에 대해서 이 표현을 쓴다. 자주 쓰는 표현이니 알아 두자.

한 가지 추가로 알아두어야 할 것은, 你几乎每天来捧场이라는 문장에 목적어로 他를 더하고 싶다면 你几乎每天来捧场他라고 해서는 안 된다. 捧场他 대신 捧他的场이라고 해야 한다. 捧场이 하나의 단어처럼 보이지만 실은 捧이라는 동사와 场이라는 목적어가 결합된 단어이기 때문이다. 초급 중국어 시절에 배우는 '도와주다'라는 단어 帮忙의 경우와 마찬가지이다. 帮忙我라고 할 수 없고 帮我的忙이라고 해야 한다. 역시 帮忙이 帮(돕다)이라는 동사와 忙(바쁜 일)이라는 목적어가 결합된 어휘이기 때문이다.

'쑥스럽다'라는 의미로도 쓴다고 했는데, 어떤 상황인지 보자. 예를 들어 송년회 자리에서 행운상에 당첨된 친구에게 사회자가 나온 김에 노래 한 곡 하고 들어가라고 한다. 평소 숫기가 별로 없는 친구가 하는 말 "这有点 儿不好意思。"(zhè yǒu diǎr bù hǎo yì si) 이 말이 노래를 못 불러 죄송하다 는 말이 아님을 다들 이해했다면 이제 不好意思에 대해서는 대략 공부가 끝난 셈이다.

不好意思나 抱歉으로 대체할 수 없는 对不起의 용법

对不起 : '미안합니다' '죄송합니다'에서 한 걸음 더 나가서 다소 구체적 인 '잘못했습니다'의 느낌이 있다. 여기서 '미안합니다', '죄송합니다'의 경우 에는 对不起를 不好意思나 抱歉과 혼용해도 아무런 문제가 없다. 그러나 '잘못했습니다'라고 해야 할 경우에 不好意思나 抱歉, 특히 不好意思와 혼 용하면 어감에서 차이가 난다고 앞에서 설명했었다. 그러나 이 경우의 혼 용은 문법적으로 틀린 것은 아니다. 절대 혼용할 수 없는 것은, 对不起가 목적어를 수반하여 '누구에게 잘못을 하다'라는 뜻으로 동사적으로 사용 되는 경우이다.

你知道你妈是怎么把你养大的吗？你绝对不能对不起你妈妈！(nǐ zhī dào nǐ mā shì zěn me bǎ nǐ yǎng dà de ma? nǐ jué duì bù néng duì bu qǐ nǐ mā ma！: 어머니께서 널 어떻게 기르셨는지 알아? 넌 절대 어머니한테 잘못하면 안 돼!)

이런 경우의 对不起는 不好意思나 抱歉으로 대치될 수 없다. 你绝对不能不好意思你妈妈라거나 你绝对不能抱歉你妈妈라고 할 수 없다는 말이다. 마찬가지로 我对不起你，请原谅我。(wǒ duì bu qǐ nǐ, qǐng yuán liàng wǒ : 내가 잘못했어, 용서해 줘!)라는 문장에서도 对不起 대신 不好意思나 抱歉을 써서 我不好意思你나 我抱歉你처럼 말할 수 없다.

이렇게 '미안합니다'라고 사용되지만 상대에 따라, 상황에 따라, 미안한 정도에 따라, 적절한 표현을 선택해서 미묘한 어감의 차이를 만들어내고, 또 이러한 차이를 구별해 낼 줄 아는 것도 중요하지만, 위에서 보았듯이 不好意思처럼 다른 뜻으로 쓰이는 경우나 对不起처럼 목적어가 있는 타동사의 역할을 하는 경우에는 결코 혼동해서 사용할 수 없다는 사실을 알아두면 공부에 약간 도움이 될 것이다. 굳이 '약간'이라는 표현을 쓴 이유는 머리로 안다고 해서 이것들이 입으로 말이 되어 나오지는 않기 때문이다. 드라마나 실생활에서 현지인들이 하는 말을 유심히 듣고 다양한 상황에서의 쓰임새를 반복해서 따라 함으로써 입에 밴 자기 것으로 만들어야 한다.

당신을 존경합니다?

한잔 올리겠습니다

워징니(我敬你 : wǒ jìng nǐ), 저는 당신을 존경합니다? 갑자기 무슨 아부?

초등학생들도 알아들을 중국어의 '사랑해요!'라는 말,

'워. 아이. 니'(我. 爱. 你 : wǒ. ài. nǐ)

이 말에 대입해 보고서 '나는(我) 사랑한다(爱) 당신을(你)'이라는 문장 구조에서, '사랑 애(爱)' 자 대신에 '공경할 경(敬)' 자를 넣었으니 '나는 당신을 존경한다'라는 말이구나, 라고 생각할 수도 있겠지만, 일상 대화에서 이렇게 존경을 표하는 사람은 없다.

我敬你(wǒ jìng nǐ)

술 마실 때 가장 많이 듣고 또 많이 하게 되는 말이다. 결론부터 얘기하면 '한잔 같이합시다' '한잔 권하겠습니다'라는 의미로, 친구끼리 격의 없이 한잔하는 자리에서보다는 敬자에서 느낄 수 있듯 '공경하는 마음으로 모시고 한잔하고 싶습니다'라는 의미와 느낌으로, 격식을 갖춘 자리에서 상대에게 술을 권할 때 하는, '한잔하시지요'라는 말이다.

우리의 술 문화와 다른 점이 있다면 이것이 술을 따르면서 하는 말이 아니라 상대를 향해 잔을 들고 상대의 눈을 바라보며 하는 얘기, 즉 같이 마시자고 할 때 하는 얘기라는 것이다. 일반적으로 상대는 나보다 높은 사람이거나 격식과 예의를 갖추어 대해야 할 사람인데, 그렇다고 반드시 晩輩(wǎn bèi : 아랫사람)가 长辈(zhǎng bèi : 윗사람)에게만 하는 말은 아니다. 상대의 나이가 어리거나 직급이 낮더라도 혹은 친구 사이에서도 상대를 존중하는 마음을 표하고 싶을 때에는 얼마든지 쓸 수 있다. 오히려 말하는 사람의 언어 품격을 높여 주는 효과가 있으니 상대가 누구든 술을 권할 때 써 보시기를 권한다.

단지, 손아랫사람에게 권할 때는 주어인 워(我)를 종종 생략하니 편안한 후배나 아랫사람에게는 "敬你!"(jìng nǐ)이렇게 줄여서 말해도 된다. 격식을 다 갖춘 我敬你의 완전한 형태는 我敬你一杯(wǒ jìng nǐ yì bēi)이다. 이렇게 보면 이 문장에서의 敬의 역할이 보다 분명해진다. 한잔을 '올리겠다'는 말이다.

술을 권할 때 쓰는 말이므로 당연히 그에 상응하는 동작과 함께 사용되는데, 일반적으로는 두 손으로 잔을 받들어 상대의 잔과 얼굴을 향하고 말한다. 이때 상대가 윗사람이면 잔을 상대의 잔보다 낮게 드는 것이 예의이고, 잔을 부딪치면 잔을 다 비우자는 의미가 된다. 따라서 윗사람의 잔에 내 잔을 부딪치는 동작은 가까운 사이가 아니면 함부로 해서는 안 되는 동작이다. 이때 함께 마실 상대도 잔을 부딪쳤으면 다 마실 마음의 준비를 해야 한다. 다 마실 생각이 없으면 잔을 부딪치는 것은 피해야 한다. 아랫사람이나 편한 사이에서는 한 손으로 잔을 들고 권해도 상관이 없는데, 한 손 음주

와 관련해 특이한 것은 중국사람들은 어른이 술을 따라 주는 경우에도 두 손으로 받지 않는다는 점이다. 심지어 잔을 들어 올리지도 않는다. 간혹 사극에 두 손으로 받는 장면이 나오지만, 다 옛날얘기이다.

필자는 직장생활을 하며 중국 후배 사원들에게 한국식 주도를 가르치느라 애쓰는 한국인 동료들을 많이도 보았다. 문화교류라는 차원에서의 순기능이 있기는 하지만, 행여라도 그 속에 '너희들은 참 미개하구나' 하는 편협한 우월감이 배어 있지나 않을까 쓸데없는 걱정을 했던 기억이 지금도 새롭다.

여기서 또 한 가지 중국적인 것, 즉 우리와 많이 다른 것은 아랫사람이 윗사람과 대작할 때 우리처럼 아랫사람이 얼굴이나 몸을 옆으로 돌리지 않는다는 것이다. 그렇게 하는 것이 한국인의 예절인 줄을 알기 전까지는

오히려 그것이 실례가 된다고 생각하는 중국사람들이 있을 정도이다. 중국 친구들은 우리 입장에서는 민망할 정도로 눈을 빤히 보며 마치

상대가 잔을 다 비우는 걸 확인이라도 하려는 듯, 얼굴을 마주하고 술잔을 비운다. 지위나 연배의 고하에 관계없이. 사극을 보면 옛날에도 우리처럼 아랫사람이 얼굴을 돌리는 모습은 볼 수가 없는 것으로 보아 만민평등의 사회주의식 사고는 그 옛날부터 중국인의 DNA 속에 녹아 있었는지도 모르겠다.

만민평등의 사회주의식 사고 운운하는 이유는 중국에 처음 주재원으로 나가 정부기관의 사람들이나 기업의 간부들을 만나 식사를 할 때 뜻하지 않은 광경에 어안이 벙벙했던 기억 때문이다. 함께 식사하는 원탁에서 젊은 직원이 담뱃갑을 까더니 우리 일행을 포함해 주위에 앉은 나이 지긋한 상관들에게 한 개비씩 던지는, 당시 나로서는 기겁할 광경을 보았다. 지금은 중국도 실내 금연이 보편화되어서 이제는 추억 속의 한 장면이 되었지만 당시의 황당함은 不可思议(bù kě sī yì)*, 아니 目瞪口呆(mù dèng kǒu dāi)** 같은 표현 외에는 달리 형용할 말을 찾기 어려운 그런 것이었다.

당시엔 그것이 공산화된 이후에 생겨난 사회주의식 만민평등이라고 생각했었는데, 술 마시는 모습을 우리와 비교하다 보니 어쩌면 중국인에게는 본래부터 이런 유전인자가 있었을지도 모른다는 생각이 든다.

---

* '안 믿기는데', '믿을 수가 없네', '말도 안 돼' 등과 같은 의미로 쓰임. (301~302 페이지 참조)
** 놀라서 눈이 휘둥그레지고 입이 떡 벌어져 다물지 못한다는 말로, 그 정도의 충격을 받을 정도로 너무 놀랐다는 말.

중국어에는 선배, 후배가 없다?

长辈와 晚辈는 각각 윗사람(어른), 아랫사람이라는 의미로, 우리가 흔히 말하는 학교나 조직의 선배, 후배와는 다른 뜻이다. 그리고 중국어에는 우리나 일본에서 쓰는 선배(先輩)나 후배(后背)라는 말이 없다. 대신 무협지 같은 곳에 자주 등장하는 前辈(qián bèi)라는 말은 长辈와 같은 뜻으로 현대에서도 사용되는데, 개인의 언어 습관에 따라 차이는 있지만 长辈가 순수하게 손위 어른이라는 의미로 쓰이는 데 비해 前辈는 다소 선배의 느낌이 있다. 따라서 长辈가 대부분의 경우 불특정 3인칭으로 주로 친족 관계에 있는 '어른'이나 '손윗사람'이라는 의미로만 쓰일 뿐 '어르신' 혹은 '선배님'이라는 2인칭 존칭으로 사용되지 않는 반면, 前辈는 '어르신'이나 '선배', '선배님' 같은 2인칭 존칭으로 사용되는 경우가 많다.

다시 我敬你 얘기로 돌아와서, 我敬你 혹은 我敬你一杯 같은 말은 공식 만찬 장소 같은 곳에서 눈도장을 찍고 싶거나 인사를 드리고 싶은 사람에게 가서 술을 권할 때 쓰기도 하고, 같이 한 테이블에서 마시다 눈이 마주치면 누가 먼저랄 것도 없이 자연스레 이 한마디와 함께 술잔을 드는 경우, 혹은 둘 이상 소수의 인원이 같이 술을 마시다 상대 혹은 그 자리 누군가의 말에 동의하거나 그를 축하하거나 격려할 만한 상황이 생기는 경우 하기에 적합한 말인데, 허물없는 친구끼리 함께하는 자리에서는 이 말을 대폭 줄여서 敬你만 한다 하더라도 계속 서로 我敬你나 敬你를 외쳐대는 장면이 그리 자연스러워 보이는 모습은 아닐 터, 정말 오랜 세월을 사귄 허물없는 친구 사이, 즉 학교 동창이나 어릴 적 동네 친구 혹은 나이 들어 만났지만 한동네에 산 지 10년이 넘는 이웃집 술친구 등과 편하게 마실 때 '워징니' 대신 할 수 있는 말에는 어떤 것이 있을까? 우리의 상황을 한번 떠올려 보자.

친구들이랑 술을 마시며 '건배!', '위하여!'(개인적으로 상당히 좋아하지 않는 표현이지만^^) 따위의 권주사(劝酒词)를 외쳐 본 적이 있는가? 적어도 필자의 경우에는 없다! 특별히 축하할 일이 있는 경우가 아니라면 말이다. 그럼 꿀 먹은 벙어리처럼 서로의 눈만 멀뚱멀뚱 쳐다보며 눈빛으로 권주사를 대신하며 각자 알아서 마시나? 그것도 아니다! 그럼 뭐라고 해야 하나?

"자~" 혹은 "한잔해~!" 심지어 "마셔!"

바로 그거다. 이게 친구 사이의 술자리에 가장 잘 어울리는 '권주사'이다. 요즘은 직장생활로 정형화되어 버린 샐러리맨들이 사석에서도 '위하여!'를 남발하는 모습을 보지만, 또 그렇게 훈련된(?) 한국 기업의 주재원들이 중국의 사업 파트너들과 술자리를 같이할 때 하도 '위하여'를 외쳐 대니 중국 친구들조차 말도 안 되는 '웨일러'(为了 : wèi le / '~을 위하여'라는 뜻으로 为了 뒤에 목적어가 와야 한다)로 장단을 맞추어 주는 웃지 못할 풍경이 중국 도처에서 벌어지고 있지만 말이다.

앞에서도 이야기했지만 어휘란 자고로 품위 있고 고급스러운 것들이 상대적으로 열등한 것들을 대체하는 것이 일반적인 경향인데, 유독 '위하여'는 대체 전생에 무슨 위대한 언어사적 자취를 남겼기에 이 듣보잡 수준의 비문(非文)이 활개를 치고 술자리마다 나타나 술자리의 품격을 떨어뜨리는지 필자로서는 이해가 가지 않는 일이지만, 현실은 현실이니 받아들일 수밖에. 언어는 변하는 것이고 문화 또한 그런 것이니 절대적으로 옳은 문법이나 옳은 문화란 없다. 문화란 도덕이나 가치관과는 또 다른 개념이니까. 마치 옳은 어법과 흔히 쓰이는 표현이 다른 개념이듯 말이다. 내 마음에 들지는 않지만 더 많은 사람이 쓰고 더 많은 사람이 공감하면 그것이 옳은(?) 어법이고 옳은(?) 문화, 아니 새 어법이고 새로운 문화가 되는 것이다.

불평이 길어졌는데, 결론은 중국의 술친구들 사이에서 오가는 권주사도 우리와 별반 다르지 않다는 것이다. "자~ ", "한잔해!" 혹은 "마셔!"라고 할 상황에서 중국 친구들도 똑같이 말한다는 얘기다.

'자~'에 해당하는 것은 来(lái), '한잔해'에 해당하는 것은 来一杯(lái yì bēi) 그리고 우리의 '마셔'에 해당하는 것은 喝(hē)이다. 이때 一杯는 한잔이란 말이고, 喝는 '마시다'라는 동사이니 어려울 것이 없는데, 来는 뭘까? '오다'라는 동사이지만 이 경우처럼 상대를 독려하거나 분위기를 다잡거나 전환하고자 할 때 흔히 쓰는 우리말의 '자~!'와 같은 감탄사로 쓰인다. 앞의 글에서 배운 我来吧(내가 할게), 你来吧(네가 해)의 경우처럼 来의 앞에 1인칭이나 2인칭 대명사가 주어로 오면 来는 '하겠다' 혹은 '책임지겠다'의 의미이지만, 이렇게 来가 단독으로 감탄사처럼 쓰이면 우리말의 '자'라고 생각하면 된다. 아무튼 이런 표현들, 즉 来, 来一杯, 喝 등은 격의 없이 편한 사이에서 쓰는 말이니 가맥이나 동네 맛집에서 소주 한 병 앞에 놓고 친구분들과 연습해 보시기 바란다.

잔을 말립시다(?)

얘기가 나온 김에 '건배'라는 말에 대한 약간의 오해를 바로잡고 넘어가야 할 것 같다. 많은 이들이 우리의 '건배'와 중국의 '깐뻬이', 그리고 일본의 '간빠이'를 같은 상황에서 같은 용도로 사용하는 것으로 오해하고 있는데, 사실은 그렇지 않다. 시작은 같았을 것이라고 유추해 볼 수 있으나, 한 30~40년 전 '위하여'가 설쳐대기 전의 우리나라 술자리에서 들리던 '건배'와 일본의 '간빠이'는 같은 뜻('한잔합시다'의 의미)으로 사용되었고 지금도 우리는 '건배'를 별로 사용하지 않는다는 작은 차이를 제하면 한잔 같이하자는 뜻에서는 차이가 없다. 그러나 예나 지금이나 중국의 '깐뻬이'는 그냥 '한잔하자'는 얘기가 아니다. 이제는 많이들 아는

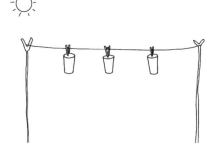

얘기가 되었지만 '깐뻬이'는 영어의 'Cheers!'가 아니라 잔을 비워야 하는 'Bottoms up', 요즘 말로는 '원샷'의 의미이다.

干杯가 왜 원샷인가? 干이 '말리다'라는 뜻으로 干杯가 '잔을 말리다'라는 뜻이기 때문이다. 干은 본래는 干, 幹, 乾과 같이 세 개의 다른 글자였다고 앞에서도 설명했지만, 干杯에서의 干은 이 가운데 '말리다'라는 의미로 주로 쓰이는 乾의 간체자로 사용되었다. '하다'라는 뜻 幹의 간체자로 쓰인 你在干什么?의 干과는 전혀 다른 뜻이다.

그러면 '잔을 말리다'라는 뜻의 干杯가 한국과 일본에서는 '단순히 잔을 들어 함께 마시자'라는 의미로 변화한 것은 무슨 까닭일까? 시대와 지역을 넘어 단어의 의미가 변화한 어의 전성의 결과, 그 가운데서도 오유추의 결과로 보아야 할 것이다. 필자는 언어의 발전 과정에서는 악화가 양화를 구축하는 현상이 그 반대의 경우에 비해 보편적으로 많이 나타난다고 생각하는데, 단순 유추를 해 보자면 그 옛날 중국어에서 온 干杯(乾杯)라는 말을 쓰는 일반 대중 가운데 한자의 정확한 의미를 알고 쓰는 이들은 그리 많지 않았을 터, 따라서 그 말이 쓰이는 상황, 즉 술잔을 들었다 놓았다 하며 기분 좋게 한잔하는 모습을 보고 지레짐작으로 '아, 干杯(乾杯)는 술 한잔 같이하자는 얘긴 게로구나'라고 잘못 유추했으리라는 추리가 가능하다. 어쨌든 재미있는 것은 중국에서는 이 말 본래의 뜻은 그대로 남아서 잔을 다 비운다는 뜻으로 쓰이지만 글자는 변형이 되어 干이 되었는데(물론 干에도 '방패'라는 뜻이나 '범하다'라는 뜻 외에 '마르다'라는 뜻이 있기는 하지만 간체자가 생기기 전 중국에서 乾杯를 干杯라고 쓰지는 않았다), 한국과 일본에서는 뜻에는 다소 변화가 생겼지만 글자는 원래의 글자인 乾을 그대로 보전하여 쓴다. 즉, 중국식 간체자를 쓰지 않는 우리나라나 일본에서는 '건배' 혹은 '간빠이'라고 할 때 干杯라고 쓰지 않고 乾杯라고 쓴다는 얘기인데, 번체자를 쓰는 대만 역시 마찬가지이다. 얘기를 하다 보니 글자이건 의미이건 본래의 것을 그대로 고수하고 있는 곳은 대만뿐이라는 간과하기 쉬운 사실을 재확인한 셈이 되었는데, 중국어나 중국문자를 연구하고자 하는 학도들에게는 나름 시사하는 바가 있을 듯하다.

중국어의 '깐뻬이'(干杯: gān bēi)와 우리의 '건배'가 비슷하게 쓰이는 경우로는 우리나 중국이나 만찬 연설 같은 것을 마치고 '~ 을 위하여 다 같이 건배합시다!'가 있다. 예를 들면 '보다 나은 미래를 위해 다 같이 건배하십시다!' 같은 말은 중국에서도 为了更好的未来大家一起干杯!(wèi le gèng hǎo de wèi lái dà jiā yì qǐ gān bēi) 하는 식으로 얘기한다는 말이다. 그리고 이때 干杯는 잔을 다 비울 필요도 없다.(자리에 함께한 인원이 많다면 누가 일일이 확인할 일도 없겠지만 말이다)

그러나 서로 마주 앉아서 술을 마시는 경우엔 얘기가 달라진다. 중국어의 干杯(gān bēi)는 앞에서 이야기했듯이 글자 그대로 '잔을 말려라'는 의미이므로 상대가 그렇게 얘기하며 달려들(^^) 때엔 용감무쌍하게 시원하게 먼저 잔을 비우고 "한잔 더!(再来一杯!)" 하며 선수를 치든지, 그럴 실력이 안 되면 무슨 핑계든 대고 꽁지를 내려야 한다.

행여 이 干杯의 뜻을 그냥 미국 사람들이 즐겨 쓰는 '치어즈(cheers : 한잔합시다)' 정도 또는 우리 식으로 따지자면 친구 몇이 모여 술을 마시다 가볍게 축하할 만한 일이 있거나 혹은 분위기 전환이 필요할 때 하듯 가볍게 잔을 들고 짧게 "건배!"라고 할 때의 그런 '건배'의 느낌인 줄 알고 주량도 얼마 안 되면서 중국 주당들 앞에서 干杯를 외쳤다가는 干杯의 참뜻을 온 몸으로 배우는 살아 있는 언어실습을 하게 될 터이니 주의가 필요하다.

먼저 잔을 비우겠습니다

얘기가 좀 너무 멀리 간 감이 없지 않지만 이 중국식 건배와 관련해 알아두면 정말 요긴하게(?) 쓸 수 있는 표현이 또 한 가지 있다. 先干为敬(xiān gān wéi jìng)이란 표현이다.

'(제가) 먼저 잔을 비우겠습니다.'라는 의미인데, 술잔에 독을 타서 상대를 해치는 일이 많았던 역사적 사건들에서 얻은 교훈에서 손님에게 술을 권할 때는 주인이 항상 먼저 술잔을 비우는 관습이 하나의 술자리 예절로 굳어졌다고 하는데, 꼭 주인이 아니더라도 술자리에서 상대에게 건배를 제의하고 싶은 경우에 상대를 존중하는 의미로(혹은 술 실력을 자랑하기 위한 하나의 수단으로^^) "제가 먼저 잔을 비우겠습니다(그러니 댁도 건배하시지요^^)" 라고 말하는데, 이때 정말 상대를 배려하고자 하는 경우에는 先干为敬 뒤에 您随意(nín suí yì)라고 한마디 더하면 금상첨화이다. 您随意는 随意가 '뜻대로' 혹은 '뜻에 따라'라는 의미이므로 '댁은 알아서 드십시오', 즉 '잔을 비우지 않으셔도 됩니다.'라는 이야기이다. 이제 제일 앞에서 배운 我敬您一杯까지 더해서 문장을 만들어 보면 我敬您一杯, 我先干为敬, 您随意。(wǒ jìng nín yì bēi, wǒ xiān gān wéi jìng, nín suí yì : 한잔하시지요. 존경을 표하는 의미에서 제가 먼저 잔을 비울 테니, 적당히 드십시오)가 된다.

굳이 존경이나 각별한 예를 갖출 필요는 없지만 술이 약한 상대를 배려하고자 하는 경우에는 我先干为敬에서 为敬을 빼고 我先干만 사용해서 我先干, 你(您)随意。라고 하면 '내가 먼저 비울 테니, 넌 알아서 마셔(제가 먼저 비울 테니 적당히 드십시오)'의 의미가 되고, 이때는 先을 빼고 '我干, 你(您)随意。'라고 해도 된다. 아니 오히려 더 자주 쓰는 표현이다. 앞에서도 얘기했듯이 '先干'은 주인이 손님에 대한 예의로 하는 말에서 시작된 것이어서 먼저 마신다는 순서 자체에 예의를 갖추려는 의도가 포함되어 있으므로 단순히 '난 비울 테니 댁은 편하게 드시오'라는 느낌의 경우에는 先이 별 필요가 없다는 말이다. 글자 그대로 '난 비울게, 넌 알아서 마셔(전 비울 테니 적당히 드십시오)'라는 이야기이다. 당연히 상대보다 먼저 잔을 다 비울 필요도 없다. 또 我干, 你(您)随意의 경우엔 내가 먼저 술을 권한 경우가 아니라도 상대가 我敬您一杯 하며 술을 권할 때 상대가 주량이 약하거나 어른인 경우 '감사합니다. 전 다 마실 테니 적당히 드십시오'라는 의미로 谢谢, 我干, 你(您)随意。라고 대답하는 경우에도 쓸 수 있다.

한 가지 명심할 것은 일반적으로 중국의 공식적 술자리에선 술자리가 시작되면 우선 그 자리의 주인과 주빈들 사이에서, 즉 윗사람들 사이에서 먼저 술잔이 오가고 난 후에라야 아랫사람들에게도 윗사람에게 술을 권할 차례가 온다는 것이다. 그리고 주빈에게 술을 권한 이후에는 특별한 경우가 아니면 시계 방향으로 돌아가며 술을 권한다.

이때 我敬您一杯라며 술을 권해 놓고 권한 사람이 잔을 비우지 않는 것은 주도에 어긋난다. 최소한 상대보다는 많이 마셔야 하며, 특히 잔을 부딪쳤으면 반드시 잔을 비워야 하므로 잔을 비울 자신이 없으면 함부로 술을 권하지 말거나 처음부터 술을 적게 따른 잔을 들고 상대에게 술을 권해야 한다. 중요한 것은, 누구는 권하고 누구는 권하지 않는 일은 없어야 한다. 권할 자신이 없으면, 즉 돌아가며 한 잔씩 다 할 자신이 없으면 주빈에게만 술을 권하고 나머지 인원에게는 하지 않아도 된다. 물론 정말 부득이한 경우이다. 그러면 상대가 나를 찾아와 술을 권할 때는 어떻게 할 것인가? 이런 경우엔 '제가 술이 약해서 죄송합니다(抱歉, 我酒量不好 : bào qiàn, wǒ jiǔ liàng bù hǎo)' 같은 말로 양해를 구하는 것이 예의이다. 명심할 것은 누구와는 마시고 누구와는 마시지 않는 일이 있어서는 결코 안 된다는 것이다.

자, 이렇게 열심히 공부한 내용을 복기해 가며 抱歉, 我酒量不好, 真的不好를 반복하는데도 술자리 매너가 터프한 사람들은 어떻게든 덜 마셔 보려고 반만 받아둔 내 잔에 잔이 넘칠 때까지 첨잔을 하기도 하니 마음의 준비가 필요하다.

첨잔 얘기가 나온 김에, 여기에도 숨어 있는 우리와 중국의 음주 문화의 차이가 있으니 알고 넘어가자. 술자리에서 상대의 술잔을 꽉 채우는 것은 중국이나 우리나 술꾼들의 못된(?) 버릇 중의 하나이긴 하지만, 우리는 그래도 잔을 깨끗이 비운 다음에 채워 주는 최소한의 배려가 있는 데 반해 중국은 잔에 술이 남아 있어도 빈자리만 생기면 그 틈을 놓칠세라 굳이 첨잔해서 잔을 채워 주는, 우리보다 더 못된(^^) 습관이 있다.

이런 중국사람들의 첨잔 문화는 술을 마시는 당사자들 사이에서만 볼 수 있는 것이 아니라 만찬 장소 같은 데서 음료수 잔이나 술잔을 채워 주는 복무원들의 습관에도 그대로 반영되어 나타난다. 그러다 보니 많은 인원이 함께하는 회사 송년회 같은 경우에 복무원들의 적극적인 술 따르기와 음료수 따르기를 사전에 잘 차단하거나 미리 주의를 주지 않으면 연회가 끝난 후 자리마다 주인 없이 가득 채워져 있는 다양한 음료수 잔들과 마주하게

된다. 문제는 이로 인해 배보다 배꼽이 더 큰 식대를 치르게 된다는 것이다. 식당 측의 장삿속이기도 하므로 각별한 주의가 요구된다.

특히 주량이 약해 어떻게든 적게 마시려고 애를 쓰는 사람들의 경우에는 잠깐 한눈파는 사이에 반밖에 마시지 않은 자신의 잔이 철철 넘치게 다시 채워져 있는 상황을 수도 없이 마주하게 되니 시선을 술잔에 고정시킬 수 없는 경우에는 한 손으로 술잔을 덮고 다른 이와의 환담을 진행하는 것이 그나마 중국 주당들 사이에서 살아남아 제 발로 집에 돌아갈 수 있는 최소한의 자구책이 될 것이다.

술이 지기를 만나면 천 잔도 부족하다?

중국 주재원 시절에 양쪽 회사 대표 혹은 양국 정부 대표들의 만찬 통역을 하면서 귀에 못이 박히게 들은 말이 '酒逢知己千杯少(jiǔ féng zhī jǐ qiān bēi shǎo)'이다. 뭔가 그럴듯해 보이는데, 무슨 말인가? 술이 지기(知己 : 자기를 알아주는 사람)를 만나니(逢), 천 잔도(千杯) 적다(少)? 이렇게 해석하니 뭔가 좀 이상하다. 술을 의인화했나? 술이 자기를 알아주는 술꾼을 만났다 해서 알아서 천 잔씩 술꾼들 입으로 흘러 들어갈 일은 없을 텐데……. 이때의 酒逢知己는 '술자리에서 지기를 만났으니'라고 해석하는 것이 더 자연스럽다. 그런데 이 말이 나오면 꼭(?) 따라 나오는 구절이 또 있다. 话不投机半句多(huà bù tóu jī bàn jù duō)라는 말인데, '말이 통하지 않으면 반 마디도 많다'는 말이다. 投机는 '투자'나 '투기' 등의 경제 용어로, '투기행위'는 중국어에서도 投机行为라고 하지만 话不投机의 投机는 '서로 의견이 맞다', '말이 통한다'는 의미이다.

술자리에서 마음에 드는 사람을 만났을 때(설사 마음에 들지 않더라도 좋은 관계를 형성해 둬야 하는 경우), 이런 말 한마디를 알아두면 요긴하게 쓸 수 있으니 아예 외워 두시기 바란다. 酒逢知己千杯少라고 말할 때 뒤 구절은 말할 필요가 없다. 아니, 말하지 않는다. 어느 한쪽이 酒逢知己千杯少라고 하면 다른 한쪽이 받아서 话不投机半句多라고 말하기도 하는데, 이때의 의미는 '말도 안 통하는데 말 많이 하지 말자'가 아니라 '말이 안 통하면 반 마디도 많다지만, 우리는 지기이니 말도 잘 통하지요'라는 느낌으로 보면 되겠다.

'술이 세다'라는 말을 중국어로 어떻게 표현할까?

중국사람들은 주량이 '세다'라고 표현하지 않고 주량이 '좋다' 혹은 '크다'라고 얘기한다. 즉 '그 친구 술 세!'라는 말을 他酒量强(tā jiǔ liàng qiáng)이라고 하지 않고 他酒量好 혹은 他酒量大라고 말한다는 얘기다. 당연히 술이 약하다는 말은 他酒量不好, 他酒量不大 혹은 他酒量小 등으로 표현한다.

술이 세다는 말은 '잘 마신다'는 의미이므로 能喝(néng hē), 会喝(huì hē) 등을 써서 표현하기도 하는데, 이때에는 한 가지 주의해야 할 것이 있다. '잘' 마신다는 것을 정확하게 표현하려면 강조하는 부사 很(hěn), 挺(tǐng), 太(tài) 등이 있는 것이 좋다.

他很能喝(그 친구 술 아주 세),

他挺会喝(그 친구 술 대단히 잘해),

你太能喝了(너 술 실력 장난 아니네/ 너 너무 잘 마셔)처럼 표현해야 한다는 말이다.

이들 부사가 없이 단순하게 他能喝나 他会喝라고만 말하게 되면 상황에 따라 다르게 해석될 소지가 생긴다. 能과 会의 의미가 각각 '할 수 있다', '할 줄 안다'이므로 전후 문맥이 없이 他能喝나 他会喝라고만 말하게 되면 '그 친구 마실 수 있어' 혹은 '그 친구 마실 줄 알아'라는 본래 의미에 충실하게 된다.

이렇게 해석되는 경우로는 이미 취해서 비틀거리는 친구를 보며 '저 친구 아직 마실 수 있어?'(他还能喝吗?)라는 질문에 대한 답으로 他能喝(응 마실 수 있어)라고 대답하는 경우나 대학교 신입생 환영회에서 아직도 고등학생 티가 가시지 않은 신입생에게 선배가 '너 술 마실 줄 알아?(你会喝酒

吗?)'라고 살짝 무시를 할 때 '我会喝(저 마실 줄 알아요)'라고 대답하는 경우 등이다.

그러나 친구가 다른 친구 하나를 거론하며 '그 친구 술 잘 마셔?(他酒量好吗?)'라고 물었다면 이때는 '很'이나 '挺' 같은 부사 없이 他能喝 혹은 他会喝라고만 대답해도 '응, 그 친구 잘 마셔'라는 뜻이 된다.

能과 会는 '할 수 있다'와 '할 줄 안다'로 그 의미가 구분되는 능원동사(能愿动词)들이지만, 술을 '잘 마신다'라고 할 때는 구분하지 않고 써도 상관이 없다. 앞에서도 잠깐 예를 들었지만 他很能喝, 他挺会喝, 你太能喝 외에도 她真能喝, 我非常会喝 등등 能과 会를 구별 없이 써도 의미에 문제가 없다는 말이다.

그러나 조금 깊이 생각해 보면 알 수 있겠지만 '会'는 '할 줄(하는 방법을) 아느냐 모르느냐'에 대한, 즉 Yes나 No로 대답 되는 문제이므로 엄밀히 얘기하면 정도를 나타내는 '아주 잘할 줄 안다(很会)'라는 개념은 성립될 수가 없다. 반면 能은 할 수 있는 능력의 정도, 즉 능력치에 관한 것이므로 정도를 구분하여 얘기할 수 있다. 다시 말해 '너 술 마실 줄 알아(你会喝酒吗 : nǐ huì hē jiǔ ma)?'라는 문장에서는 会를 쓰지만, '너 몇 병이나 마실 수 있어(你能喝几瓶 : nǐ néng hē jǐ píng)?'에서는 能을 써야 한다는 말이다. 이때 '너 몇 병이나 마실 줄 알아(你会喝几瓶 : nǐ huì hē jǐ píng)?'라고 하면 엄밀히 말해 틀린 표현이란 얘기이다. '나 수영할 줄 알아(我会游泳 : wǒ huì yóu yǒng)'와 '나는 1킬로미터를 수영할 수 있어(我能游一公里 : wǒ néng yóu yì gōng lǐ)'에서의 会와 能의 차이를 생각해 보면 쉽게 이해가 갈 일이다. 따라서 정도를 나타내는 '잘'이라는 부사가 사용된, '술을 잘 마신다'는 말은 술을 많이 '마실 줄 안다'가 아니라 많이 '마실 수 있다'의 의미이므로 이 말을 할 때 很能喝와 很会喝를 구분 없

154

이 써도 된다고 말하기는 했지만 좀 더 정확한 그리고 가슴에 와닿는 표현은 很能喝이다. 물론 한국어를 모르는 중국 선생님이 能과 会의 차이를 가르칠 때에는 구별 방법의 하나로 能은 선천적 능력과 관련된 것이고, 会는 배워서 할 수 있게 된 기능에 관한 것이라고 설명하기도 한다. 이렇게 따져 보면 술 실력이라는 것이 타고난 유전적 요인도 있지만 엎어지고 자빠지며 열심히(^^) 학습한 결과이기도 하므로 会喝酒라는 표현을 틀렸다 할 수 없다는 말이 나름 설득력을 갖기도 하는데, 아무튼 능원동사로서의 能과 会의 용법의 차이와 관련해서는 우리가 한국 사람으로 태어난 것을 감사하게 생각해야 할 것이다. 우리말에서는 앞에서 보았듯이 '할 수 있다'와 '할 줄 안다'로 비교적 쉽게 能과 会를 구별할 수 있는 방법이 있기 때문이다. 能이 '할 수 있다'는 뜻 이외에 '해도 된다'는 可以의 용법으로 사용되는 경우도 있는데, 이 경우를 보아도 '할 수 있다'와 '할 줄 안다'로 구분하는 방법이 얼마나 쉽고 효율적인 구분법인지 알 수 있다.

수영 시간에 옆자리 짝꿍이 "난 감기 걸려서 수영할 수 없어(我感冒了, 不能游泳)"라고 했다면 이때의 '할 수 없다'는 '해서는 안 된다', 즉 不可以의 의미이다. 이때 이 말은 중국어에서도 "我感冒了, 不会游泳。"이라고 해서는 안 되지만 우리말에서도 "난 감기 걸려서 수영할 줄 몰라"라고 해서는 안 된다. 길게 고민하지 말고 能은 '할 수 있다', 会는 '할 줄 안다'로 그냥 외워 버리자.

본론으로 돌아와서, 술자리에서 중국사람들이 주당인 친구를 소개하며 '이 양반 술 진짜 셉니다'라고 하는 경우에 '더' 많이 쓰는 표현은 他很会喝나 他挺会喝보다는 他很能喝 혹은 他挺能喝라는 말이다. 물론 他酒量特(别)好라고 하기도 한다. 그리고 면전에서 "술이 세시네요!"라고 할 때는 "你(您)酒量很好

啊!"라고 해도 되지만 "好酒量!"이라고만 해도 훌륭한, 아니 오히려 술꾼들다운, 술꾼들끼리의 표현에 훨씬 가까운 표현이 된다. 단, 이 말은 경탄이나 탄복의 느낌으로 얘기하는 你(您)酒量很好啊에 비해 다소 과장된 칭찬(평가)의 느낌이 강하므로 아랫사람이 어른에게 쓰기에는 그닥 적절치 않다.

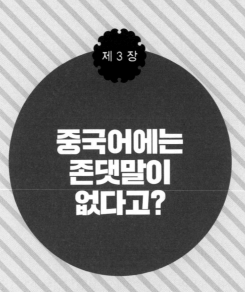

제 3 장

중국어에는 존댓말이 없다고?

예의를 갖춘 교양 있는 표현

어느 분이신지 여쭤 봐도 될까요

일반적으로 중국어나 영어에는 존댓말이 없다고들 얘기한다. 과연 그럴까? 결론부터 이야기하면 중국어에도 '분명히' 존댓말이 있다.

'너 누구니?'

당신 누구요?'

'누구세요?'

'댁은 뉘신지?'

'어느 분이신지 여쭤봐도 될까요?'

이런 말을 중국어에서는 어떻게 표현할까? 你是谁? 혹은 请问你是谁? 밖에는 없을까?

어느 나라에나 나름의 존댓말은 있다. 사람 사는 세상에 신분의 차이가 없을 수 없고, 신분의 차이가 있는 한 그것은 언어에 반영되기 마련이다. 만약 정말 존대어가 전혀 없는 언어가 있다면 그 사회는 언어학적으로 덜 발달된 언어를 갖고 있거나 사회적으로 대단히 평등한 사회여야 한다. 만민평등을 외치는 중국조차도 영도(지도자)와 인민의 신분 구분은 자본주의 사회를 찜쪄먹을 만큼 확연하다. 단지 이분화된 공산주의 사회의 계급구조가 자본주의 사회보다 상대적으로 단순(?)해서 현대 중국어에서 존댓말의 구분 역시 비교적 단순해 보이지만, 전통적인 중국어의 존대법은 결코 간단하지가 않다. 개혁 개방으로 서방식 차별이 고개를 들기 시작한 요즘은 중국에서도 다시 전통 사회의 존댓말이 살아나고 있는데, 이는 옳고 그름의 문제가 아니라 언어가 새로운 시대상을 반영하는 것일 뿐이다.

우리말에서는 존대를 하기 위해 '밥' 같은 명사 자체를 '진지' 같은 높임말로 바꾸는 외에도 조사인 '가', '에게' 등을 '께서', '께' 등으로 바꾸기도 하고, '시' 같은 어미를 써서 동사나 형용사를 존대어로 바꾸기도 한다. 그 용법이 외국인은 물론 우리나라 사람들도 정확하게 사용하기 힘들 정도로 꽤나 복잡하다. 아예 문법 용어에 '존칭어'나 '평어', '하대어'의 구분을 '합쇼체', '하오체', '하게체', '해라체' 등으로 별도의 이름을 정해서 구분하고 있을 정도이다.

영어나 중국어에는 존대어가 없다고 말하는 것은 이들 언어에 한국어처럼 다양한 존대어 관련 규범화된 문법이 상대적으로 적기 때문인지도 모르겠다. 그러나 영어의 경우에도 상대를 존중하는 어법이 있음을 중학교 시절에 배운 몇 가지 지식만으로도 우리는 알 수 있다. 명령문에 Please를 더하거나 Would you로 시작하는 의문문 형태로 상대에게 무언가를 부탁

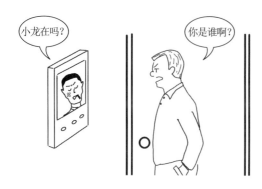

하는 정중한 표현, 또는 sir, ma'am 등의 호칭으로 상대에게 경의를 표할 수 있다. 고급 영어를 알고 구사하는 것은 한국어에서 존칭법을 제대로 이해하고 구사하는 것에 비해 어떤 면에서는 더 어려운 일이라고 하는데, 중국어도 비슷하다.

이 글의 서두에서 던졌던 질문으로 돌아가 보자. 너 누구니, 당신 누구요, 댁은 뉘신지, 누구세요, 어느 분이신지 여쭤 봐도 될까요 등등의 중국어 표현이 가능하다. 연배나 행색, 말투, 태도 등에 따라 상대방의 신분을 묻는 말은 이 가운데 하나가 될 수 있을 것이다.

우선 가장 기본적인 문장인 你是谁(nǐ shì shéi)?를 보자.

너 누구야? / 너 누구니? / 댁은 누구요? /당신 누굽니까? 정도의 어감을 지닌 말이다. 즉 결코 예의 바른 질문은 아님을 알 수 있는데, 이제 이 말을 좀 부드럽게 혹은 공손하게 바꾸어 보자.

우선 '예의 바른' 의문문을 만드는 표현 请问(문장 앞에 더해서 '실례지만'이란 느낌이 들도록 '말씀 좀 묻겠습니다'라고 할 때 쓰는 말) 그리고 你의 존칭인 您을 염두에 두고 이 말을 각각 달리 표현해 보자.

먼저 请问(qǐng wèn)을 문장 앞에 붙여서

"请问，你是谁？"(qǐng wèn nǐ shì shéi)

앞의 你是谁보다는 좀 낫지만 역시 그다지 살가운 표현은 아니다. 최소

160

한의 언어 예절을 지켰다고나 할까. 내 언어 수준을 떨어뜨리지 않기 위해 격식은 차렸지만 상대를 높이는 느낌은 별로 없다. '너 누구야?'의 수준은 넘어섰지만 여전히 '뉘시오?' 또는 '당신 누굽니까?' 정도의 느낌이다. 극단적으로 표현하면 '실례지만 너 누구십니까?'처럼 들린다.

请问에 관한 오해와 진실

여기서 우리가 알아야 할 것 한 가지는 请问은 내 언어를 교양 있는 언어로 만드는 데에는 큰 도움이 되지만 그것이 곧 상대에 대한 존경을 의미하지는 않을 수도 있다는 점이다. 심지어 이어지는 말의 내용에 따라서는 예의와는 거리가 있는 말이 될 수도 있다. 바로 이 극단적인 해석의 경우처럼 말이다. 왜 그런지는 앞으로 차차 많은 사례를 들어 설명하겠지만, 우선 이번에는 请问을 빼고 你 대신 您을 써보자.

您是谁?(nín shì shéi)

你의 존칭이 您이라 했으니 우리식으로 극단적 해석을 해보면 你是谁? 가 '너는 누구니?'라면 您是谁?는 '댁은 누구십니까?'에 해당한다고 할 수 있겠다. 앞에서 请问을 말머리에 더했지만 존칭인 您 대신 你를 쓴 '실례지만 너는 누구십니까?'보다는 예의 있어 보인다. 최소한 말하는 사람의 성의는 느껴지는 말이다. 그럼에도 중국어에서 이 문장은 바른 문장은 아니다. 이유를 살펴보자.

이 문장에서 변화를 줄 수 있는 인칭대명사는 두 개이다. '너/당신'이라는 '2인칭 대명사'와 '누구'라는 '의문대명사'이다. 둘 중 하나만 공손한 표현으로 바꾸었으니 존대를 하다 만 느낌이다. 그렇다면 '누구'라는 뜻의 谁 대신 쓸 수 있는 말은 무엇일까? '어느 분' 정도의 느낌에 해당하는 哪位(nǎ wèi)이다. 우리말에서는 '어느 분이십니까?'로 해석하면 더 어색할 수도 있지만, 중국어에서는 '누구입니까'를 공손하게 묻는 방식으로 이 哪位(nǎ wèi)를 쓴다. 그리고 谁 대신 哪位(nǎ wèi)를 쓰는 것이 你 대신 您을 쓰는 것보다 더 중요하다. 그 이유는 잠시 후 살펴보기로 하고, 이왕에 존대를 하려면 이 둘을 모두 존대의 표현으로 바꾸는 것이 안전하겠다. 이제 공손한 순서대로 정리해 보면

你是谁?

请问,你是谁?

您是谁?

你是哪位?

您是哪位?

请问,您是哪位?

대략 이런 순서가 될 터인데, 여기서 문법적으로는 맞지만 엄밀히 얘기하면 비문인 문장이 하나 있으니, 바로 您是谁?이다. 앞에서 공부했듯 您은 윗사람을 존대하려는 명확한 의도를 가지고 쓰는 2인칭 대명사인데, 그런 您을 쓰면서 그 뒤에는 존대하는 哪位를 쓰지 않고 존대의 느낌이 없는 谁를 썼으므로 비문(非文), 즉 잘못된 문장이다.

그러면 그 바로 뒤의 你是哪位?는 괜찮은가? 哪位는 谁에 비해 명확한 존대어이고 다들 구분해서 쓰지만, 您은 지역에 따라서는 잘 사용하지 않

162

는 곳도 있다. 그러므로 지역에 따라서는 이렇게 말해도 무방하다. 그리고 상황에 따라 의도적으로 이렇게 물을 수도 있다. 예를 들어, 상대가 나보다 명백히 어리지만 상대를 존중해 주려 할 경우 이렇게 물을 수 있다는 말이다. 카페에 앉아 있는

노신사에게 초면의 젊은이가 다가와 인사를 한다면 노신사가 점잖게 이렇게 물을 수 있다. 你是哪位?, 즉 '젊은이는 뉘시오?'가 되고, 여기에 请问을 더한다면 '실례이오만, 젊은이는 뉘신지?' 정도의 느낌이 된다.

가장 공손한 표현은?

마지막으로 请问, 您是哪位?는 상대가 연배도 있고(적어도 나보다는 위인 경우) 또 예의를 갖추어 대해야 할 사람인 경우 가장 예의 바르게 사용할 수 있는 표현이다. 굳이 해석하면 '실례지만 누구신지요?' 정도가 되겠다.

마지막이라고 했는데 사실 마지막이 아니다. 좀 더 공손한 표현이 있다. 우리말이나 영어에도 있는 용법이다. 여쭤봐도 될까요?(May I ask)의 용법, 중국어에서도 그대로 말하면 된다. 我可以问您是哪位吗?(wǒ kě yǐ wèn nín shì nǎ wèi ma), 즉 '어느 분이신지 여쭤 봐도 될까요?'라는 말이다. 我可

163

以问吗(물어도 됩니까?)라는 말에서 동사인 问(묻다) 뒤에 목적절인 '댁이 어느 분이신지'가 와서 의문문을 완성하는데, 실제 일상 대화에서 이렇게까지 말하는 사람은 거의 없지만, 사장님에게 걸려온 전화인데 수화기 건너편의 고압적인 목소리의 주인공이 최소한 사장님보다는 높은 느낌이 드는 경우, 조심스럽게 물어볼 때 쓸 수 있다. 我可以와 问您是哪位吗 사이에 请을 더하면 더 좋다.

흔히 우리말의 존대어가 복잡하고 어렵다고 말한다. 상세하게 문법적으로 규정이 되어 있고, 그걸 다 공부하려면 상세 규정이 없는(?) 중국어보다 어렵다는 말일 수 있는데, 그 규정만 알면 되므로 오히려 더 쉽다고 볼 수도 있다. 우리처럼 세세한 존댓말의 규정이 없는 중국어는 그래서 처음 배울 때는 존댓말과 관련한 스트레스가 없을지 모르지만 정작 존대를 해야 할 경우에 맞닥뜨리면 위에서 살펴보았듯이 정확한 표현을 찾아 적용하는 것이 결코 간단치가 않다.

다들 어렵다고 하는 중국어의 성조도 사실은 우리가 일반적으로 생각하는 것과 반대라고 할 수 있다. 즉, 성조가 있는 덕분에 중국어 배우기가 더 쉽다는 말이다. 무슨 말인지 눈을 의심할 만한 얘기이지만 이 이야기는 나중에 성조 얘기를 할 때 좀 더 자세히 하기로 하고, 이제 간단한 명령형의 문장을 존댓말로 바꾸는 방법을 알아보자.

坐这儿。(zuò zhèr / 여기 앉아),

坐这儿吧。(zuò zhèr ba / 여기 앉아요),

坐这儿好吗?(zuò zhèr hǎo ma / 여기 앉을래요?),

请坐这儿。(qǐng zuò zhèr / 여기 앉으세요),

请您坐这儿。(qǐng nín zuò zhèr / 여기 앉으십시오),

您坐这儿可以吗?(nín zuò zhèr kě yǐ ma / 죄송하지만 여기 앉으시겠어요? / 여기 앉으셔도 괜찮겠어요?)

이렇게 상대와 상황에 따라 다른 표현을 쓴다. 물론 괄호 속에 있는 한국어의 번역들이 100% 왼쪽에 있는 중국어에 대응되는 것은 아니다. '여기 앉아'라고 번역한 坐这儿(zuò zhè er)이 화자의 표정이나 태도에 따라 '앉으세요'의 느낌을 가질 수도 있기 때문이다. 예를 들어 지하철에서 나랑 비슷한 또래의 아주머니 옆자리가 비어 있긴 한데 좀 좁아 보여서 앉을까 말까 고민하고 있는데, 아주머니가 웃는 얼굴로 옆자리를 가리키며 坐这儿(zuò zhè er)이라고 했다면 그건 '여기 앉아'가 아니라 '여기 앉으세요'의 느낌으로 받아들여야 한다.

앞에 请도 안 붙이고 您도 안 붙였으니 이건 필경 '여기 앉아'라는 반말이렸다? '이 아줌마가 날 언제 봤다고 반말 지꺼리지?'라고 발끈해서는 안 된다는 말이다. 공손화법이 우리와는 달라서 1 대 1로 대응이 되지는 않으므로 이렇게 전후 문맥과 상황을 보아야 한다.

공손화법이나 존댓말에서 정작 중요한 것은 이런 각기 다른 표현들을 사용할 줄 아는 능력이 아니라 존칭어의 기본은 마음가짐

坐这儿吧。

이라는 사실을 이해하는 것이다.

앞에서 예를 든 여러 가지 예문에서 존댓말이 없는 것으로 알고 있던 중국어에서도 여러 가지 방법으로 공손한 마음을 표현하고 있음을 보았다. 이렇듯 상대를 존중하고 싶은 마음이 있으면 언어로 표현할 방법은 얼마든지 찾을 수 있다. 따라서 중국어나 영어가 우리말에 비해 존칭어가 덜 발달해 있다면 그것은 그들의 언어가 우리의 것에 비해 덜 발달해서가 아니라 특별히 존칭어를 세분하여 쓸 필요가 없어서이기 때문이라고 보아야 할지도 모른다.

즉 사람의 신분을 나누는 사회적 배경이 다르기 때문이고, 따라서 언어학에서 차이의 원인을 찾을 것이 아니라 사회학적 차원에서 그 이유를 살펴보아야 한다는 말이다. 언어학과 사회학은 사회언어학이라는 분야가 별도로 있을 정도로 상당히 깊이 연관되어 있기도 한데, 그런 면에서 존댓말이 발달한(?) 우리는 어떤 면에서는 신분과 나이에 따라 인간을 세분하여 차별하는, 그다지 바람직하지 못한 사회 구조 속에 살고 있다고 할 수도 있겠다. 존칭어의 형식적 차이 속에 숨어 있는 이러한 차별이 전혀 없다고 말할 수는 없을 것이므로 이러한 언어적 차이가 차별로 귀결되지 않게 하기 위해서는 좋은 언어의 시작은 바른 마음가짐이란 사실을 잊지 말아야 할 것이다.

앞에서 존대어에 대해 살펴보았지만, 수준 높은 외국어를 구사한다는 것은 모국어 구사 능력과도 밀접한 관련이 있다. 극단적인 예를 들어 보자. 우리말을 하면서 늘 '앉아!', '갈래?', '먹어!' 등의 어휘만을 쓰는 사람은 '앉으시겠어요?', '가시겠습니까?', '진지 드세요' 등의 우리말을 아예 모르거나(그럴 리는 없겠지만) 알아도 쓰지 않는다. 이런 사람은 외국어를 배우는 데 있어서도 '앉아', '먹어'에 해당하는 어휘나 문구를 찾아볼 생각은 하지만 '앉으시겠어요?', '진지 드세요'에 해당하는 표현을 찾아볼 생각은 하지 않는다는 말이고, 당연히 그런 말을 배울 기회도 없다.

외국어 공부도 결국은 '우리말 바로 하기'와 무관하지 않다. 결국 말이란 말하는 사람의 마음가짐과 직결되어 있기 때문이다.

우리말이건 외국어이건 일반적으로 최적의 표현을 구사하려면 좋은 글을 많이 읽고 토론이나 작문을 많이 해 보는 것이 최선의 방법이다. 그러나 지름길은 있다. 우리말이나 중국어나 고전과 현대문학의 작품들을 다 읽을 수는 없는 일이므로 자주 쓰이는 관용구, 속담, 성어 등을 모아 놓은 책으로 공부하는 것이 쉽고 빠른 방법 중의 하나이다. 필자가 이 책을 쓰면서 여기저기에 고사성어에 대해 언급하는 것도 그 때문이기도 하다.

앞에서 중국어에도 문법적인 요소 외에 어휘적인 요소로, 즉 상대에 따라 어휘를 달리하는 방식으로 상대를 존대하는 방식이 있음을 보았다. 你 대신 您을 쓰거나 誰 대신 哪位 등 등급이 다른 단어를 쓰는 방식을 말하는데, 우리말에도 '밥'과 '진지' 심지어 '수라' 같은 예가 있으니 금방 이해가 갈 일이다. 글머리에서 잠깐 언급한, 중국 대륙에서도 최근 들어 회복되고 있다는 전통사회의 존대어들 역시 이런 범주에 속한다. 예를 들자면, 다른 이의 가족 구성원을 부르는 명칭 즉, 你爸爸, 你妈妈, 你哥哥, 你弟弟, 你妹妹 등의 표현 대신 쓰는 고급 어휘들로 令尊(lìng zūn), 令堂(lìng tang), 令兄, 令弟, 令妹 등이 있다.

그러나 대만이건 홍콩이건 중국 대륙이건 모든 사람들이 이런 말을 쓰는 것은 아니다. 대만이나 홍콩에도 이런 말을 아예 쓰지 않는 사람들도 있고, 令尊이나 令堂에 비해 令兄, 令弟, 令妹 등이 덜 보편적으로 사용되는 경향도 있다. 또, 타인의 아들을 칭하는 令郎(lìng láng)이나 딸을 칭하는 令爱(lìng ài) 혹은 令媛(lìng yuàn) 같은 말도 같은 계열의 존칭어이지만, 이렇게 전통적 존칭을 쓰려고 노력하는 사람들조차 이 두 경우에는 令郎, 令爱, 令媛 등의 어휘보다는 贵子(guì zǐ : 타인의 아들), 千金(qiān jīn : 타인의 딸) 같은 현대 구어체에 가까운 표현을 사용한다. (贵子와 千金은 257~259 페이지 참조)

그러나 이런 구분은 통계적으로나 획일적인 규칙으로 나눌 수 있는 것은 아니고 개인의 언어 습관이나 교육 수준에 따라 천차만별이므로 일률적으로 어떤 어휘는 자주 쓰고 어떤 어휘는 자주 쓰지 않는다고는 말하기도 어렵고, 또 언제부터 이러한 전통 어휘의 회복이 시작되었다고 단정적으로 말하기도 어렵다. 핵심은 중국어에도 이렇게 어휘 구분을 통한 존대법이 있고, 획일화·평준화 되었던 중국 대륙의 언어도 그것을 찾아가고 있다는 것이다.

중국어나 영어에 존댓말이 없지 않다는 얘기를 하느라 몇 가지 예를 들었지만, 앞에서도 얘기했듯 존댓말 표현을 몇 가지 더 아는 것보다는 존댓말을 쓰려고 하는 마음가짐이 더 중요하다. 언어에 신분의 차이를 두는 것이 중요한 것이 아니라, 그 사회상에 맞는, 그러면서도 상대를 배려하는 언어를 구사하려는 마음가짐이 더 중요하다는 말이다. 훌륭한 언어의 요건 중에는 '격조 높은 문장이나 아름다운 말'도 있겠지만, 소통이라는 언어의 본래 목적에 맞는, '이해하기 쉽고 사려 깊은 말'이라는, 어쩌면 더 중요한 요소도 있기 때문이다.

의문문 같은 명령문

공손화법이 우리와는 달라서 1 대 1로 대응이 되지는 않으므로 전후 문맥과 상황을 보아야 한다고 했다. 앞에서 예로 들었던 표현을 보자. 您坐这儿可以吗?(nín zuò zhèr kě yǐ ma) 직역을 하면 "여기 앉으셔도 괜찮겠어요?"이다. 직역이라 했지만 실제 이렇게 표현해도 되는 번역이다. 이 글에서는 "죄송하지만 여기 앉으시겠어요?"로 번역했는데, 실제 이런 말을 하게 될 상황을 상상해 보자. 할아버지를 모시고 시민 공원에서 진행하는 야외공연을 보러 갔는데 할아버지께서 앉으실 만한 자리가 마땅치 않다. 이때 무대에서 비교적 가까운 거리에 있는 반듯한 바윗돌 하나를 발견하고 들고 있던 팜플렛을 그 위에 깔며 您坐这儿可以吗?라고 말할 수 있다. 이때 우리말 번역에서는 할아버지에게 좀 더 나은 자리를 마련해 드리지 못한 화자의 송구한 마음을 '죄송하지만'이란 말을 붙여서 나타냈고, 중국어 문장에서는 '괜찮으시겠어요?'라는 뜻의 可以吗?를 썼다. 어떻게 번역해도 상관없지만 의문문의 형식을 띠고 있으나 사실은 여기 앉으라는 명령문이다. 공손한 느낌을 담기 위해 의문문의 형식을 빌린 것인데, 언어는 달라도 명령을 의문의 형식으로 바꾸어 완곡하게 표현하고자 하는 기본 마음가짐은 같음을 볼 수 있다. 아무튼 이런 상황에서 "您坐这儿可以吗?"라고 하면 훌륭한 중국어가 된다.

중국 대륙 어휘들의 과거 회귀

개혁개방과 더불어 과거 평등사상으로 인해 획일화되었던 중국 대륙의 어휘들이 과거와 같이 세분화되고 있는 현상의 대표적인 예가 愛人과 同志이다.

1. 우리가 영화 등을 통해 익히 알고 있는 '애인(愛人 : ài rén)'

성별에 관계없이 '애인(愛人)'이란 한 단어로 통일되어 있던 배우자를 가리키는 이 말도 아래에서 보듯 전통적인 본래의 다양한 표현으로 세분화되고 있다.

아내: 老婆(lǎo pó), 妻子(qī zi), 太太(tài tai), 內人(nèi rén), 夫人(fū rén)

남편: 老公(lǎo gōng), 丈夫(zhàng fu), 先生(xiān sheng) 등.

이 가운데 老婆와 妻子, 太太 그리고 老公과 丈夫 先生은 특별한 겸양이나 존대의 느낌 없이(그러나 老婆나 老公에 비해 妻子와 太太, 丈夫와 先生은 보다 격식을 갖춘 표현임) 본인의 배우자를 다른 사람 앞에서 언급할 때 我老婆 我妻子, 我太太 我老公 我丈夫 我先生처럼 쓰거나 상대방 혹은 제3자의 배우자를 언급할 때 이들 명칭 앞에 你나 他를 붙여서 你老婆, 他老公, 你妻子, 他先生 등등처럼 쓰는데, 위에 열거한 전체 호칭(內人, 夫人 포함) 가운데, 부부 간에 서로를 부를 때 '여보~' 혹은 '마누라~' '영감~' 처럼 2인칭 호칭으로 사용하는 말은 老婆와 老公뿐이다. 즉 남편이 자기 아내를 '여보~' 혹은 '마누라~'라고 부르는데, 妻子나 太太, 內人 혹은 夫人이라고는 하지 않고, 老婆라고 하며, 아내가 자기 남편을 '여보~' 혹은 '영감~'이라고 부를 때, 丈夫나 先生이라고 부르지는 않고, 老公이라고 부른다는 말이다. 요즘은 미국식 영향을 받아서 Darling

이라는 의미로 서로를 부를 때 亲爱的라고 부르는 모습도 드라마 같은 데서 종종 볼 수는 있지만, 현실에서 이렇게 닭살 돋는 호칭을 쓰는 부부는 신혼을 제외하곤 글쎄……

그러면 爱人이 보편적으로 쓰이던 시절에는 부부가 서로를 어떻게 불렀을까? 일반적으로 상대의 이름을 부르거나 同志라는 호칭을 썼다. 이 바람에 개방 초기 중국에선 사회 고위층마저 존대어를 오용하는 웃지 못할 사례가 있었는데, 중앙정부의 장관급 인사들조차 자기 부인을 '我夫人'이라고 부르는 실수를 하는 것을 꽤 자주 보았다. 同志밖에 쓰지 않다가 좀 세련된 어휘를 구사하려고 노력한 것까지는 좋았는데 '夫人'은 타인의 부인을 높여 부르는 말이지 자신의 부인에게 쓰는 말이 아님을 간과한, '개혁개방기 중국 대륙 어휘 변천사'에 길이 남을 만한 사례였다.

참고로 우리말의 애인에 해당하는 중국어로는 情人(qíng rén)이나 恋人(liàn rén)이 있지만, 이미 구시대의 어휘가 되어 가고 있는 데다가 그 가운데 情人은 미묘하게 불륜의 냄새마저 풍기고 있어서 소설이나 영화 제목이 아닌 이상 요즘 사람들은 거의 쓰지를 않고, 쓰더라도 타인의 애인을 얘기할 때에만 他的情人, 她的恋人 등과 같이 얘기하며, 자신의 애인은 미국처럼 男朋友(보이 프렌드), 女朋友(걸프렌드)라고 얘기한다. 우리도 이제는 애인이란 말을 쓰면 구세대 유물 취급을 받는 시대에 살고 있고, 젊은 층에서는 당연히 여자친구, 남자친구라는 호칭을 애인이란 단어 대신 사용하니, 이런 것은 어쩌면 언어의 글로벌 공조현상이라고 불러야 할지도 모르겠다.

2. 同志와 师傅

30년 전만 하더라도 성별이나 신분의 고하에 관계없이 同志(tóng zhì) 한마디로 다 통하던 상대에 대한 호칭도 이제는 성별이나 직업, 직위 등에 따라 헤아릴 수 없을 정도로 세분화되었다. 간단한 예 한 가지만 살펴보자.

30년 전이었다면 길을 몰라 노점상에게 길을 물을 때 주인을 부르는 호칭은 남녀노소를 불문하고 同志 한마디밖엔 없었지만 이젠 상대에 따라 호칭이 많이 다양해졌다. 대만이나 홍콩이라면 예전부터 있었던 일이지만, 주인이 노인이라 '어르신' 하는 기분으로 부르고 싶은데 남성이라면 老先生, 여성이라면 老太太라고 부를 수 있을 것이고, 나이나 성별에 관계없이 노점상이지만 어엿한 가게이니 주인장 혹은 사장님 하는 기분으로 불러 주고 싶다면 老板(lǎo bǎn : 주인장, 사장님)이라고 불러도 되고, 요즘 대륙 사람들이 이런 경우 즐겨(?) 쓰는 师傅(shī fu) 같은 호칭을 써도 된다. 택시 기사, 식당의 주방장, 그냥 길 가는 사람 등에게도 예전의 同志처럼 남녀노소 구분없이 쓰는 현대식 同志라고나 할까? 단지 同志와의 차이라면 同志가 아는 사람 사이에서도 글자 그대로의 의미인 '동지'라는 뜻으로 쓰였던 데 반해 师傅는 앞의 예들처럼 잘 모르는 사람을 부를 때만 사용한다는 점이다. 아무튼 师傅라는 말은 대륙에서는 편리하게 다용도로 쓰이지만 우리말에 1대1로 대응되는 어휘는 없다. 굳이 우리말에서 이런 용도로 쓰이는 어휘를 찾자면 호칭이 애매할 때 부르는 '저기요' 같은 말이 유사한 상황에서 사용되는 말일 수는 있겠지만, '저기요'가 주의를 끌기 위한 말인 '야'의 존대형인 일종의 감탄사에 불과하다면 师傅는 어엿한 호칭이므로 1대1 대응이 된다고 할 수는 없겠다. 이 밖에도 묘령의 여성이 노점상을 하고 있다면 지나가던 뭇사내들은 **美女(미녀라는 말이지만 아리따운 아가씨 정도

의 느낌으로 젊은 여성을 부르는 대륙식 호칭, 대만에서는 널리 쓰이지는 않는

다. 여성 사이에서 더 편안하게 사용되며, 남성이 사용하면 다소 의도가 있게

들리니 그닥 점잖은 표현이라고 할 수는 없다)라며 괜히 아는 길도 물어가려 할

지도 모른다. 이렇게 몇 가지 예만 보더라도 개혁개방 전의 표준 호칭이자 낯선

이에 대해서는 거의 유일한 호칭이던 同志가 지난 30년간 어떻게 변했는지 알

수 있다.

이 말만 잘 써도 기본은 한다
请问 / 麻烦您

请问과 麻烦您으로 공손하게 전화하기

    어느 나라에서나 전화를 건 사람이 다짜고짜 "ㅇㅇ씨 있어요?" 혹은 "ㅇ
ㅇ씨 바꿔 주세요"라고 말한다면 바람직한 전화 예절은 아닐 것이다.

    요즘처럼 바쁜 세상에 '거기 어디 어디입니까?'라든가 '거기 누구누구네
집입니까?' 하는 절차나 '저는 누구라고 합니다만' 같은 자기소개는 다 건
너뛴다 할지라도 최소한 전화를 받는 사람에게 자기가 찾는 사람을 바꾸
어 달라고 부탁하는 입장에서 '자기가 찾는 사람이 있는지'를 묻는 질문과
'그 사람을 좀 바꾸어 달'고 하는 부탁만큼은 공손하게 해야 할 것이다.
간단한 중국어 두 마디만 알아두면 크게 결례하지 않고 이 질문과 부탁을

할 수 있다. 바로 请问(qǐng wèn)과 麻烦您(má fan nín)이다.

请问은 무엇을 물을 때 말머리에 붙이는 '실례지만 말씀 좀 묻겠습니다', 즉 '여쭙건대'라는 의미인데, 우리말로 옮길 때는 굳이 이렇게 해석할 필요도 없다. 묻는 말 앞에 붙여서 공손함을 더하는 '실례지만'이라는 느낌의 표현이라고 생각하면 된다.

李先生在吗?(lǐ xiān sheng zài ma)/ '이 선생님 계십니까(계시니)?'

앞에 请问을 더하면

请问,李先生在吗?(qǐng wèn, lǐ xiān sheng zài ma)가 되어 '실례지만 이 선생님 계십니까?'가 된다.

친구인 소룡이와 통화하고 싶은 경우,

小龙在吗?(xiǎo lóng zài ma)/ '소룡이 있어요(있어)?'의 앞에 请问을 더하면

请问, 小龙在吗?(qǐng wèn, xiǎo lóng zài ma)/ '실례지만 소룡이 있어요?'와 같이 훨씬 공손한 말투가 된다.

전화로 '이 선생님 좀 바꿔 주세요(바꿔 줘)'라는 말을 중국어에서는 어떻게 표현할까?

중국에서는 '이 선생님을 청해서(불러서) 전화를 받으시게 하라'라는 의미로 请 / 李先生 / 听电话라고 말한다. 听电话(tīng diàn huà)는 '전화를 듣다', 즉 '전화를 받다'라는 의미이다. 请은 글자 그대로 '청하다', '요청하다'라는 의미로 叫(jiào : 부르다/시키다)의 공손한 표현이다.

이때 '听' 대신 '접수하다', '받다'라는 동사 接(jiē)를 써서 请李先生接电话(qǐng lǐ xiān sheng jiē diàn huà)라고 해도 훌륭한 중국어가 된다.

중요한 것은 请이 공손한 표현이지만 '이 선생님을 청하여 전화를 받으시게 하라'는 의미이므로 전화를 받고 있는 사람을 높이는 공손어로 쓰인 것이 아니라 이 선생님, 즉 내가 찾고자 하는 사람을 높이는 표현이다. 따라서 请李先生听电话라고만 하면 '이 선생님께 전화 받으시라고 하세요' 정도의 평이한 느낌이거나 심지어 '이 선생님께 전화 받으시라고 해'처럼 전화를 받고 있는 사람의 입장에서는 반말처럼 들릴 수도 있다. 이 말이 전화를 받는 사람에게도 공손한 말이 되기 위해 필요한 표현이 麻烦您이다. '당신을 귀찮게 하다'는 뜻의 麻烦您(má fan nín)은 명령문 앞에 더하면 '수고스럽지만 ~ 좀 해 주세요'라는 의미가 된다. 예를 들어 보자.

请李先生听电话。/ '이 선생님 전화 받으시라고 해요(해)'/ '이 선생님 바꿔 줘요(바꿔 줘)'.

여기에 麻烦您을 앞에 붙이면

麻烦您请李先生听电话。/ '수고스럽지만 이 선생님께 전화 좀 받으시라고 해 주세요', 즉 '수고스럽지만(죄송하지만), 이 선생님 좀 바꿔 주세요'가 된다.

이번엔 친구나 아랫사람을 찾는 경우,

叫小龙听电话。 / '소룡이더러 전화 받으라고 해요(해)/ '소룡이 바꿔 줘요 (바꿔 줘)'

麻烦您을 붙여서 공손하게 말해 보자.

麻烦您叫小龙听电话。 / '수고스럽 지만, 소룡이한테 전화 받으라고 해 주세요'/ '죄송하지만 소룡이 좀 바꿔 주세요'가 된다.

이때 请 대신 叫를 쓴 것을 주의해 보자.

叫는 '부르다'라는 의미로 존대의 의미가 전혀 없이 친구나 아랫사람에 게 쓰는 표현으로 '叫○○'라고 하면, '○○를 부르다'라는 말이 되고, '叫○ ○ + 동사'의 형태가 되면 '○○에게(해당 동사의 행위)를 하게 하라(시켜라)'라 는 말이 된다.

전화의 경우에 叫○○ 听电话라고 하면 '○○ 에게 전화를 받게 하라', 즉 '○○더러 전화 받으라고 시켜라'라는 의미인데, 친구 혹은 아랫사람에게 쓸 수 있는 말이다. 그러나 아랫사람이라 하여 굳이 叫를 써야 하는 것은 아니고 请을 써도 상관은 없다. 请을 쓰면 오히려 전화하는 사람 본인의 언 어 품격이 올라가는 긍정적 효과가 있지만, 어린아이를 바꿔 달라고 하면서 请을 쓰는 것은 그다지 어울리지 않는다.(순수하게 '소리를 내어 누군가를 부르는' 경우에는 신분의 고하에 관계없이 叫를 쓴다).

위의 두 문장처럼 麻烦您 뒤에 구체적인 부탁의 말이 따라오는 경우 麻烦您의 您은 생략해도 된다. 즉 麻煩 , 请李先生听电话나 麻煩 , 叫小龙听电话처럼 말할 수 있다는 얘기이다.

이상의 예들을 통해 请问이나 麻烦您 모두 찾고자 하는 대상의 신분 고하와는 무관하게 전화 심부름을 해 주는 사람에게 예의를 갖추기 위해 말머리에 더하는 '실례지만'과 '수고스럽지만'의 의미임을 알 수 있었다.

재차 강조하지만, 麻烦您을 쓰지 않고 请李先生听电话라고만 말해도 문장 머리에 '청하다'라는 请이 있어서 공손하게 말한 것이라고 오해하는 사람도 있는데, 이때의 请은 전화 받을 대상인 이 선생님을 '청해 달라'는 의미로서, '부르다'라는 뜻의 叫 대신 쓰인 공손한 표현일 뿐, 전화를 받고 있는 사람에 대한 존중은 눈곱만큼도 없다. 그저 평어체, 심지어 반말투의 명령형 문장일 뿐이다.

이런 식으로 이 문장 내에서 请의 용법을 잘못 이해한 분들은 소룡이 어머니에게 전화를 걸어 어린 소룡이를 찾으면서도 请만 문장 앞에 붙이면 되는 줄 알고 请小龙听电话(소룡이 전화 받으시라고 전해)처럼 높여야 할 어머니는 낮추고, 소룡이는 높이는 실수들을 한다. 중국어로 전화할 때 주의해야 할 부분이다.

한 가지만 더 공부해 보자.

명령형의 문장 뒤에 好吗?(hǎo ma)를 붙여서 표현을 부드럽게 하는 방법도 있다. 好吗?는 본래 '좋아요?' 혹은 '괜찮으시겠어요?'의 의미이지만, 명령형의 문장 뒤에 붙이면 '~ 해 주시겠어요?'의 느낌으로 어감을 부드럽게 바꾸어 주는 역할을 한다.

请李先生听电话 뒤에 好吗?를 더하면 请李先生听电话,好吗?가 되어 '이 선생님 바꿔 줘요(바꿔 줘)'라는 명령형의 문장이, '이 선생님 좀 바꿔 주시겠어요?(바꿔 주겠니?)'처럼 의문문의 형태로 부드러운, 상대에게 동의를 구하는 문장이 된다. 기억해 두었다가 요긴하게 활용하시기 바란다.

참고로 请李先生听电话, 好吗?의 해석을 '이 선생님 좀 바꿔 주시겠어요?'와 '이 선생님 좀 바꿔 주겠니?' 두 가지로 달았다. 어떻게 구별하는가? 상대와 나와의 관계를 통해 알 수 있는데, 중국어의 존댓말에 대해서는 이 책의 제 3장 내용을 참조하기 바란다.

다양하게 활용 가능한 麻烦您

麻烦您은 뒤에 아무런 말 없이 단독으로 쓰여도 훌륭한, 예의 바른 말이다. '부탁합니다' '부탁 좀 드릴게요'라는 의미로 일상에서 아주 많이 쓰는 말이다. 예를 들어 식당에서 실수로 물잔을 엎었다. 그 장면을 본 종업원이 급히 행주를 들고 달려온다. 이때 난감하고 고마운 표정으로 不好意思, 麻烦你。라고 하면 '미안합니다. 부탁드릴게요'(닦아주세요)라는 말이 된다. 이때 젊은 종업원이 아니라 나이 지긋하신 아주머니나 지배인 혹은 사장님이 직접 와서 치운다면 단순히 你만 您으로 바꾸어서 不好意思, 麻烦您。이라고 할 수도 있지만, 좀 더 고상하게 真不好意思, (給您)添麻烦了 (zhēn bù hǎo yì sī,(gěi nín) tiān má fan le : 정말 죄송해요~ 괜히 귀찮게 해드리네요) 같은 표현도 쓸 수 있다. 이때의 麻烦은 동사가 아닌 명사로 '불편'이란 의미로 사용되었다. 添麻烦了에서 麻烦의 앞에 있는 添이 '더하다'라는 말이므로 '(저 때문에) 불편을 더했네요'라는 의미가 된다. 이 밖에 식사를 다 마친 다음에 종업원이 다가와서 "치워 드릴까요?"라며 빈 그릇들을 치우려고 할 때에도 麻烦你。라고 하면 역시 '부탁합니다'라는 말이 된다.

麻烦은 동사, 명사 외에 형용사로도 쓰인다. 这太麻烦!이라고 하면 '이거 너무 귀찮네'라는 말이다.

请과 叫는 어떤 차이?

叫는 '부르다' 혹은 '시키다'의 의미로 '叫○○'라고 하면 '○○를 부르다'라는 말이고, '叫○○ + 동사'의 형태가 되면 '○○에게 ~를 하게 하다 혹은 시키다'라는 말이라고 했다. 그리고 叫 대신 请을 쓰면 공손한 경어체의 문장이 된다고 했다. 본문의 예에서 본 叫小龙听电话는 '하게 하다'의 예문이었고 请李先生听电话는 '하시게 하다'의 예였다.

叫가 '시키다'의 의미로 쓰이는 예에는 어떤 것이 있을까?

'그 사람(에게) 노래 한 곡(부르게) 시켜(요)'는 중국어로 叫他唱一首歌(jiào tā chàng yì shǒu gē) 이다. 우리말에서 '시키다'의 예의 바른 표현은 '부탁하다'이다. 중국어에서 이런 경우 叫의 공손한 표현은 请이라고 했으니 叫 대신 请을 써보자. 请他唱一首歌. '그분에게 노래 한 곡을(부르시도록) 부탁해(요)'라는 말이 된다. 중국어 请의 의미를 굳이 명확하게 알고 싶으면 '그분을 청해서 노래 한 곡을 부르시도록(부탁)해요'라고 풀어서 해석해 보면 알 수 있다.

이때 주의할 것은, 请은 나의 요청을 받아서 그분에게 노래를 부탁하는 사람을 존중하는 것이 아니라 노래를 하는 그분을 존중하는 것이라는 사실과, 내 요청을 받는 사람을 존중하려면 본문에서와 같이 앞에 麻烦您을 더해 麻烦您请他唱一首歌. 라고 해야 한다는 사실이다.

이렇게 '시키다(하게 하다)', '부탁하다(하시게 하다)'의 경우에는 叫와 请으로 평어체와 경어체가 나뉘지만, 叫가 단순히 '(누군가를 소리 내어) 부르다'라는 의미로 쓰이는 경우에는 경어체의 표현이 없다. 우선 순수하게 '부르다'라는 의미로 쓰인 예를 보자.

집에 가려고 운동장으로 나왔는데 교실 쪽에서 나를 부르는 소리가 들린다. 이때 내가 "谁叫我?"라고 뒤를 돌아보며 소리치면 "누가 나 부르는 거야?"라는 말이다. 이렇게 순수하게 부르다는 의미로 쓰이는 叫는 존칭어가 없다는 얘기인데, 우리말도 마찬가지이다. '철수를 부르다', '할아버지를 부르다', '선생님을 부르다', 어떤 경우에도 '부르다' 외에 다른 경어체의 표현은 없다. "선생님을 세 번이나 큰 소리로 불렀지만 선생님은 대답을 하지 않으셨다.(我叫老师叫了三次,但他没回答。)"처럼, 우리말에도 중국어에도 별도의 존칭어가 없다는 말이다.

이 밖에도 请은 '모시다'라는 뜻으로도 쓰인다. 회의 시작 시간이 다 되었는데 사장님이 오실 기미가 보이지 않는다. 이때 주관부서의 이 부장이 곁에 있는 김 과장을 불러 "你去请社长。"이라고 하면 '당신이 가서 사장님 모시고 와'라는 말이다. 가서 불러와야 할 대상이 사장님이 아닌 지각 대장 김 과장이라면 叫를 써서 '你去叫金科长。'이라고 하면 된다. 이때의 请이나 叫는 请社长(来), 叫金科长(来)처럼 의미적으로는 来가 생략된 '모셔(와)', '불러(와)'의 의미이다. 일상에서 请은 더 다양한 용도로 쓰이지만 여기서는 이 정도로 叫의 경어체로 쓰인 请의 용법을 우선 이해하도록 하자.

중국어로 나이 묻기

'너 몇 살이니?'는 중국어로 뭐라고 할까? 你几岁?(nǐ jǐ suì)라고 한다.

중국어로 나이는 年龄(nián líng)이라고 한다. 우리도 신청서 같은 것을 적을 때 연령란에서 자주 접하는 한자어 연령(年齡)과 똑같은데, 단지 간체자로 써서 좀 달라 보일 뿐이다.

그러나 나이가 몇이냐고 물을 때 你的年龄是多少?나 你年龄多少?라고는 잘 하지 않는다. 당연히 알아듣는 바른 말이지만, 병원이나 동사무소 같은 데서 인적 사항을 물을 때를 제외하고 이렇게 묻는 경우는 잘 없다. 마치 영어에서도 병원 같은 데서 나이를 물을 때는 What is your age?라고 묻지만, 일상 대화에서 나이를 물을 때는 How old are you?라는 전혀 다른 표현을 쓰는 것과 마찬가지이다.

위에 쓴 你几岁?의 岁는 우리 한자로는 歲(세), 즉 나이라는 말인데 역시 간체자라 다르게 보인다. 우리는 60세, 100세 등과 같이 어른들 나이를 얘기하거나 문서에서 '7세 아동의 발육 상태' 등과 같이 표현할 때만 쓰는 말이지만, 중국어에서는 어린아이의 나이에도 이 岁를 쓴다. 아니, 구어체에서는 오히려 어린 사람들에게만 쓰는 말이다. 어른에게는 잘 쓰지 않는다.

你几岁?는 어른이 아이에게 나이를 물을 때, 혹은 아이들이나 젊은이들 사이에서 나이를 물을 때 쓰는 말이다. 你几岁(nǐ jǐ suì)?에서 几(jǐ)는 '몇', 岁(suì)는 '살'이니 단도직입적으로 '너 몇 살이냐'고 묻는 말이다. 앞에 小朋友(xiǎo péng you)라는 '얘야 / 아가야' 같은 말을 더해서 小朋友, 你几岁?(xiǎo péng you, nǐ jǐ suì)라고 하면 유치원생 정도의 아이들에게 하는 말이 되고, 小朋友(xiǎo péng you)라는 말이 없더라도 나이가 어린(대략 10대나 그 이하) 아랫사람에게 사용하는 말이다. 岁(suì)는 '세(歲)'이지만 우리말에서 '몇 세'라고 할 때와 같은 존대의 의미는 없고, 그냥 몇 '살'이라는 뜻으로 사용된다. 이 你几岁(nǐ jǐ suì)?는 편하게 하는 반말이지만 아이들에게나 하는 말이므로 10대나 더 어린 나이가 아니라면 동년배 사이에서도 쓰지 않는 것이 안전하다. 물론 친구끼리는 가능한데, 친구 나이를 모르는 경우는 잘 없겠지만, 몇 년 동안 친하게 지낸 친구의 나이를 모른다면 40대 50대의 중년, 아니 노년이라도 이렇게 물어도 된다는 말이다.

물론 예외도 있다. 일반적으로 어른이 아이에게 웃는 얼굴로 "你几岁了?(nǐ jǐ suì le)"라고 물었다면 "너 몇 살이니?"라는 말이지만, 소파에 앉아 TV를 보면서 과자 부스러기를 질질 흘리며 먹고 있는 대학생 아들에게 엄마가 짜증난 표정으로 이렇게 말했다면 '너 몇 살이야?(몇 살인데 아직도 이 모양이야?)'라는 의미가 될 것이다. 마찬가지로 40, 50이 넘은 연배일지라도 짬뽕 국물을 가슴팍 여기저기에 흘리며 후루룩거리고 있는 친구에게도 "你几岁?"라고 할 수 있다. 이런 경우에 그런 느낌을 더 강조하기 위해서 '어기사(语气词)' 혹은 '어기조사(语气助词)'라 불리는 了(le)나 啊(a)를 마지막에 넣어서 "你几岁了?(nǐ jǐ suì le)" 혹은 "你几岁啊?(nǐ jǐ suì a)"라고 하기도 한다.

주의할 것은 어기사라는 것은 그야말로 말의 어기, 즉 어감과 관련한 것이므로 똑같은 你几岁了?라는 말도 누가 누구에게 어떤 상황에서 하느냐에 따라, 또는 어떤 억양과 표정으로 하느냐에 따라 다른 느낌이 될 수 있다는 점이다. 앞에서처럼 어린아이에게 웃으며 你几岁了?(nǐ jǐ suì le) 혹은 你几岁啊?(nǐ jǐ suì a)라고 했다면 "너 몇 살이나 됐니?"라는 느낌일 뿐이다.

그러면 방금 위에서 얘기한 "너 몇 살인데 아직 이래?"의 느낌을 了(le)나 啊(a) 없이 표현하려면 어떻게 할까? 간단하다. 표정과 몸짓이다.

성인들 사이에서 "你几岁?(nǐ jǐ suì)", 즉 "너 몇 살이야?"를 쓸 수 있는 또 다른 예외가 있다.(물론 이것뿐은 아니겠지만.)

청춘 남녀가 서로 알게 된 지 여러 날이 되어 제법 친해져 가는데 아직 서로 정확한 나이는 모른다. 이때 남자든 여자든 어느 한 쪽이 대화 중에 "你几岁?(nǐ jǐ suì)"라고 물었다면, 물론 표정을 보아야겠지만, '넌 몇 살이야?' 같은 느낌의 친근감의 표시일 수도 있다.

你几岁?보다는 어른스러운 표현으로 你今年多大?(nǐ jīn nián duō dà)가 있다. 동년배 사이에서라면 평이하게 "올해 몇 살이예(세)요? / 올해 나이가 어떻게 돼(되세)요?"라는 느낌이지만 윗사람이 아랫사람에게 물었다면 "자네, 올해 몇 살인가?" 정도의 느낌이다. 你今年多大?(nǐ jīn nián duō dà)에서 多大(duō dà)의 多(duō)는 '얼마', 大(dà)는 '크다'라는 말이니 직역하면 '얼마냐 크냐'라는 얘기이다. 이때의 大(dà), 小(xiǎo)는 덩치의 크고 작음이 아니라 연령의 고하를 가리키는 것이므로 '얼마나 나이가 많니', 즉 몇 살인지를 묻는 말인데, 你几岁?에 비해 다소 예를 갖춘 표현이지만 역시 아랫사람이나 동년배에게 쓰는 말이다.

이 말을 조금 더 존중하는 느낌을 담아 말하고 싶다면 你를 您으로 바꾸어 您今年多大?라고 하면 된다. 다소 손윗사람에게 말할 때 적합하다. 좀 더 격식을 갖추고 싶다면 '실례지만'이란 느낌이 들도록 '말씀 좀 묻겠습니다'라는 의미의 请问을 앞에 더해 "请问, 您今年多大?"라고 하면 "실례지만 연세가 어떻게 되십니까?" 정도의 의미가 된다. '今年多大'로 질문을 하는 경우 '올해'라는 今年은 생략해도 되지만(今年을 생략하면 대답이 달라질 수 있다. 즉 你今年多大라고 물으면 '열네 살입니다'라는 대답이 나오겠지만 你多大라는 질문에는 '저 중학생이에요' 같은 대답도 나올 수 있다), 좀 더 예의 바르게 하고 싶다면 您과 请问을 앞에 더하는 것을 잊지 말아야 한다. 您多大? 혹은 请

问, 您多大?라고 하면 된다. 이때 우리말에서도(몇) '살(岁)'이냐고 묻기보다는 '나이(年纪)'가 어떻게 되느냐'라고 묻는 것이 좀 더 점잖게 들리듯, 중국어에서도 나이라는 뜻의 年纪나 岁数를 多大 뒤에 붙여서 您今年多大年纪?나 您今年多大岁数?라고 하면 좀 더 격이 있는 말이 된다.

请问과 您의 차이

请问은 꼭 상대를 높인다기보다는 자신이 하는 말의 품격을 높이는 동시에 상대도 존중하는 말이므로 상대가 아주 어린 사람만 아니라면 붙이는 것이 좋다. 50이 넘은 사람이 20대 청년과 이런저런 얘기를 나누다 젊은이가 의외로 경험이 많은 것에 놀라 나이를 묻는 경우라면 "请问, 你多大?"라고 할 수 있다는 얘기이다. 그러나 您은 다르다. 나이가 누가 봐도 한참 아래인 사람에게 您多大?라고 묻는 것은 설사 请问을 빼더라도 어울리지 않는 화법이다.

请问의 느낌을 좀 더 실질적으로 설명하자면 길을 묻는 상황을 생각하면 된다. 아무나 붙잡고 "화장실이 어딥니까?"라고 물을 때 노인이 청년에게 "请问, 洗手间在哪儿(qǐng wèn, xǐ shǒu jiān zài nǎr)?"이라고 물어도 된다는 말이다. 그러나 您은 동년배(가까운 사이의 동년배가 아닌 예의를 갖추어야 하는 사이)이거나 윗사람인 경우에만 사용한다.

우리 식으로 느낌을 정리해 보면 你今年多大는 형님이나 아저씨 연배의 사람이 아랫사람에게 물을 때 쓰고, 반대로 형님이나 아저씨 연배의 윗사람에게 물을 때는 请问 없이 您今年多大?라고만 해도 상대가 내가 나름 예의를 지키려고 노력한다는 사실을 알아준다는 얘기다. 请问을 앞에 쓰면 더 좋은 것은 말할 나위도 없다.

비슷한 연령대의 성인 사이에서 연령을 물을 때는 请问만 앞에 붙여서 문장 자체를 예의 바른 문장으로 만들되 굳이 您은 쓰지 않는, 즉 상대를 높일 필요까지는 없는 화법으로 "请问, 你今年多大?" 정도면 "실례지만 올해 나이가 어찌 되시오?" 정도의 느낌이 된다.

외국인이 가장 실수를 하지 않는 방법은 너무 지나치지 않으면서 예의를 지키는 화법이다.

바로 "请问, 您今年多大?" 정도가 알맞은 표현인데, '您贵庚?'(nín guì gēng) 역시 '나이(연세)가 어떻게 되십니까?'라는 말로 주로 어른에게 쓰는 말이긴 하지만 성인 사이에서 상대의 연령이 위로든 아래로든 좀 차이가 나더라도 무리 없이 쓸 수 있는 표현이다. 물론 앞에 请问을 붙이면 더 좋다. 贵庚(guì gēng)에서 贵(guì)는 우리말에서도 상대를 높일 때 쓰는 글자다. 남의 나라는 귀국(貴國), 남의 회사는 귀사(貴社) 등으로 부르지 않는가. 중국어에서도 마찬가지인데, 여기서는 상대의 나이를 높이는 의미로 사용하였다. 그러면 庚(gēng)은 무슨 말인가? 庚은 나이라는 의미다.

상대와의 나이 차가 좀 나는 경우 그리고 상대가 적어도 오십 줄에는 들어 보이는 경우에는 请问, 您多大岁数?(qǐng wèn, nín duō dà suì shu)라고 하면 되고, 할아버지 연배의 어른에게 "올해 연세가 어떻게 되세요?"라

키와 몸무게 묻기

참고로 중국어에서 키가 얼마냐고 물을 때에는 你多高?(이 밖에도 你几公分, 你身高多少 등으로 묻기도 한다)라고 묻고, 덩치 즉 체중을 물을 때는 你多重?(이 밖에 你几公斤? 你多少斤? 你体重多少? 등도 쓴다)이라고 한다. 두 경우 모두 '你多大?'라고는 하지 않는다.

일반적으로 덩치가 '크다' 혹은 '작다'라고 할 때에는 高大(키도 크고 덩치도 좋은 경우)와 矮小(ǎi xiǎo : 왜소하다)를 쓰는데, 大나 小만 써서 덩치를 나타낼 수도 있다. 나이를 얘기하는지 덩치를 얘기하는지는 상황과 문맥을 보고 구분하면 된다.

예를 들어 초등학교에 다니는 아들아이가 같은 반 덩치 큰 아이에게 맞고 왔다고 하자. 아이의 손을 잡고 그 아이 집에 찾아간 엄마가 따지듯 "你比他大,怎么可以打比你小的孩子呢(nǐ bǐ tā dà, zěn me kě yǐ dǎ bǐ nǐ xiǎo de hái zi ne)?"라고 묻는다. '네가 얘보다 덩치가 큰데 어떻게 너보다 작은 애를 때릴 수가 있니?'라는 말이다. 이때의 比他大가 '나이가 많다'는 얘기가 아님은 상황이 알려 준다.

이번에는 키는 아들아이보다도 좀 작지만 쌈박질깨나 하는 동네 중학생 녀석이 덩치만 큰 초등학교 6학년인 우리 아들을 때렸다. 엄마는 방금과 토씨 하나 빼지 않고 똑같은 말을 이 녀석에게도 한다. "你比他大,怎么可以打比你小的孩子呢?" 이때의 比他大나 比你小는 덩치가 아니라 나이임을 알 수 있다. 그러면 나이도 많고 덩치도 큰 경우에는? 역시 토씨 하나 바꾸지 않고 똑같이 말해 주면 된다.

고 묻는 경우에는 '请问, 您今年高寿了?'(qǐng wèn, nín jīn nián gāo shòu le)라고 하면 된다. 岁数(suì shù)는 세수, 즉 '연세' 정도의 느낌의 높임말이고, 마지막의 高寿(gāo shòu)는 높을 '고(高)'에 수명이라는 '수(寿)'를 썼으니, 굳이 설명하지 않아도 나이의 높임말, 즉 '연세'나 '춘추' 정도로 이해하면 되겠다. 위의 여러 표현들은 실생활에서 연령대에 따라 일반적으로 달리 표현하는 방식이니 기억해 두었다가 적절하게 사용하시기 바란다.

이 외에 대만에서만 자주 쓰는 你是几年次的?(nǐ shì jǐ nián cì de)라는 표현도 있다. '몇 년도 생입니까?'라는 말인데, 대륙에서는 별로 쓰지 않는다. 중국 대륙식 표현으로는 你是哪年生的?(nǐ shì nǎ nián shēng de)이다. 역시 你 대신 您을 쓰거나 请问을 앞에 붙여서 상대에 따라 적절히 존대의 느낌을 달리할 수 있다. 가까운 사이가 아니면 어른에게 하기에 적합한 표현은 아니다. 하지만 조카가 삼촌에게, 혹은 학생이 친한 학과 교수님에게 "삼촌은 몇 년도 생이세요?" 혹은 "교수님 몇 년도 생이세요?"라고 묻는 경우라면 당연히 사용 가능하다. 你是几年次的?라고 물어오는 사람은 100% 대만 출신이라고 보면 되고, 이 질문을 받았을 때는 약간의 숫자 계산을 할 준비를 하는 것이 좋다.

무슨 말이냐 하면, 대만에서는 연도를 셀 때 일반적으로 민국(民国) 몇 년이라는 표현을 쓴다. 대만 내에서 정식 국호로 사용하는 '중화민국'의 건국년(1911년)을 민국 1년으로 계산해서 서기년도에서 1911을 뺀 숫자로 '민국 몇 년'이라고 표기한다. 마치 우리가 단기 몇 년이라고 하는 것과 유사한 개념이지만, 대만에서는 '서기 몇 년'보다 '민국 몇 년'을 일상적으로 훨씬 많이 사용한다. 서기 2022년은 민국 111년이고, 따라서 1990년생이면 我是

79年次的라고 답해야 우리식으로는 '90년생입니다'라는 답이 된다.

대만에서 공부하거나 생활할 사람이라면 좀 귀찮더라도 이 셈법에 익숙해지는 것이 빨리 그들과 친구가 되는 지름길 중의 하나이다. '외국인이 굳이 민국 몇 년이라는 계산까지 해야 하나?'라고 생각하는 독자는 철저히 현지화할 마음의 준비가 아직 되지 않은 것이라고 보면 된다. 대만으로 유학을 가거나 이민 가는 인구가 상대적으로 소수이다 보니 이 설명이 큰 의미가 없어 보이긴 하지만, 단순히 소통을 위한 외국어가 아니라 그들과 하나가 되는 외국어, 상대를 감동시키는 외국어를 구사하기 위해서는 이러한 디테일을 무시하지 않는 마음가짐이 기본이 되어야 한다는 말을 하고 싶다. 외국어를 배운다는 것은 그 지역의 문화, 심지어 역사까지 배우는 것이다.

이 밖에 나이를 묻는 표현으로 예스러운 '请问, 老先生春秋几何?'(qǐng wèn lǎo xiān sheng chūn qiū jǐ hé), 즉 '어르신 춘추가 어떻게 되십니까?'라든지 '请问, 小姐芳龄几许?'(qǐng wèn xiǎo jiě fāng líng jǐ xǔ)/ '아가씨 방년 몇 세이십니까?' 같은 표현도 있는데, 芳龄은 우리말에서 '방년 18세'라고 할 때의 '방년(芳年)'과 같은 뜻으로 젊은 여성의 나이를 가리키는 말이고, 几许는 '얼마', '몇'이라는 뜻이다. 점점 편하고 쉬운 것을 찾는 '언어에서의 악화가 양화를 구축하는 현상' 때문인지는 몰라도 이제는 젊은 사람들 중에는 이 말이 무슨 뜻인지도 모르는 사람이 있을 정도로 잘 쓰지 않는 말이 되었다. 알아만 두시면 되겠다.

그러면 나이를 묻는 질문에 답은 어떻게 하는가?

중국도 지방마다 다르지만 만 나이를 얘기하는 곳이 있고, 우리처럼 햇수로 몇 살인지를 얘기하는 지역이 있다.

그래서 가장 안전한 방법은 '만으로 몇 살입니다' 혹은 '햇수로 몇 살입니다'라고 밝혀 주는 것이고 실제로 중국사람들은 그렇게 말한다.

만 나이는 周岁(zhōu suì), 햇수로 몇 살이라고 할 때는 虚岁(xū suì)라고 말한다.

虚岁의 虚는 '가짜'라는 의미이므로 12월 31일에 태어난 사람도 다음 날인 1월 1일이 되면 두 살이 되는 나이 계산 방식이 사실과 다르다는 개념으로 이렇게 부르는 것으로 이해하면 되겠다.

"올해 만 서른입니다"는 "我今年周岁三十。"(wǒ jīn nián zhōu suì sān shí) 혹은 "我今年三十周岁。"(wǒ jīn nián sān shí zhōu suì)라고 말하고, "햇수로 올해 서른입니다"는 "我今年虚岁三十。"(wǒ jīn nián xū suì sān shí)라고 하면 된다.

"나 내일이면 만 서른이다"라고 하는 경우에는 우리처럼 '만'이란 표현을 써서 "我明天就要满三十岁了。"(wǒ míng tiān jiù yào mǎn sān shí suì le)라고도 한다.

중국에서 나이를 묻는 법과 대답하는 법에 대해 살펴보았는데, 느끼셨겠지만 의외로 상대와 나의 나이 차이나 신분 차이에 따라 표현의 차이, 즉 존대의 정도에 차이가 있음을 알 수 있다. 다시 강조하지만, 이러한 언어적 표현의 차이보다 훨씬 중요한 것은 말하는 사람의 말투와 표정이다. 특히 우리말과 존대의 구분이 똑같지 않은 외국어의 표현을, 잠깐 배운 지식으로 일률적으로 '이럴 땐 이 말, 저럴 땐 저 말로' 하는 식으로 단정지어 이

만 나이를 周岁라고 부르는 이유

보통 우리가 '주나라 주(周)'라고 부르는 이 글자에는 대략 다음 몇 가지 뜻이 있다.

1. 둘레 : 주위(周围)라고 할 때 周는 둘레라는 뜻이다.

2. 모두, 보편적으로 : '모두가 다들 아시다시피'라는 뜻의 众所周知(zhòng suǒ zhōu zhī)라고 할 때 '보편적으로', '다들'이라는 의미로 쓰인다.

3. 완벽하다 : '대접이 변변치 못합니다'라는 말 招待不周(zhāo dài bù zhōu)에서 不周는 '완벽하지 못하다/변변치 못하다'의 뜻으로 쓰인다. '세밀하고 빈틈이 없다'는 周密(zhōu mì)의 경우도 마찬가지이다.

4. 주기 : 탄생 100주기(周期), 창립 1주년(周年) 같은 경우에 이 뜻으로 쓰인다.

5. 나라 이름 : 중국 주(周) 나라를 말한다.

만 나이를 얘기할 때 쓰는 周岁(zhōu suì)는 4번의 쓰임과 같다고 보면 된다. 태어난 날로부터 몇 주기가 되었다는 뜻이다.

야기할 수는 없다.

우리말도 마찬가지가 아니던가. "연세가 어떻게 되시는지요?"라는 말을 싸늘하게 아래위를 훑는 표정으로 했다면 그건 '나잇살이나 먹은 것 같은데, 얼마나 먹었길래 그러는데?' 하는 느낌이라는 사실은 굳이 설명하지 않아도 알 것이다.

모든 언어의 기본과 출발점은 마음가짐이다. 이 점을 명심하고 대화에 임한다면 굳이 정확한 존대어의 용법을 모른다 하여 상대의 마음을 상하게 하는 일은 발생하지 않을 것이다. 만일에 내 마음은 전혀 그렇지 않았는데 내 표현이 서툴러 존대어를 정확하게 말하지 못한 것 때문에 화를 내거나 나를 무시하는 사람이 있다면 그런 사람과는 가까이하지 않는 것이 좋다.

중국과 대만의 어휘 차이

같은 중국어인데 대만과 중국이 사용하는 어휘나 발음에 서로 차이가 있는 바람에 귀국 후 입사 초기에 동료 간에 자칫 오해할 뻔했던 기억들이 새롭다. 대만 생활을 마치고 들어와서 회사의 중국팀에서 일을 시작하던 때였다. 중국어 인력이 별로 없던 시절, 우리끼리는 같은 중국 업무를 하더라도 필자처럼 중국어를 전공하고 대만 유학을 다녀온 사람을 육사 출신에, 중국어 기초는 없지만 사내 단기 언어연수 과정을 거쳐 중국 업무를 하는 동료들을 학도 의용군에 빗대어 불렀었다(중국 유학이 불가능했던 시절이었다). 그런데 나보다 먼저 중국 일을 하던 이 학도 의용군들이 내가 쓰는 어휘에 이의를 제기하는 것이 아닌가! 그들은 중국어 전공자는 아니지만 나보다 앞서 이미 2년여를 중국 기업들과 대화하며 실무 경험을 쌓은 실전파들이었다. 당연히 실무에서 늘 쓰는 단어들에 충분히 익숙해진 상태.

그런데 당연히 '따쌰(dà xià)'라고 읽어야 할 빌딩(大厦)을 '따싸(dà shà)'라고 읽고 치위에(契約 : qì yuē)라고 불러야 할 계약서를 허통(合同 : hé tóng)이라고 부르는 것이었다. 물론 내 말이 맞다고 우기지는 않았지만, 우겼더라면 큰일 날 뻔했던 게 이 경우엔 내가 틀렸었다. 틀렸다기보다는 중국 대륙과의 업무를 하면서 중국식 발음이나 어휘를 써야 함에도 그런 차이가 있다는 사실조차를 모르던 나나 동료들, 드러내 놓고 말은 못 하면서도 내심 서로가 틀렸다고 생각들을 하고 있었는데, 동료들 입장에선 내가 의심의 눈초리를 보내는 것을 동물적 감각으로 느꼈을 터, 육사 출신 앞에서 대놓고 틀렸다고는 못 하고 아마 속으로 꽤나 기분이 나빴을 것이다.

이렇게 대만과 대륙에서 사용되는 중국어에는 어휘나 발음에서 차이가 있는 것들이 꽤 있다.

대만이나 중국으로 여행 가는 분들을 위해 실제 많이 쓰이는 어휘 중 몇 가지만 예를 들어 보기로 하자.

먼저, 가장 중요한 화장실. 중국은 위생 공간이란 의미의 卫生间(wèi shēng jiān), 대만은 '손 씻는 곳'이란 의미의 洗手间(xǐ shǒu jiān). 택시의 경우 중국에서는 '대여한 차'라는 의미로 出租车(chū zū chē), 대만에서는 '거리를 계산하는 차'라는 뜻으로 计程车(jì chéng chē). 또 지하철은 중국에선 지하철도를 줄여서 地铁(dì tiě), 대만에선 '빠른 운송시스템'이란 의미의 捷运(jié yùn). 라면은 중국에선 '편리한 면'이란 뜻의 方便面(fāng biàn miàn), 대만에선 '빨리 먹을 수 있는 면'이란 뜻의 速食面(sù shí miàn)을 쓴다. 그 밖에 앞에서 예를 든 것처럼 같은 글자를 다르게 발음하는 경우도 있는데, 가장 대표적인 것으로는 쓰레기를 가리키는 垃圾가 있다. 중국에서는 垃圾를 lā jī라고 발음하는 반면 대만에서는 lè sè라고 마치 다른 단어로 오인될 만큼 발음이 다르다.

그래도 다행인 것은 중국어가 뜻글자인 덕분에 많은 경우 전혀 다른 글자를 사용한다 해도 의미를 미루어 짐작해 볼 수는 있는 데다 이제는 '해협양안' 간의 왕래가 빈번해지면서 이런 차이들도 어느새 익숙한 것이 되어버렸다는 것이다.

중국어를 배우는 사람의 입장에서는 사실 라면이나 택시 따위의 어휘를 접하기 훨씬 전, 중국어를 배우는 첫 단계에서부터 확연하게 차이를 느끼게 되는 것이 있다. 바로 중국어를 지칭하는 표현이다. 중국에서는 우리의 '국어' 혹은 '우리말'에 해당하는 표현을 普通话(pǔ tōng huà)라고 하는 반면 대만에서는 우리처럼 국어(國語 : guó yǔ)라고 한다. 또 외국인의 입장에서 우리말을 가리켜 얘기하거나 혹은 외국인에게 우리말에 대해 얘기할 때 쓰는 '한국어'라는 표현에 대응되는 '중국어'를 지칭하는 말은 중국에서는 汉语(hàn yǔ)라고 하는 반면 대만에서는 中文(zhōng wén)이라고 한다.

우리도 마찬가지이지만 백 년에 가까운 분단의 세월이 만들어낸 이런 어휘들 간의 차이가 모두 하나로 통일되거나 혹은 니꺼내꺼 없이 편하게 혼용하는 날이 어쩌면 진정한 의미의 통일의 날이 아닐까도 생각해 본다.

(중국과 대만이 대만해협을 사이에 두고 마주 보고 있는 관계로 대만과 중국의 관계를 얘기할 때는 '양안 관계(两岸关系 : liǎng àn guān xi)'라 하고, 대만과 중국을 함께 지칭할 때는 '해협양안(海峡两岸 : hǎi xiá liǎng àn)'이라고 얘기한다.)

중국사람들은
이름을 묻지 않는다

중국어로 성씨 및 이름 묻기

중국사람들은 보통 이름을 묻지 않는다. 무슨 말일까?

처음 만난 사람과 통성명할 때, 중국인들은 성만 묻는 경우가 대단히 많다. 초보 중국어 교재에 반드시 나오는 표현처럼 보통 "您贵姓？"(nín guì xìng)이라고 묻는다. '성씨가 어떻게 되십니까?'라는 뜻이다.

동서양의 문화 차이가 크고 같은 동양이라도 중국과 한국의 차이가 있다지만 남의 이름을 묻는 데는 나름 다들 조심스러운 것 같다. 필자의 경우 어린 시절을 제외하고 상대에게 면전에서 이름이 뭐냐고 물어 본 적이 별로 없다. 청년기를 지나면서부터도 앞으로 계속 만날 사람이라는 감이

198

오면 "우리 이름이나 알고 지냅시다"라든지 "저는 이상훈이라고 합니다 만……" 정도로 상대의 정체를 파악하려는 소극적인 노력은 할망정 "이름이 어떻게 됩니까?"라든지 "성씨가 어찌 되시는지요?" 하는 식의 질문을 해 본 적이 별로 없다. (물론 직장생활을 할 때 신입사원들이 인사를 하러 오거나, 인턴으로 실습을 온 학생들이 인사차 사무실에 들르는 경우에 "이름이 어떻게 되죠?"라는 식으로 직접 이름을 물은 경우는 예외지만) 고객을 상대하는 직장이나 관공서에서 근무하는 분들이 손님의 신분을 확인하기 위해 하는 질문 외에 일상생활에서 상대가 명함을 주거나 먼저 이름을 밝혀 오기 전에 남의 이름을 묻는 습관이 우리에게 있는가 싶다.

미국 사람들이 초면에 이름을 확인하는 방식은 간단하다. 영화를 통해 익히 보아 왔듯 "I'm John."이라고 한쪽이 먼저 이름을 밝히면 상대도 "I'm Paul, nice to meet you." 같은 식으로 자신의 이름을 밝히는 것이 거의 공식화되어 있다. 심지어 잠깐 몇 시간 옆에 앉아 가는 비행기 안에서조차 이들은 다시 볼 일도 없는 생면부지의 사람끼리 이런 인사를 예사롭게 한다. 중국이나 우리와는 사뭇 다른 모습이다. 물론 우리도 아직 취직을 하지 않은 젊은 층이나 명함이 없는 경우에는 자신의 이름을 먼저 밝히며 인사를 하기도 하지만, 미국 사람들은 명함 교환이 생활화되어 있지 않다. 게다가 정식으로 약속을 하고 만나는 비즈니스 미팅에서조차 같은 명함을 내놓지 않는 경우가 많다. 그렇지 않아도 미국 사람들의 이름 외우기가 큰 숙제 중의 하나인 나 같은 동양인에게 악수와 함께 내뱉듯 던지는 상대방의 이름들을 일일이 기억하는 것은 미국 생활의 3대 어려움 가운데 하나 정도는 되지 않을까 싶다. 그러나 상대는 나를 아는데 나만 상대를 모르는 경우에는 동서양의 상황이 대략 비슷한 것 같다. 미국이나 우리나 모두 "성함을 여쭤 봐도 될까요?" 혹은 "어떻게 불러 드려야 할까요?" 같은 완곡한 화법으로 이름을 묻는다. 중국어에서도 이 질문은 "请问(您)尊姓大名?" 혹은 "我该怎么称呼您?"과 같이 예의 바르게 말할 수 있다. 물론 어느 나라건 관공서 같은 곳에서 신분을 확인하는 목적으로 질문하는 경우엔 다들 특별히 예절이랄 것을 갖추지 않은 간단명료하고 단도직입적인 질문을 던진다.

영어에서는 "What is your first and last name?"이라고 할 테고, 한국어라면 "성함 말씀해 주세요", 중국어라면 "你叫什么名字?"라고 물을 것이다. 물론 "Your name?", "성함이?", "名字呢?"처럼 간단하게 물을 수도 있을 것이다. 이런 거두절미한 표현들 대신 영어에서도 "May I have your name?"과 같은 다소 공손한 표현을 쓰기도 하지만, 고객이나 환자의 신상기재란에 성과 이름의 칸이 반드시 구별되어 있는 미국에서는 대부분 첫 번째 예에서 보듯 first name과 last name을 구분해 사무적으로 묻는다. 우리와 다른 점이 있다면 우리는 이런 경우 성과 이름을 따로 묻지는 않는다는 점인데, 이런 상황에서는 중국도 우리와 마찬가지로 성과 이름을 따로 묻지는 않는다. 그들이나 우리나 이름이 대개 석 자뿐이라서 특수한 두 글자짜리 성씨를 제외하고는 무엇이 성이고 무엇이 이름인지 혼동할 일이 없기 때문일 것이다. 그런데 재미있는 것은, 오히려 평상시의 대화에서 중국은 성을 따로 묻는 경우가 대단히 많다는 것이다.

바로 "您贵姓?"(nín guì xìng)이라고 묻는 것이다. 중국에서 생활해 본 사람들은 많이 들어 본 말일 것이다.

"您贵姓?" 혹은 앞의 글에서 공부했던 것처럼 '말씀 좀 여쭙겠습니다'라는 의미인, 그러나 해석할 때는 '실례지만'이라는 느낌의 '请问(qǐng wèn)'을 앞에 붙여서 "请问, 您贵姓?"이라고 묻는다. 아무래도 상대를 부를 때 미국식으로 "윤발~", "덕화~" 하는 것보다는 "미스터 주", "미스터 유"라고 하는 게 좀 더 격식을 따지는 것 같기도 하고, 또 괜히 이름까지 다 물었다가 나중에 기억도 못 해서 난감해지는 것보다는 처음에는 성만 알아두었다가 관계가 계속되면 차근차근 이름도 알아가고 적절한 호칭도 찾아가는, 나름 현명하고 효율적인 방식이라 생각해서 그러는지는 모르겠으나, 어쨌든 중국에서는 이렇게 성만 묻는 것이 매우 일반적이다.

이렇게 질문해 오면 어떻게 대답하는 것이 가장 모범 답안이 될까? 성이 이(李 : lǐ)씨인 경우, 정답부터 얘기하면 보통 중국 대륙에서는 免贵姓李(miǎn guì xìng lǐ), 대만에서는 敝姓李(bì xìng lǐ)라고 답한다.

그냥 "내 성은 이입니다"라는 말, 즉 "이가입니다"라는 말은 "我姓李。"(wǒ xìng lǐ)라고 하면 된다. 그러나 공손한 표현을 공부한 우리는 보다 정제된 표현을 써야 하지 않겠는가? 그래서 배우려는 표현이 免贵姓李와 敝姓李이다. 그리고 중국이건 대만이건 초등학교만 제대로 나와도 免贵姓李나 敝姓李라고 말하지 我姓李(wǒ xìng lǐ)라고 하지는 않는다. 외국인인 우리가 그렇게 말했다 해서 크게 실례가 되거나 욕먹을 일까지는 아니지만 이 정도 기초 겸양법은 필히 알아 두는 것이 좋다.

우선, 您贵姓에서의 贵는 나이를 묻는 법을 공부하면서 배웠듯이 상대를 높이는 말이다. 그냥 '성이 뭡니까'가 아니라 '귀성이 뭡니까'라는 의미이다. 대답하는 사람은 "제게 贵 자까지 붙이실 필요 없습니다. 贵 자 빼고(免

: 면제하다) 그냥 이(李)가입니다"라는 의미로 免贵姓李라고 말한다. 그럼 敝姓李는 또 무슨 말인가?

개인적으로는 본래 한자나 중국어의 예절로 보아 敝姓李가 免贵姓李보다는 정식으로 您贵姓에 대응되는 겸양의 대답법이라고 생각한다. 본래 우리가 쓰는 한자에서도 귀(貴)에 대응되는 글자는 폐(敝)이기 때문이다.(보통 상대방 회사는 '귀사'라고 높이고, 자신의 회사는 '폐사'라고 낮추지 않는가) 직역을 해 보아도 상대가 "귀성이 어찌 되시오?" 물었으니 "폐성은 이가입니다"라고 말하는 것이 옳지, 남이 기껏 존대를 해서 "귀성이 어찌 되시오"라고 묻는데 "귀(貴) 자는 빼고 이가입니다"라고 대답하는 것은 마치 '귀(貴)'가 존대의 의미인 것은 알겠는데 그에 대응하는 겸양의 표현이 폐(敝)인 것까지는 몰라서 궁여지책으로 "귀(貴) 자 빼고……"라고 말했다는 오해를 불러일으키기에 충분한 표현이다.

각설하고, 중국 대륙에서는 免贵姓李, 대만에서는 敝姓李라고 대답하면 된다.

免贵姓王。

敝姓李。

중국 대륙

대만

기본을 배웠으니 조금 고급 표현을 알아보자.

앞에서 잠깐 두 가지 문장을 예로 들었다.

우선 "请问(您)尊姓大名?"(qǐng wèn(nín) zūn xìng dà míng)

"존함을 여쭤 보아도 되겠습니까?"라는 말이다. 尊姓大名, 존성

(尊姓)과 대명(大名)이니 굳이 해석하자면 '존경스러운 성씨'와 '크신 이름(?)' 이라는 의미이겠다. 의미만으로 보면 앞에서 얘기한 미국 병원이나 공공기 관에서 이름을 물을 때 쓰는 "May I have your first and last name?"과 같은 뜻이지만, 우리말로 옮기면 '존함(尊銜)'이나 '함자(銜字)'처럼 예의를 갖 춘 표현에 해당하는데, 여기서도 성과 이름을 구분해서 물었다. 대답도 구 분해서 해도 되고 이름 석 자를 그대로 알려 주어도 되는데, 일반적으로는 성과 이름을 따로 알려 준다. 일상에서는 您을 생략하고 请问尊姓大名? 이라는 표현도 많이 사용하는데, 请问이나 尊姓大名 자체가 모두 예의 바 른 표현이므로 굳이 您이 없어도 상관이 없다.

다음 문장, "我该怎么称呼您?"(wǒ gāi zěn me chēng hū nín)

"어떻게 불러드려야 할까요?" 혹은 "호칭을 어떻게 하면 좋을까요?"라 는 말인데, 我称呼您(wǒ chēng hū nín)은 我叫你(wǒ jiào nǐ)에 비해 공손하 게 '당신을 호칭하다'는 의미이다. 该(gāi)는 '응당 ~해야 하다'라는 의미로, 뒤에 동사를 달고 오는 영어의 'must'와 같은 조동사의 역할을 한다. 그래 서 该去는 '가야 한다', 该吃는 '먹어야 한다'는 말이 된다. 怎么(zěn me)는 '어떻게'라는 의미의 의문부사. 그래서 '제가 댁을 어떻게 호칭해야 합니 까?'라는 말이 되는데, 이때 앞의 '请问尊姓大名'과의 가장 큰 차이는 이 질문은 꼭 성이나 이름을 물은 것이 아니므로 이름으로 대답하지 않고 직 함이나 역할 명으로 대답해도 된다는 것이다. 즉 '저는 장국영입니다'라든 지 '제 성은 임이고, 이름은 청하입니다'라고 답하는 것이 아니라 '장 과장 이라고 부르세요(您可以叫我张科长 : nín kě yǐ jiào wǒ zhāng kē zhǎng)', '임 선생님이라고 부르게(叫我林老师 : jiào wǒ lín lǎo shī)'라고 대답할 수도 있다는 말이다.

다시 尊姓大名으로 돌아가서, 상대가 "请问尊姓大名？"이라고 물어오는 경우에는 일반적으로 먼저 성을 얘기해 주고 이어서 이름을 얘기하면 된다. "免贵姓周, 名叫润发(miǎn guì xìng zhōu, míng jiào rùn fā)", 즉 "성은 주가이고 이름은 윤발입니다"라고 대답하면 된다는 말인데, 이때 중국에 가서 생활하실 분들이 꼭 준비해야 하는 공부가 한 가지 있다.

너무도 당연한 얘기이지만 중국어의 성씨나 이름이 모두 한자로 되어 있으므로 발음은 같은데 글자는 다른 것들이 너무 많다. 명함을 주거나 글자로 써서 줄 상황이 아니라면 어떻게 내 이름 석 자를 상대에게 알릴까? 우리나라 사람들도 한자를 많이 쓰던 예전에는 이런 것에 익숙해서 필자 같은 경우라면 이씨 성을 모르는 사람은 없으니 이름에 대해서만 '서로 상' 자에 '공훈 훈' 자를 쓴다는 식으로 설명해 주곤 했었다. 중국은 지금도 이 과정을 꼭 거쳐야 하는데, 방금 설명한 한국 방식처럼 한자의 뜻에 해당하는 '훈'을 알려 주는 것이 아니라 누구나 알 수 있는 아주 쉬운 단어나 유명인, 유명 지역의 이름 등을 이용해 설명한다.

성씨를 설명할 때는 흔히 글자를 쪼개서 설명하기도 한다. 예를 들어 성이 장(张 : zhāng)인 경우에는 弓长张(gōng cháng zhāng)이라고 말해 줌으로써 나의 성 张이 弓 자와 长 자가 합해져서 이루어진 글임을 알려 준다. 그렇다고 모든 성을 이렇게 설명하는 것은 아니다. 성이 주(周 : zhōu)라면 周朝的周(zhōu cháo de zhōu), 즉 '주나라 주 자입니다'라고 설명하고, 물 강(江 : jiāng)인 경우에는 长江的江(cháng jiāng de jiāng), 즉 '장강(양자강)이라고 할 때의 강입니다'라는 식으로 설명한다. 재미있는 것은 강태공 강씨

의 경우에는 우리와 똑같이 姜太公的姜(jiāng tài gōng de jiāng : 강태공의 강)
이라고 설명한다는 것이다.

자, 이제 전체 이름을 갖고 연습해 보자.

내 이름이 장국영(张国荣 : zhāng guó róng)이라면 상대가 "请问尊姓大
名?"이라고 물을 때 이렇게 대답하면 된다.

"免贵姓张 , 名叫国荣 , 张国荣。(miǎn guì xìng zhāng, míng jiào guó
róng , zhāng guó róng), 弓长张 , 国家的国 , 荣华富贵的荣。(gōng cháng
zhāng , guó jiā de guó , róng huá fù guì de róng)"

"저는 성은 장, 이름은 국영, 장국영입니다. 궁 자와 장 자가 합해진 장이
고, 국가라고 할 때의 국, 부귀영화라고 할 때의 영입니다."

자, 이제 방법은 알았으니 각자 본인의 한자 이름을 설명할 방법들을 찾아
보시기 바란다. 주의할 것은, 이것도 글자마다 대략 정해진 규칙이 있으므로
아무 데나 갖다 붙이면 상대가 이해를 못 할 수도 있으니 차라리 처음에는
글자를 적어서 보여 주고 상대에게 내 이름을 어떻게 설명하면 좋은지를 물
어 보는 것이 좋다. 장담컨대 100% 친절한 설명을 들을 수 있을 것이다.

너무 고민하지 말고 이렇게 물으면 된다.

请问,我怎么说明我的中文名字好呢?(qǐng wèn, wǒ zěn me shuō míng
wǒ de zhōng wén míng zì hǎo ne)

제 중국어 이름을 어떻게 설명하는 것이 좋을까요?

한국 성씨 중국어로 설명하기

1. 김(金) : 金자가 들어가는 누구나 아는 쉬운 단어를 이용해 설명하는 방법을 쓴다.

黃金的金(huáng jīn de jīn) 즉 "황금이라고 할 때 쓰는 金입니다"라고 설명하면 된다.

2. 이(李) : 글자의 생김새를 보아 글자를 나누어 설명하는 방법을 쓸 수 있는 경우에 해당한다.

이(李) 씨는 글자를 쪼개서 설명하는 방법을 쓰는데, "木 자와 子 자가 합해진 李입니다."라는 식으로 설명한다. 중국어로 말할 때는 긴 설명이 필요 없이 李 자를 구성하는 木과 子의 중국어 발음을 말하고 그 둘이 합쳐진 결과인 李의 발음을 이어서 읽어 木子李(mù zǐ lǐ)라고 말하면 다들 알아듣는다는 얘기이다. 중국에서도 이(李)씨 성은 4대 성씨에 들어가는 주요 성씨이므로 이 말을 듣고 못 알아듣는 사람은 중국사람이 아니라고 보면 된다.

3. 박(朴) : 유명인의 이름을 예로 들어 설명하는 방식을 쓴다.

박(朴) 씨는 '강태공의 강'이라고 설명할 때처럼 유명인의 이름을 인용해 설명한다. 일반적으로 과거에는 朴正熙的朴(piáo zhèng xī de piáo), 즉 "박정희라고 할 때의 박입니다"라고 하던 것이 요즘은 朴槿惠的朴(piáo jǐn huì de piáo), 즉 "박근혜라고 할 때의 박입니다"라고 설명한다. 한국 전직 대통령들의 이름이 인용되는 이유는 중국에는 박(朴) 씨가 없어서 유명한 사람 중에 박 씨 성을 가

진 사람이 있을 리가 없기 때문이다. 그러면 글자를 쪼개는 방식으로 설명하면 되지 않느냐는 질문이 나올 수 있다. 그것도 안 되는 이유는, 그러려면 木,卜朴 (mù bǔ piáo) 즉 木과 卜이 합쳐진 朴이라고 설명해야 하는데, 이런 방식의 경우 李 씨나 张 씨처럼 성씨를 구성하는 글자들이 木과 子나 弓과 长처럼 발음만 듣고 쉽게 유추해 낼 수 있는 자주 쓰는 글자들이어야 함은 물론, 그것들의 조합이 자주 듣는 성씨와 연계가 되어야 하는데 朴의 경우에는 이 두 가지가 모두 해당되지 않기 때문이다. 우선 'bǔ'를 듣고 卜를 연상한다는 것이 거의 불가능에 가깝다. 卜는 일상 대화에서 거의 쓰이지 않는 단어이기 때문이다. 게다가 朴이 중국의 성이라면 朴을 구성하는 글자들이 木와 卜라는 것을 초등학교만 나오면 알 것이기 때문에 卜가 자주 쓰이는 글자가 아니더라도 문제될 것이 없지만, 朴은 중국사람들이 모르는 성이다. 그러다 보니 중국사람들에게 가장 잘 알려진 인물의 이름을 빌려 설명하는 것이다.

중국 유학을 한 박 씨 성의 청년 블로거들 중에 자신의 성을 木 卜朴(mù bǔ piáo)라고 설명하는 이들이 있는데, 그들의 블로그가 성공하기를 기원한다. 우리 박 씨 성이 굳이 특정인의 이름을 빌리지 않더라도 쉽게 설명될 날을 앞당길 수 있을 것이기 때문이다. 그러나 그전까지는 木 卜朴라고 해서 알아들을 중국사람은 박씨 성의 한국 친구를 둔 중국인 외에는 없으니 참고하시기 바란다.

4. 최(崔) : 역시 유명인의 이름을 빌려 설명한다.

중국인 중에 최(崔) 씨 성을 가진 이는 많지 않지만 유명인으로는 최근까지 중국 CCTV에서 활동했던 방송인 최영원(崔永元)과 조선족 가수 최건(崔健) 등이 있다. 따라서 崔永元的崔(cuī yǒng yuán de cuī)나 崔健的崔(cuī jiàn de cuī)라

고 설명하면 산간벽지에 사는 사람이 아닌 한 중국사람들은 대부분 알아듣는

다. 외교관이나 사업상 중국에서 활동하는 분이라면 지식층 중국인에게도 잘

알려진 신라 시대 학자이자 문장가인 고운 최치원 선생의 이름을 빌려 崔致遠

的崔(cuī zhì yuǎn de cuī : 최치원의 최)라고 소개하고 상대의 역사 실력을 가늠

해 보는 것도 재미있는 경험이 될 것이다.

중국어로 욕하기

타향살이를 하다 현지인들과 다툴 일이 생겼을 때 시원하게 욕이라도 한마디 하고 싶은데, 할 줄 아는 욕이 없어서 답답할 수도 있다.

미국 이민 초기에 우리 교포들이 'dog baby!' 외에도 'You die, me die, all die!'라는 욕(?)을 즐겨 썼다는 우스갯소리가 있다. 미국 사람들과 시비가 붙었는데 멋진 영어로 쏘아붙일 실력이 안 되니 "너 죽고 나 죽고, 다 죽자!"는 뜻으로 이렇게 말했다고 한다.

중국어로도 이렇게 말할 수 있을까? 당연히 가능하다. 재미교포들처럼 "你死(nǐ sǐ), 我死(wǒ sǐ), 都死(dōu sǐ)! 너 죽고, 나 죽고, 다 죽자!" 이렇게? 물론 이렇게만 말해도 둘이 싸우는 자리에서라면 충분히 그 의미를 미루어 짐작할 수 있을 것이다. 이럴 때 제대로 된 중국어로는 뭐라고 할까?

중국인들의 실용주의가 잘 드러나는 말로 你死我活(nǐ sǐ wǒ huó)가 있다. 우리나라 사람들은 일단 화가 나면 물불 안 가리고 "너 죽고 나 죽자(你死我死)"라며 목숨을 초개와 같이 여기는 반면, 중국사람들은 '너만 죽으면 되지 내가 왜 죽어?'라는 아주 현실적인 생각을 하는 모양이다. 你死我活(nǐ sǐ wǒ huó)는 글자가 보여주듯 '너(你) 죽고(死) 나(我) 살자(活)'라는 말이다. 이보다 더 정확한 해석이 어디 또 있으랴마는, 논리적 해석은 '네가 죽어야 내가 산다'이다. 가장 한국말다운 번역은 '너 죽고 나 죽자'이겠다. 어떻게 쓰는지 실제 다툼의 상황에서 나올 법한 다른 욕들과 함께 보자.

두 남자가 곧 주먹질이라도 할 듯 싸우고 있다.

A : "你这个王八蛋，我要跟你拼了！"(nǐ zhè ge wáng bā dàn, wǒ yào gēn nǐ pīn le / 너 이 개 xx, 아주 오늘 끝장을 보자)

B : "王八蛋？他妈的, 今天你死定了！(mà wǒ shì wáng bā dàn? tā mā de, jīn tiān nǐ sǐ dìng le / 개xx? 이런 쓰브, 너 오늘 아주 죽었어!)

A : "谁怕谁呀？来呀！我要跟你拼个你死我活。"(shéi pà shéi ya? lái ya! wǒ yào gēn nǐ pīn ge nǐ sǐ wǒ huó / 누가 누굴 겁내?(누가 겁낼 줄 알고?), 덤벼! 너 죽고 나 죽자)

C : "干吗(嘛)那么激动？有话好好儿说, 不要你死我活。"(gàn má nà me jī dòng? yǒu huà hǎo hāor shuō, bú yào nǐ sǐ wǒ huó 왜들 이렇게 흥분을 해? 말로 해, 죽기 살기로 싸우지 말고)

우선 독자들이 가장 궁금해할지도 모르는 '왕빠딴(王八蛋 : wáng bā dàn)'이라는 말부터 보자. 중드에 자주 나오는 욕이다. 결론부터 말하면 ㄱㅅㄲ,

210

씨x기 정도에 해당하는 욕인데, 알아만 두고 쓰는 일은 없기를 바란다.

이 말이 왜 욕이 되었는지에 대해서는 크게 두 가지 해석이 있다. 우선 글자의 표면상 의미를 보면 王八는 자라이고 蛋은 알이니 王八蛋은 자라의 알이라는 말인데, 자라를 성적으로 난잡한 동물(암놈)로 간주하여 그 알, 즉 그 자식이니 근본이 애매한 잡놈이라는, 영어의 SOB에 해당하는 욕이라는 것이 첫 번째 해석이고, 두 번째 해석은 발음의 와전으로 왕빠돤(忘八端 : wàng bā duān)이 왕빠딴(王八蛋 : wáng bā dàn)으로 잘못 전래되었다는 설이다. 忘八端의 八端은 '8가지 도리'라는 의미로, 忘八端은 '인간의 8가지 기본 도리를 잊어버린 놈'이라는 뜻이다. 참고로 팔단(八端)은 孝悌忠信礼义廉耻(xiào tì zhōng xìn lǐ yì lián chǐ /효제충신예의염치), 즉 효도와 동기간의 우애, 충성과 신의, 예와 의기, 청렴과 부끄러움을 아는 것 등등 사람으로서 갖추어야 할 기본 도리들이 총망라된 개념인데, 이것을 망각한 인간이니 나쁜 놈이라는 주장이다. 개인적으로는 첫 번째 해석이 욕으로서의 기본 요건을 훨씬 잘(?) 갖추고 있다고 생각된다. 두 번째 설명은 중화민족의 언어에 저런 음탕한 쌍욕이 있다는 사실을 인정하기 싫은 어느 애국학자가 나름 공을 들여 정립한 가설이 아닐까 싶은데, 욕으로서의 기본이 갖추어져 있지를 않다. 쌍욕이라는 것이 기본적으로 '성(性)'이라는 아주 원초적인 문제에서 출발하기 때문이다.

여기서 재미있는 것 하나는 첫 번째 해석에 따라 중화민족의 대표 욕의 모체가 된 자라의 비운 뒤에는 중국 최고(最古)의 자전인 허신(许慎 : xǔ shèn)이 지은 『설문해자(說文解字 : shuō wén jiě zì)』의 해석이 있다는 사실이다.

王八蛋

　　지금처럼 「동물의 왕국」 같은 프로그램을 통해 동물들의 성생활에 대해 공부할 수 없었던 고대인인 허신이 자라의 성생활까지 알 수는 없었던 모양이다. 『설문해자』에 나오는 자라/거북(龟)의 해석에 따르면 龟는 수놈이 없고 그래서 그의 머리와 머리의 생김새가 같은 수컷 뱀과 교미를 하여 알을 낳는 것으로 설명하고 있다. 이 두 녀석의 머리통이 흔히 남성 생식기에 비유되는 것만으로도 당시 허신의 해석이 이해가 가는 부분이 있다. 문제는 이 해석이 씨가 되어 중국의 민간에서는 자라의 알은 근본 없는 잡종으로 인식되어 버렸다는 것이다.

　　참고로, 일반적으로 王八蛋이 들어간 욕을 하는 경우에는 王八蛋을 단독으로 쓰기도 하지만 거북이라는 단어 乌龟(wū guī)를 앞에 더해서 乌龟王八蛋이라고 말하는 사람도 아주 많다. 이때 乌龟(wū guī)는 자라(王八)와 같은 계열이지만 성적으로 난잡하다는 의미가 아니라 비겁하다는 의미의 욕으로 사용되어 乌龟王八蛋이라고 하면 '비겁한 X새끼' 정도의 욕이 된다. 乌龟가 비겁하다는 의미의 욕이 된 것은 적이 나타나면 머리를 몸통에

집어넣는 거북이의 행위에서 비롯된 것으로, 머리를 움츠린다는 의미의 缩头(suō tóu)를 乌龟 앞에 붙여서 缩头乌龟(suō tóu wū guī)라고 하면 '비겁한 놈'이라는 욕이 된다.

욕에 숨어 있는 성행위에 대한 얘기가 나온 김에 이어서 王八蛋 바로 뒤에 나오는 他妈的(tā mā de)를 보자.

他妈的, '그의 에미(어머니)의'라는 말인데, 무슨 소리인가? '에미'의 뒤에 뭔가가 빠져 있다. 빠진 것이 무엇인지 필자가 굳이 설명하지 않는 이유를 안다면 그 답도 알 것이다. 즉 이 他妈的는 우리말의 니기미(네 에미의)에 해당하는 말이며, 우리말에서도 뒷부분을 굳이 말하지 않듯(말하는 사람도 있지만) 중국어에서도 빠진 부분이 있다. 세월이 지나면서 이게 어디서 유래된 말인지도 모르는 세대들이 늘어나고, 그 바람에 제가 하는 말이 욕인줄도 모르고들 쓰는 이들도 많다. 마치 요즘 우리 어린아이들이 '졸라'를 '아주'와 동등한 평범한 '정도부사'인 줄 알고 태연하게 쓰는 것처럼 말이다. 이 他妈的는 싸울 때뿐만 아니라 짜증이 나거나 과장하고 싶거나 심지어 격하게 감동적일 때 아예 감탄사처럼도 쓰인다. 중드에서 영어 약자로 TMD라고 표기하는 이 他妈的는 『아Q정전(阿Q正传)』의 저자 노신(鲁迅 Lǔ Xùn) 선생이 '국민욕(国骂 : guó mà)'이라는 애칭(?)까지 달아준 욕으로, 중국 사람이면 태어나서 이 말을 안 해 보고 죽을 수는 없는 필수 표현이 되어버렸다. 활용 범위 또한 대단히 넓어서, 우리 욕의 '씨발' '니미' '졸라' 등이 쓰일 수 있는 경우면 다 쓸 수 있다.

오해는 하지 마시기 바란다. 그렇게 국민욕이 될 정도이고 우리의 졸라 수준이니 그냥 편하게 쓰면 된다는 말은 아니다. 어원이 욕이고, 지금도 버젓이(?) 욕으로도 쓰이고 있다. 바로 위에서 예문으로 든 경우는 욕의 본래 의미 그대로 쓰인 경우이다. 몇 가지 각각 다른 사용 예를 보자.

1. 他妈的你有病啊?(tā mā de nǐ yǒu bìng a / 이런 씨발 너 미쳤어?) 확실한 욕

2. 真他妈的漂亮!(zhēn tā mā de piào liàng / 진짜 졸라 예쁘네!) 일종의 감탄 또는 과장

3. 他妈的饿死了!(tā mā de è sǐ le / 니미럴, 배고파 뒤지겠네!) 짜증날 때 하는 말버릇

자, 2와 3의 예문을 보면 알겠지만 중국말에서도 우리말에서도 이 경우엔 누군가 대상을 두고 하는 욕은 아니다. 그렇다고 이런 말을 굳이 할 필요가 있을까? 하고 안 하고는 개인이 판단할 문제이지만 이런 말을 쓰면서 어디 가서 대접받을 생각은 말아야 할 것이다.

이 他妈的를 보면서 중국사람들이 우리보다 영리하다는 생각이 얼핏 들었었다. 마치 하늘에 대고 욕하듯 욕을 간접적으로 들리게 하지 않는가? '너의 어미'라고 하지 않고 누군지 모르는 불특정 3인칭인 '그의 어미'라는 표현을 쓰고 있다는 말인데, 이 말도 나름 연구하는 학자들에 의하면 원전이 있고, 그것에 따르면 시작은 '너의 어미'였단다. 그것까지 여기서 우리가 연구할 필요는 없겠으나, 싸움에서 감정이 격해지면 이 말이 본래의 의도를 그대로 드러내는 정말 쌍소리로 변하면서 숨어 있던 문장 구조들이 드러난다.

앞의 예문에서 B가 했던 말 "王八蛋? 他妈的, 今天你死定了!(개xx라고?

이런 쓰ㅂ, 너 오늘 아주 죽었어)" 이런 경우의 他妈的는 이 말의 본래 의미대로 욕으로 사용된 경우인데, 똑같은 상황에서 똑같은 의미로, 그러나 더 적나라하게 사용되는 표현이 있으니 여기에 글로 옮기기도 민망한 표현이지만 한번 알아보자.

글자와 어순만 소개할 테니 독자들께서 알아서 조합해서 이해하시고, 사용하지는 마시기 바란다.

우선 他妈的가 你妈的로 변한다. 불특정 3인칭이 아닌 '너의 어미', 즉 상대의 엄마를 특정해서 욕하는 것이다. 그리고 그 앞에 요상하게 생긴 한 자가 하나 붙는다. 들어간다는 입(入) 자 아래에 고기, 즉 살이라는 육(肉) 자가 붙는다. 한어병음으로 'cào'라고 쓰고 '차오'라고 읽는데, 4성으로 세게 읽는다. 이 글자의 뜻은 글자의 생긴 모습을 보면 알겠지만, 살 속으로 들어가는 것, 성행위를 말한다. 이제, 만들어진 문장을 소리는 내지 말고 한번 읽어 보기 바란다. 他妈的가 화나면 어떤 모습으로 변하는지 머릿속에 문장이 그려지는가?

똑같은 의미의 또 다른 표현이 있다. 주로 대만에서 쓰는 욕이다. 이번에는 你妈的에서 시작해 보자. 중국어에서 妈의 다른 말로 娘(niáng)이 있다. 你妈的를 你娘的로 바꾸고, 그 앞에 cào보다는 시각적으로 덜 적나라하지만 같은 의미로 쓰이는 干(gàn)을 더한다. 干은 '하다'라는 일반 동사로도 쓰이지만 '성행위를 하다'라는 뜻으로도 쓰인다. 역시 4성으로 강하게 발음한다.

이제 他妈的의 본래 뜻을 명확히 알았으니 재미로라도 쓰는 일은 없어야겠다.

이어서 "你死定了(nǐ sǐ dìng le)"를 보자

죽을 사(死) 자 뒤에 '확정하다'라는 정(定) 자가 왔으니 확실히 죽는다는 말이렷다. 우리말 번역은 괄호 안에 있는 대로 '너 죽었어'이다. '너 오늘 내 손에 죽었어' 이런 느낌인데, 이런 용법이 몇 가지 더 있으니 외워 두면 일상에서도 쓸 일이 있을 것이다.

친구들과 축구경기를 보며 저녁 내기를 했다. A팀이 이긴다에 걸었는데, 웬걸 후반 5분을 남겨 두고 B팀이 연속 두 골을 넣어버렸다. 이때 친구가 하는 말, 我赢定了(wǒ yíng dìng le / 내가 무조건 이겼어). 물론 이 친구가 나를 보며 이렇게 얘기할 수도 있다. 你输定了(nǐ shū dìng le / 너 100% 졌어). 어떤 느낌인지 감이 오시는가? 옆에 있던 친구들이 지네끼리 나를 가리키며 他输定了(tā shū dìng le / 저 친구 확실히 졌네), 이렇게 얘기할 수도 있다. 물론 이긴 쪽을 가리키며 他赢定了(tā yíng dìng le / 저 친구 확실히 이겼네)라고 할 수도 있음은 두말할 나위가 없다.

마지막으로 我要跟你拼个你死我活(wǒ yào gēn nǐ pīn ge nǐ sǐ wǒ huó)라는 말. 저 앞에서 '너 죽고 나 죽자'라고 해석했다. 你死我活의 뜻을 이미 알았으니 대략 그런 말인 줄은 알겠는데, 拼个你死我活에서 拼个(pīn ge)는 무슨 말일까? 일단 더 앞에 나오는 좀 더 간단한 문장 我要跟你拼了를 보자. '我要 + 동사 + 了'는 '나는 ~ 하겠다'이고 跟你는 '너와 함께'이니 我要跟你拼了은 나는 너랑 拼하겠다는 말이다. 그러면 拼은 무슨 말인가? 拼은 물불 안 가리고 뭔가를 집중해서 열심히 하는 것을 말한다. 따라서 我要跟你拼了는 '너랑 끝장을 보겠다'는 뜻, 그래서 번역도 '오늘 아주 끝장을 보자'라고 했다. 자, 그런데 拼뒤에 个你死我活가 왔다. 个는 一个의 줄

216

인 형태로 '한 개'라는 말이니 '한 판' 정도로 해석하자. 이제 전체 문장을 다시 보면 我要跟你拼一个你死我活란 말이 된다. '너랑 물불 안 가리고 한 판의 너 죽고 나 살기를 하겠다'는 말이다. 여기서 一个의 一를 생략하거나 마지막의 了를 생략하는 것들은 말할 때의 자연스러운 어기를 위한 것이므로 이런 표현은 그대로 외우면 된다. 마지막의 了는 넣어도 상관없다.

'주어 + 동사 +定了'의 용법에서 定 앞에 아무 동사나 갖다 넣는다고 다 되는 건 아니니, 너무 자유롭게 아무 단어나 대입해서 활용하지는 말기 바란다.

같은 용법으로 다소 주의를 기울여야 하는 것으로는 吃定了(chī dìng le)가 있다. '반드시 먹는다'는 얘기인데 우리말에서도 '이번 시합은 우리가 반드시 먹는다' 같은 표현이 있듯이 어떤 목표한 바를 달성한다는 의미로 먹는다는 표현을 사용한다. 그런데 이 말이 사람 사이에 사용되면 어느 한쪽, 즉 먹힘을 당하는 쪽이 꼼짝 못 하고 이용당하거나 지배당한다는 느낌이 든다. 남녀 관계에서도 많이 쓰는데, 친한 여자들끼리의 대화 중 한 친구가 다른 친구에게 你男朋友被你吃定了(nǐ nán péng you bèi nǐ chī dìng le)라고 했다면 '네 남자친구는 너 한테 꽉 잡혔구나'라는 말이 된다. 그러나 이 吃定了는 조심해서 사용해야 하는 것이, 만일 본인이 다른 이성을 가리키거나 지칭하면서 我吃定他(她)了(wǒ chī dìng tā(tā) le)라고 얘기한다면 '나, 그 남자(여자) 꼭 먹을 거야'가 되어 굳이 설명을 하지 않아도 함부로 입에 올려서는 안 될 말임을 알 수 있다.

여기까지 꼼꼼히 읽은 학습자라면 질문이 하나 생길 법하다. '왜 예로 든 동사들이 모두 한 글자짜리들뿐인가?' 그렇다 '동사 + 定了'의 구문에서 동사는 항상 한 글자짜리 동사만이 온다. 예를 들어 늘 내게 잘해 주던 친구가 어려움에 처했을 때, 저 친구의 어려움은 내가 '반드시 돕는다'는 말을 하고 싶다면 '돕다'라는 동사는 두 글자로 帮助라고 할 수도 있고, 한 글자로 帮이라고 할 수도 있지만 '내가 반드시 돕겠다'는 의미로 '동사 + 定了'의 구문을 쓰고 싶으면, 帮助定了라고 해서는 안 되고 帮定了라고 해야 한다. 주어를 더하면 我帮定了가 된다.

八端과 八德의 차이

八端 : 孝悌忠信礼义廉耻(효 제 충 신 예 의 염 치)

八德 : 忠孝仁爱信义和平 (충 효 인 애 신 의 화 평)

시대적으로 먼저 나타난 八端의 개념이 가정의 기본인 부모에 대한 효도(孝)와 형제 간의 우애(悌)를 제일 앞에 놓고 강조한 반면 국가의 개념이 상대적으로 강해진 후대에 정립된 八德은 충(忠)이 가장 앞에 온 忠孝仁爱信义和平(충효 인애신의화평)을 '8가지 덕'으로 삼고 있다. 八德의 개념이 정립되기 시작한 시 점을 송대 이후로 보는 이들도 있으나, 근대에 들어 중국의 국부 손문 선생이 열강의 소용돌이 속에서 국가의 개념이 강화된 이 八德을 제창하며 八德이 중 화민족의 확고한 가치관으로 자리매김 했다고 보는 견해들이 있다.

실제 중국에서도 손문을 국부로 인정하고 남경에 국부 손문 선생의 묘가 웅장 한 규모로 자리하고 있기는 하지만 모택동의 위상에 눌려 국부의 삼민주의 사 상이나 팔덕에 대한 교육이나 홍보가 전무하거나 미미하다. 반면에 대만의 타 이베이시에는 삼민주의를 기리기 위해 三民路, 民权路, 民族路, 民生路 등이 있는 이외에도 八德을 숭상하는 의미의 八德路, 忠孝路, 仁爱路, 信义路, 和 平路 등이 있다.

제 4 장

이럴 땐
이렇게

때와 장소에 맞게 말하기

"이 부장 선생은 나랑 한잔해야디"
중국어의 호칭

"이 부장 선생은 나랑 한잔해야디!"

필자의 다른 책 『이상훈의 중국 수다』를 읽은 분들은 금방 어디서 본 대사인지 기억이 날 것이다. 20여 년 전 김정일이 중국을 방문한 이후 평양에도 이동전화를 보급하겠다는 야심 찬 목표를 갖고 LG, 삼성 등 우리 기업들과의 접촉을 시도하던 시절, 당시 우리 그룹의 중국사업 현황을 참관하러 북경에 왔던 북한 정보산업기술대표단의 최 단장이 저녁 식사 자리에서 나를 부르며 한 말이다. 여기서 '이 부장 선생'이라는 호칭을 주의해 보자. 우리나라에서라면 구한말에 태어난 분이 아닌 이상 이렇게 부를 일은 아마 없을 것이다. 이 부장이면 이 부장, 이 선생이면 이 선생, 이게 우리식 호칭이다. '이 부장 선생'은 이북식 호칭법이다. 그런데 이북식 호칭법이라는 필자의 이 말은 과연 정확한 말일까?

　사실 이 호칭의 기원은 중국이다. 중국 얘기를 하기 전에, 얘기의 무대를 잠깐 태평양 건너 미국으로 옮겨 보자. '미스터 프레지던트(Mr. President)'라는 말, 대통령이 등장하는 미국식 첩보영화에서 많이도 들었던 표현이다. 우리나라에서는 '미스터'라는 호칭이 많이 평가절하되는 바람에 손아래 남성의 성씨 앞에 붙여 '미스터 리' '미스터 김'처럼 편하게 부르는 호칭이 되어 버렸지만, 영어에서는 이 미스터(Mr.)가 존칭임을 중학생이면 다 안다. 그래서 '미스터 프레지던트'라고 하면 우리말로는 '대통령 각하'나 '대통령님'쯤 될 것이다. 중국어로는 무엇이라고 할까? 영어의 미스터(Mr.)에 해당하는 중국어는 선생(先生：xiān sheng), 중국어 발음으로는 '씨앤성'이다. 따라서 '미스터 프레지던트'의 중국식 표현은 '총통 선생(总统先生：zǒng tǒng xiān sheng)', 중국어 발음으로는 '쫑통 씨앤성'이다. 헐리우드 첩보영화를 중국어 더빙 버전으로 본 분들은 이 명칭 역시 귀에 익을 것이다. 이 글에서는 중국어의 씨엔성(先生：xiān sheng)을 비롯한 호칭법에 대해 알아보자.

　중국사람과 얘기를 나누어 본 사람이라면 찐 씨앤성(金先生)이니 짱궈룽 씨앤성(张国荣先生)이니 하는 호칭을 많이 들어보았을 것이다. 따라서 선생(先生)이 남성의 성씨나 이름 석 자 뒤에 붙어서 존칭의 의미로 사용되는 말로 영어의 Mr.에 해당하는 용법임을 모를 리는 없겠지만, 직함의 뒤에 선생을 붙여 쓰는 경우를 많이 보지는 못했을 것이다. 당연히 우리말에서 이런 표현, 즉 '대통령 선생'이나 '사장 선생' '부장 선생' 같은 표현을 접할 기회는 아마도 더더욱 없었을 것이다. 사장이면 사장이고 선생이면 선생이지

'사장 선생'이라니……. 이 경우의 사장은 단순한 직책명이고 뒤에 따라오는 선생은 존칭이다. 우리식으로 해석하면 '대통령 선생'은 대통령님, '사장 선생'은 사장님, '부장 선생'은 부장님이라는 말이다. 그러면 뒤에 '선생(先生)'을 붙이지 않으면 반말투란 말인가? 실제로 중국사람들은 사람을 부를 때 리 써짱(李社长 : lǐ shè zhǎng), 찐 종징리(金总经理 : jīn zǒng jīng lǐ), 왕 뿌장(王部长 : wáng bù zhǎng), 짱 보쓰(张博士 : zhāng bó shì)라고 부른다. 직함 뒤에 우리의 '님'에 해당하는 그 어떤 글자도 붙이지 않는다. 중국사람들이 예의가 없어서 '님' 자를 빼고 이 사장(李社长), 김 총경리(金总经理), 장 박사(张博士)라고 부르는 것일까? 성이나 이름 석 자가 없이 직함만 부를 때도 있다. '사장(社长)', '부장(部长)', 이렇게 말이다. 중국어에 존댓말이 없다고 생각하는 분들은 '호칭도 참 버릇이 없구나'라고 생각할지도 모른다. 그러나 중국어에서는 성이나 이름 석 자 뒤에 사장이나 부장 등 직함만 써도 직함 그 자체가 존칭이 되고, 성이나 이름 없이 직함만 불러도 마찬가지이다.

흔한 경우는 아니지만 성이나 이름 없이 부를 때는 직함 뒤에 선생을 붙여서 부르기도 한다. 앞에서 얘기한 '사장 선생'이나 '부장 선생'처럼 말이다. 그리고 앞에서도 얘기했지만 이때의 직함은 단순히 직함의 역할만 하고 뒤에 붙이는 선생이 존칭 역할을 한다.

주의해야 할 호칭들

이렇게 직함과 선생을 같이 연이어 부르는 '사장 선생' 같은 호칭은 다분히 공식적인 경우에서만 사용하므로 일상에서 사용할 일이 많지는 않지만, 주의할 것이 하나 있다. 이때에는 앞에 성이나 이름 석 자를 붙이지 않는다. 홍길동이라는 사장님이 있다고 가정하자. 중국식 호칭법으로 이 사람을 어떻게 부르는지 편의상 한국어 발음으로 정리를 해 보면 '홍길동 선생', '홍 선생', '홍길동 사장', '홍 사장', '사장 선생'은 가능하지만, '홍길동 사장 선생'이나 '홍 사장 선생'이라고 부르지는 않는다는 말이다. 제일 앞에서 최 단장이 나를 부른 '이 부장 선생'은 중국에서는 쓰지 않는다는 얘기이다. 이 부분은 뒤에 가서 좀 더 살펴보자.

한 가지 또 주의할 것은 여성의 호칭이다. 先生에 대응되는 여성 호칭은 소저(小姐 : xiǎo jiě)나 여사(女士 : nǚ shì)인데, 남성의 경우 社長先生, 部長先生처럼 직함 뒤에 先生이 올 수 있는 것과는 달리, 小姐나 女士의 경우에는 社長女士, 部長小姐라고 쓰지 않는다.

실제로 남성의 경우에도 社長先生이나 部長先生 같은 호칭은 행사나 공식 면담 혹은 인터뷰 같은 상황에서 사용될 뿐, 일상생활 즉 직장 내에서나 자주 보는 사람 사이에서는 쓸 일이 없는 호칭이다. 일상생활에서는 남성이건 여성이건 성씨 뒤에 직함이나 先生, 女士, 小姐 등을 넣어서 李部長, 金先生, 王女士, 林小姐 등으로 부르면 충분히 예의 바른 표현이 된다. 이름 석 자가 없이 직함만 부르는 社長(사장님), 部長(부장님) 혹은 老师(선생님) 같은 호칭은 우리 회사 사장님이나 우리 부서의 부장님, 나의 선생님을 부를 때에는 가능하지만, 다른 회사의 사장님이나 부장님 혹은 남의 선생님을 이렇게 부르지는 않으니 이 부분은 주의할 필요가 있다. 사실 우리말도 비슷하다. 이렇게 불렀다고 누가 시비를 걸 리는 없지만, 고객사 부장님을 찾아가서 부탁을 하다가 급한 마음에 "부장님!"이라고 손목이라도 잡고 상대를 부르면 "내가 왜 그쪽 부장이예요? 별 실없는 사람 다 보겠네!" 같은 핀잔을 들을 수도 있다는 얘기이고, 중국어에서도 이런 뉘앙스는 비슷하다는 말이다. 내 부서의 부장님, 나의 선생님을 부를 때는 성을 빼고 직함만 부르는 것이 더 친근하고 자연스럽다는 말이다.

호칭 이야기를 하면서 시종일관 '이름' 대신 '이름 석 자'라는 표현을 썼다. 그 이유는 이름 두 자 뒤에 직책이나 先生, 女士, 小姐 등을 붙여서 '철수 부장', '영수 선생', '영희 소저', '숙희 여사' 등으로 부르는 경우는 없기 때문이다. 사족 같은 이 이야기를 하는 이유는 중국어의 ○○○ 先生이나 ○○○小姐가 한국어의 ○○○ 씨와 같은 느낌으로 사용되고 해석되는 경우가 있기 때문에, 한국어에서는 '씨' 앞에 '철수 씨', '영희 씨'처럼 '이름 두 자'만 오는 경우도 있으므로 중국어도 그런 줄 알고 '철수 씨', '영희 씨' 하는 느낌으로 '철수 先生'이나 '영희 小姐'라고 하는 분들이 있을까 하는 노파심 때문이다. 심지어 한국 학생들은 친한 선생님을 '철수 쌤' '영희 쌤'이라고도 부르지 않는가? 중국어에서는 일반적으로 있을 수 없는 호칭법이다.

周润发先生 ○   润发先生 ✕

226

일반적으로 있을 수 없다니? 예외적으로는 있을 수 있다는 말인가?

중국어 어법의 원칙은 그렇지만, 늘 하는 얘기처럼 언어란 시대와 상황에 따라 변하는 것이다 보니 실제로 드라마나 실생활에 예외적으로 사용되는 경우가 있다.

섬세한 사람이 아니면 중국사람이라 해도 눈치를 채지 못하고 넘길 일이지만, 드라마 같은 데서, 특히 외국 드라마 대사를 중국어 자막으로 적은 경우 여성에 대해 이름이나 애칭 두 자 뒤에 小姐를 붙여 부르는 경우를 심심찮게(?) 볼 수 있다. 琪美小姐, 秀敏小姐, 櫻子小姐처럼 말이다. 이름 두 자만 부르는 것보다는 좀 더 격식을 갖춘 표현이고, 성 뒤에 小姐를 붙이는 것에 비해서는 친근한 표현인데, 정통 어법에도 어긋나고 흔한 호칭법도 아니지만 말이란 변하는 것이므로 앞으로는 이런 호칭이 보다 더 보편적으로 사용될지도 모른다.

주의할 것은, 이 어감에 대한 확실한 느낌을 알지 못하거나 상대와의 관계설정이 확실하지 않은 한 일반적이고 공식적인 상황에서 여성에 대한 호칭은 여전히 王琪美小姐 혹은 王小姐이어야 한다는 사실이다. 琪美小姐는 그런 표현도 있다는 정도만 알아두면 되겠다.

윤발이 형님의 그림으로 예를 들었지만 남성의 이름 두 자 뒤에 先生을 붙이는 것은 적어도 필자는 아직 들어보지 못했다. 이론적으로는 이 또한 가능할 수 있다고 보는데, 周先生보다는 친근하고 潤發라고 부르는 것보다는 예를 갖춘 호칭이라는 얘기이다. 중국인이 사는 세계 어딘가에서는 혹은 어느 드라마의 자막에서는 이미 사용되고 있을지도 모르는 일이다.

영어에도 이런 경우들은 있다. 예를 들어 이름이 John이고 성이 Lee인

소아과 의사 선생님이 어린이 환자에게 자신을 소개할 때 자신을 Dr. Lee 라고 소개하는 대신, "난 Dr. John이라고 해"라는 식으로 소개하고 어린이 는 그를 Dr. John이라고 부르는 경우들이 있다. 역시 John에 비해서는 예의를 갖춘 표현이고 Dr. Lee에 비해서는 친근한 호칭이다. 그뿐인가? 요즘은 K 드라마의 유행 탓인지 넷플릭스 같은 데서 번역한 자막을 보면 '숙희씨'같은 호칭을 Ms. Sookhee로 번역한 것들이 많이 띄고, 이걸 보는 미국 친구들도 거부감 없이 잘들 받아들인다. 문법은 문서로 증거가 남는 것이라 쉽게 변형을 시키지 못하지만, 어법은 그렇지 않다. 많은 사람들이 쓰는 것이 쉽게 옳은 어법의 자리를 꿰차는 것이 자연스러운 현상이다.

사장 선생, 회장 선생, 김구 선생

자, 이제 최 단장이 나를 가리켜 '이 부장 선생'이라 부른 호칭의 기원이 중국이라고 한 이유를 보자. 앞에서 '구한말에 태어난 분이 아닌 이상 이렇게 부를 일은 아마 없을 것이다'라고 말했지만, 최 단장 같은 이북 사람을 제외하고도 요즘도 이렇게 말하는 사람들이 있다. 누구일까? 바로 조선족 통역사들이다. 중한 통역의 경험이 많지 않은 통역 업무 초기에 중국 측 대표가 한국 측 대표를 会长先生(huì zhǎng xiān sheng : 회장님)이나 社长先生(shè zhǎng xiān sheng : 사장님) 등으로 부르면 조선족 통역사들은 그 말을 회장님, 사장님이 아니라 회장 선생, 사장 선생으로 통역한다. 중국 사회에서 살면서 중국식 언어 습관의 영향을 받았다는 말이다. 북한 말 역시

228

중국과 국경을 맞대고 있는 상황이니 같은 영향을 받았을 것이다. 그러면 정말 조선족이나 북한 사람들만 그럴까?

이번엔 시대를 한참 거슬러 올라가서 일제 핍박하의 많은 애국지사들을 떠올려 보자. 김구 선생, 안중근 선생, 안창호 선생 등등 너무도 귀에 익은 이름들. 어린 시절엔 이분들이 선생으로 불리는 이유를 야학에서 아이들이라도 가르쳐서 그러나 보다 했었다. 나이가 들어서도 중국어를 배우기 전까지는 이분들이 민족의 사표가 될 만한 분들이라 스승이란 뜻에서 선생이라 부르는 줄 알았다.

국립국어원의 우리말샘에서 '선생'을 찾으면 다음과 같은 설명들이 나온다.

선생 「001」 「명사」 학생을 가르치는 사람.

선생 「002」 「명사」 학예가 뛰어난 사람을 높여 이르는 말.

선생 「003」 「명사」 성(姓)이나 직함 따위에 붙여 남을 높여 이르는 말.

선생 「004」 「명사」 어떤 일에 경험이 많거나 잘 아는 사람을 비유적으로 이르는 말.

선생 「005」 「명사」 자기보다 나이가 적은 남자 어른을 높여 이르는 말.

선생 「006」 「명사」 조선 시대에, 성균관에 둔 교무 직원.

선생 「007」 「명사」 각 관아의 전임 관원을 이르던 말.

이 가운데 이 어른들의 경우와 공통적으로 맞아 떨어지는 설명은 3번 '성(姓)이나 직함 따위에 붙여 남을 높여 이르는 말'이다. 그런데 여기에 이상한 점이 하나 보인다. '성이나 이름 석 자 뒤에 붙여'가 아니라 '성이나 직함 따위에 붙여'라고 되어 있다. '이름 석 자'를 빠뜨린 건 국립국어원의 실수로 보이지만. '직함 따위에 붙여'라는 말을 보면 선생이란 말이 사장이나 부장 같은 직함 뒤에 '사장 선생', '부장 선생'과 같은 형태로 올 수 있다는 말이다. 즉 조선족 통역사들이 틀린 것이 아니라 우리가 오히려 한자어인 선생의 제 뜻을 잘 보전하지 않고 변형시켜 사용하고 있다는 말이 된다.

이제 국립국어원의 3번 말풀이와 필자가 앞에서 얘기한 영어 Mr. 및 중국어 씨앤성(先生)의 쓰임새를 비교해 보자. 의미와 용도가 똑같음을 알 수 있다. 바꾸어 말하면 내가 '민족의 스승' 정도의 느낌을 갖고 불러왔던 '선생'이라는 호칭이, 알고 보니 중국식 씨앤성(先生), 즉 영어의 Mr.였더라는 것이다. 나쁘다는 얘기는 아니지만, 나 혼자 잘못 알고 있던 '민족의 스승' 정도의 호칭은 아니더란 말이다. 독자 여러분들은 어린 시절 국사 시간에 저분들의 이름을 외우면서 어떤 느낌으로 외웠었는가? 혹시 이제라도 저분들을 '선생' 대신 한 차원 더 높은 호칭으로 불러드려야 하는 건 아닐까? 혹은 Mr.와 선생에 대해 필자가 갖고 있는 평가절하된 느낌을 바로잡는 것이 더 시급한 일일까?

언제 봤다고 내 이름을 막 부르지?

'선생'에 대한 얘기는 뒷부분에 가서 마저 하기로 하고, 중국에 처음 가면 '사장 선생' 같은 '북한식(?) 호칭'이나 호칭의 통역 문제 때문이 아니라 나를 부르는 중국 친구들의 호칭 때문에 자칫 오해를 하게 되는 경우가 있다. 필자의 경우가 그랬다. 이게 무슨 말이냐 하면 별로 친하지도 않은, 이제 갓 알게 된 대학원 동급생들이 날 언제 봤다고 '리샹쒼(李相勳 : 필자 이름 석 자를 중국 발음으로 읽으면 대략 이런 소리가 난다)' 하고 내 이름 석 자를 불러 대더라는 말이다. 우리는 학교에서 선생님이 출석을 부르는 경우를 제외하고 아주 친한 사람이 아니면 이름 석 자를 면전에서 부르지는 않는데 말이다. 주재원으로 파견을 나가거나 사업을 위해 중국에 가는 분들은 만나는 중국인이 사업상의 파트너이거나 부하 직원일 가능성이 많으므로 진 씨앤성(金先生)이나 리 써짱(李社長) 같은 호칭으로 불릴 가능성이 크지만, 유학생 신분으로 중국 땅을 밟는, 게다가 아직 중국어가 유창하지 않은 청년들의 입장에서는 자칫 '어? 이놈 봐라! 지금 내가 외국에서 왔다고 기선을 제압하자는 거야, 뭐야?'라고 오해할 수도 있다. 이런 불필요한 오해로 첫 만남을 망치지 않으려면 지금부터 하는 얘기를 먼저 이해하고 중국 친구들과의 첫 만남을 시작하자.

중국에서 이름을 부르는 상황은 간단한 원칙만 알면 그리 어려울 것이 없다. 청소년 시기에 있는 젊은이들끼리 서로 Mr.나 Miss에 해당하는 先生, 小姐 등의 호칭을 주고받을 일은 없으니, 우리 같으면 '철수 씨', '영희씨'처럼 이름 뒤에 '씨'를 붙이는 사이의 호칭이나, 친해진 후에 '철수야', '영희야'처럼 이름 두 자만 부르는 경우의 호칭 차이를 알아 두면 되겠다.

바로 앞에서 이름 석 자를 불러대서 놀랐다고 했는데, 이게 바로 '김철수 씨', '이영희 씨'에 해당하는 호칭법이다. 즉 중국 친구나 선생님이 '김철수' 하고 성까지 붙여서 이름 석 자를 모두 부르면(두 자나 넉 자인 사람도 있지만), 저 사람이 나를 '김철수 씨'라고 부르는구나, 라고 이해하면 되고, '철수'라고 이름만 부르면 '철수 씨' 혹은 '철수야'의 느낌으로 이해하면 된다.

'철수 씨'와 '철수야' 둘 중 어느 쪽인지에 대한 판단은 본인 스스로 상대방과의 관계 그리고 이어지는 상대의 어휘를 보고 판단할 수 있다. 내게 하는 말에 请你~(qǐng nǐ : 청컨대), 麻烦你~(má fan nǐ : 수고스럽지만), ~ 好吗? (hǎo ma : ~하는 게 어때요) 등이 자주 등장한다면 '철수 씨'에 가까운 것이고, 공손한 어법을 위한 이런 어휘적 장치들 없이 来吧(lái ba : 이리 와), 给我(gěi wǒ : 나한테 줘), 走吧(zǒu ba : 가자) 등과 같이 짧은 말들이 계속된다면 '철수야'의 느낌으로 이해하면 크게 틀림이 없다. 상대의 이름을 부르고 대화를 이어갈 때에도 마찬가지이다. 많이 가까워지고 친해졌지만 '영희야'라고 부를 정도는 아니라면 이름 두 자를 부르더라도 그 후에 이어지는 말에서 너무 편한 말투는 자제하고 가능한 한 공손체를 많이 사용해야 상대의 불필요한 오해를 막을 수 있다. 물론, 상대는 나를 이미 '야자' 할 정도로 가깝게 생각하는데 내가 너무 공손체 일변도로 얘기를 해도 상대가 서운해할 수는 있으니, 이런 부분은 상대의 반응을 보아가며 차근차근 그 느낌을 익혀가면 된다.

다시 '이 부장 선생', '미스터 프레지던트', '총통 선생'으로 돌아와서, 앞에서 '이 부장 선생' 같은 '성 + 직함 + 선생'의 호칭법은 북한어에서는 되지만 중국어에서는 안 된다고 했다. 영어도 마찬가지이다. 그러면 영어나 중국어에서는 '미스터 프레지던트 바이든(Mr. President Biden)'이나 '시 총통 선생(习总统先生)'처럼 부를 수 없다는 말인가? 그렇다. 그렇게 부를 수 없다. 실제 사례로 복습을 하기 전에 우선 중국에서는 최고지도자를 총통이라고 부르지 않는다는 점을 짚고 넘어 가자. 한때, 그러니까 청나라 말기에 총통이란 직책이 생길 뻔한 적도 있었고, 대만에서는 지금도 최고지도자를 총통이라고 부르지만, 중국에서는 총통이라는 명칭을 쓰지 않는다. 대신 이젠 우리에게도 익숙한 '국가주석', 줄여서 '주석(主席: zhǔ xí)'이라는 명칭을 쓴다. 총통이라는 명칭은 타국의, 그러니까 우리나라나 미국 같은 대통령제 국가의 대통령을 부를 때 대통령이라는 명칭 대신 쓴다.

이제 방금의 질문에 대한 답을 중국 상황에 맞게 바꾸어서 해 보자. 앞에서 공부한 대로 중국어에서는 성 뒤에 직함과 선생을 다 붙여서 '시 주석 선생(习主席先生)'이라고 부를 수 없다. '시 주석(习主席 : xí zhǔ xí)'이나 '주석 선생(主席先生 : zhǔ xí xiān sheng)'이라고는 할 수 있어도 '시 주석 선생(习主席先生 : xí zhǔ xí xiān sheng)'이라고는 하지 않는다. 영어도 마찬가지이다. 미국의 바이든 대통령을 미국 언론이 부를 때 '미스터 프레지던트' 혹은 '프레지던트 바이든'이라고는 부르지만, '미스터 프레지던트 바이든'이라고 하진 않는다는 것이다.

여기서 한 가지 필자도 궁금한 것은 중국에서 시진핑 주석을 부를 때 '주석 선생(主席先生 : zhǔ xí xiān sheng)'이라고 부르는 경우가 있느냐는 것이다. 현실 세계에서 확실하게 있을 수 있는 경우는 대략 두 가지 경우이다. 첫째는, 미중 간의 정상회담장에서 바이든 대통령이 시 주석을 'Mr. President'라고 불렀다면 통역은 그 말을 주석 선생(主席先生 : zhǔ xí xiān sheng)이라고 옮길 것이다. 두 번째 경우는, 중국 초등학생들이 신년 인사나 소원을 적은 편지를 시 주석에게 보내는 행사를 한다고 가정했을 때, 아이들이 편지 첫 문구에 亲爱的主席先生(친애하는 주석님/Dear Mr. Presdent)이라고 쓰는 경우이다. 이 가능성은 꽤 높아 보이지만, 아무튼 이 두 경우를 제외하고 실제 각료들이 시 주석을 부를 때 어떻게 부르는지 궁금하기는 하다. 참고로 미국에서는 뉴스에서 대통령을 Mr. President라고 지칭하는 경우가 많지만, 중국의 뉴스에서 시 주석을 主席先生이라고 칭하는 경우는 없다. 바로 앞에서 다른 나라의 대통령은 총통이라고 부른다고 했는데, 미국 언론이 바이든 대통령을 미스터 프레지던트 혹은 프레지던트 바이든이라고 부를 때 중국 언론은 어떻게 번역하여 보도할까? 바로 总统先生(zǒng tǒng xiān sheng)과 拜登总统(bài dēng zǒng tǒng)이다. (拜登은 바이든의 중국어 음역)

번역의 얘기가 나왔으니 몇 가지만 더 얘기하자.

중국 파트너와 회의를 하는 자리에서 중국 측 대표가 우리 고객사 사장님의 호칭을 '찐 씨앤성(金先生 : jīn xiān sheng)'이라고 한다. 어떻게 통역할 것인가? 영어의 Mr. 와 똑같은 용법이라 했으니 '미스터 김'이라고 통역할 것인가?

물론 이 상황에서 아무도 찐 씨앤성(金先生)을 '미스터 김'이라고 번역하지는 않을 것이다. 우리나라에서 '미스터 김'이나 '미스터 박'이라고 부르면 어떤 경우에 어떤 관계의 사람에게 하는 말인지를 다들 알기 때문이다. 그렇다고 김 선생님이라고 번역하기도 애매하다. 이런 경우에는 현장에서 기지를 발휘해 해당 인사의 직위에 맞게 '김 사장님'이나 '김 회장님' 등으로 알아서 통역해야 한다. 우리나라 사람만큼 직함에 목숨 거는 사람들도 없기 때문이기도 하지만, 선생이란 호칭이 뒤에 '님' 자를 붙인다 해도 현대 우리말에서는 존칭으로서의 한계가 있기 때문이다(김구 선생이나 안창호 선생의 경우는 좀 다르지만). 사장이나 박사나 교수쯤 되는 인사들을 김 선생님이나 최 선생님이라고 부르면 좋아하겠는가?

남성은 그래도 좀 나은 편이다. 여성의 경우에는 더 복잡하다. 남성 호칭인 先生에 대응되는 여성 호칭은 小姐(xiǎo jiě) 혹은 女士(nǚ shì)인데, 女士는 여사로 통역하면 되지만 小姐에 해당하는 적당한 우리말을 찾기는 쉽지 않다. 중국어에서는 성이나 이름 석 자 뒤에 小姐를 붙이면 영어에서 Ms.나 Miss 뒤에 성이나 이름 석 자를 붙여 부르는 것과 똑같은 효과가 있지만, 우리 말에는 Ms.나 Miss를 옮길 마땅한 어휘도 없다. '미스 김', '미스 정' 혹은 '김 양', '정 양'이라고 부르면 어떤 느낌인지 역시 다들 잘 아는 마당에 그렇게 부를 수도 없고, 차라리 연령이 小姐라고 부르기엔 다소 많은, 중년을 넘어선 나이라면 '여사(女士)'라는 호칭을 쓰면 되지만, 직장생활을 하지 않는 젊은 여성이라면 얘기는 어려워진다. 우리가 좋아하는 명함에 있는 직함을 갖다 붙일 수도 없으니 말이다. 그럴 땐 통역하는 사람 본인이 해당 여성을 부르는 호칭을 적절히 가져다 쓰면 된다. 그게 '미스 김'이든, '김 집사님'이든, '김 선생님'이든. 그러나 통역할 일이 없는 사람들은 이런 걱정을 할 필요는 없다. 이것만 기억하자. 先生은 영어의 Mr.와 같은 뜻, 같은 느낌이다. 그리고 小姐나 女士는 영어의 Miss나 Ms.와 꼭 같은 느낌이다. 그렇지만 先生은 우리말의 '이 선생님'이나 '미스터 김'과는 다르고 小姐 역시 '미스 최', '박 양' 등과는 차이가 있다. 상대를 부를 때는 상대의 성 혹은 이름 석 자 뒤에 남성이면 先生, 여성이면 연령에 따라 小姐 혹은 女士를 붙여 주면 된다.

　마지막으로 팁을 드린다면 중국도 이런 면에서는 미국보다 우리와 훨씬 닮아 있으므로 그럴듯한 직함이 있는 상대에게는 先生이나 小姐, 女士 대신 직함을 붙여 불러 주는 것이 더 좋다.

중국어 호칭 사용법

구분	성	이름	직함	先生 女士/ 小姐	한국어 번역	비고
남성	王	甲甲	主席		왕쟈쟈 주석님	직함(主席, 总经理, 部长 등)과 先生은 붙여서 사용 가능. 이때 先生은 우리말의 '님'과 같은 존칭의 의미임. 主席先生(주석님), 总经理先生(총경리님), 部长先生(부장님) 등. 이렇게 主席先生 이나 部长先生처럼 성이나 이름 없이 직함 뒤에 先生을 붙이는 호칭은 공식적인 경우에 사용 가능하지만 사용빈도가 높지는 않음.(취재기자나 행사의 사회자, 공식 회담시 상대 대표 등이 해당 인사를 부를 때 사용) 일상생활에서 쓸 일은 거의 없으며, 특히 여성의 경우 직함과 女士 혹은 小姐를 같이 쓰지는 않음. 직함 앞에 성을 붙이지 않는 경우는 두 사람의 관계가 조직 내 상하관계인 경우임. 즉 성이나 이름 없이
	王		主席		왕 주석님	
			主席	先生	주석님(**1)	
			主席		주석님(**2)	
	王	甲甲		先生	왕쟈쟈 선생(님)	
	王			先生	왕 선생(님)	
	王	甲甲			왕쟈쟈씨	
		甲甲			쟈쟈씨, 쟈쟈야	

236

구분	성	이름	직함	先生 女士/ 小姐	한국어 번역	비고
여성	李	乙乙	主席		리이이 주석님	主席라고 부르는 사람은 主席의 부하임. 학교 선생님인 경우 李老师는 동료 교사나 학부모 혹은 타학교 학생 등이 리 선생님을 부르는 호칭이지만 老师는 리 선생님의 제자들이 리 선생님을 부르는 호칭임. 혼동을 피하려면 항상 성을 붙여서 부르면 됨
	李		主席		리 주석님	
			主席		주석님(**2)	
	李	乙乙		女士/ 小姐	리이이 여사님	小姐는 상황에 맞게 번역(리 선생님, 미스 리, 리 집사님 등) 내가 부르는 경우에는 중년을 기준으로 小姐와 女士를 나누면 되지만 경계는 모호함(상대가 선호하는 호칭으로 부르면 됨)
	李			女士/ 小姐	리 여사님	
	李	乙乙			리이이씨	
		乙乙			이이씨, 이이야	'씨'와 '야'의 차이는 대화 내용으로 구분

돈 많이 버세요
축원의 글귀들

40년도 더 지난 일이지만, 필자의 대학 시절 여의도 홍우빌딩 1층에는 공자의 70 몇 대 손인가 되는 화교 할아버지가 하던 중국집이 있었다. (지금도 있다.) 당시 입구 계산대 쪽에는 세로로 큼직하게 开市大吉(kāi shì dà jí)라고 쓴 족자가 있었는데, 이 족자 덕에 동기 녀석과 나는 당시만 해도 우리나라엔 정식 수입도 되지 않던 박카스 병만 한 이과두주를 공짜로 얻어 마셨었다. 당시만 해도 읽을 줄만 알았지 뜻도 모르던 족자 속의 开市大吉 넉 자를 나름 정확한 성조로 읽으며 숙덕대던 두 젊은 녀석이 주인 할아버지 눈에는 귀엽게 보였던 모양이었다.

짐작하셨겠지만 중국어에서 开市大吉는 우리로 따지면 '축 신장개업'에 해당하는 말이다. 开业大吉(kāi yè dà jí)라고도 쓰는데, 그렇게만 써 있었어

238

도 금방 알았을 걸, 입학한 지 일 년도 안 된 초급 중국어 학도들이 알기에는 开市大吉는 나름 어려운 중국어였다. 开始(kāi shǐ)와 开市(kāi shì)가 성조만 다르고 발음은 꼭 같은 글자들이므로 당시만 해도 开市가 무슨 말인지 알 길이 없던 우리 둘은 '혹시 이럴 땐 '시작한다'는 开始를 开市라고도 쓰는가?'라

며 둘이서 말도 안 되는 추측을 했던 기억이 아직도 생생하다.

중국어에서 市는 상점이건 식당이건 영업활동이 이루어지는 장소를 두루 일컫는 말이다. 따라서 开市는 상점 등이 영업을 개시하는 것을 말하고, 뒤의 大吉(dà jí)가 만사대길(萬事大吉)이라고 할 때 쓰는 바로 그 大吉이니 '새로 시작하는 사업, 크게 길하시라', 요즘 말로 '대박이 나시라'는 말이었다. 开市大吉, 开业大吉 외에 开张大吉(kāi zhāng dà jí)라고 해도 똑같은 말이다.

학창 시절 처음 마주한 중국식 족자의 문구를 예로 들었지만, 이 외에도 중국사람들은 행운과 복을 기원하는 이런 류의 문구를 족자의 형태나 대련의 형태로 벽이나 문에 걸거나 붙이기도 하고 문설주의 양편에 붙이기도 하는데, 우리의 경우 비슷한 예로는 家和萬事成(가화만사성)이나 立春大吉(입춘대길), 笑門萬福来(소문만복래) 같은 문구들이 있다. 차이라면 우리는 이제는 이런 것들이 많은 경우 유명 시구나 명언 혹은 성경 구절들에 그 자리를 내 주고 있는 데 비해 중국에서는 아직도 가정집이나 업소를 가릴

것 없이 이런 글귀들을 다양한 모습으로 만날 수 있다는 것이다.

가장 흔히 볼 수 있는 것들로는

吉祥如意(jí xiáng rú yì)

金玉满堂(jīn yù mǎn táng)

财源广进(cái yuán guǎng jìn)

招财进宝(zhāo cái jìn bǎo)

年年有余(nián nián yǒu yú)

生意兴隆(shēng yì xīng lóng)

国泰民安(guó tài mín ān)

一帆风顺(yì fān fēng shùn)

같은 것들이 있는데, 吉祥如意, 国泰民安, 一帆风顺 같은 것을 빼고는
대개가 경제적 풍요를 기원하는 것들이다.

이런 글귀들 중에는 그 유래가 중국인 것들이 많은데, 개중에는 해석을
원전과는 다르게, 적어도 현대의 중국사람들이 해석하고 활용하는 의미와
는 다르게 한 것들이 있어 주의를 요한다.

몇 가지 예를 보면 吉祥如意(jí xiáng rú yì)라는 말은 '길하고 상서로운 일
들(길상)도 많이 생기고 또 모든 일이 뜻한 대로(여의) 되기를 바랍니다', '원
하시는 대로 길하고 상서로운 일들만 생기시길' 혹은 '길하고 상서로운 일
들을 뜻하신 대로 이루시기 바랍니다'라는 축원의 말인데, 일부 블로그 등
을 보면 吉祥如意를 如意吉祥(여의길상)으로 바꾸어 쓰면서, 그 해석을 '길
하고 상서로운 일들은 원하면 일어난다'라고, 마치 호주의 전직 TV 프로

듀서 론다 번(Rhonda Byrne)이 써서 한동안 유행했던 베스트셀러 '시크릿 (The Secret)'에 나오는 얘기 같은 해석을 한 경우를 볼 수 있다.

　우리나라의 한학자들이 수 세기 전에 시크릿의 비밀을 알아서 마침 중국의 吉祥如意에 쓰인 것과 꼭 같은 한자들로 구성된 다른 뜻의 성어를 만든 것이 아니라면 누군가가 중국의 吉祥如意를 확대 해석해서 그리된 것일 텐데, 아무튼 그 의미 자체는 희망적인 자기주도적 미래 창조의 염원을 담고 있다는 점에서 나쁠 것이 없으나 중국사람들이 얘기하는 吉祥如意의 본뜻과는 꽤나 멀어진 해석이라 혹시 중국어 학도들이 이런 정보를 보고 중국에 가서 이 말이 정말 중국에서도 그리 쓰이는 말인 줄 알고 잘못 사용할까 하는 노파심에서 예로 들었다.

　'시크릿'에서 강조하는 그런 얘기를 하고 싶다면 오히려 心想事成(xīn xiǎng shì chéng)이란 축복의 말을 상황에 맞게 쓰면 된다. 글자를 보면 짐작이 되지만, '생각하는 일이 이루어진다'로 직역할 수가 있다.

　한때 유행했던 모 통신회사의 '생각대로 ~' 광고를 떠올릴 수가 있겠는데, 실제로 '세상만사 마음먹기 나름'이라는 의미로 쓰이기도 하지만, 일반적으로는 '마음에 둔 일(생각하는 일)이 이루어지길 기원한다'는 축원의 인

吉祥如意≠

사말로 쓴다.

이 말은 족자 같은 것에 문자로 사용되기도 하지만 앞에 祝你(zhù nǐ)를 붙여서 祝你心想事成!(마음먹은 일이 이루어지기를 축원합니다)처럼 구어체에서도 많이 사용된다.

위에 예로 든 글귀들 중에 또 우리와 다른 것은 金玉满堂(금옥만당)이다.

중국어에서의 金玉满堂(jīn yù mǎn táng)은 금과 옥이 집안에 가득하다, 즉 재물이 풍부하다는 말이다. 이 네 글자로 족자나 액자를 만들어 선물하거나 집에 걸어 두면 돈 많이 벌라(벌자)는 축복의 의미가 되는데, 우리 국어사전에는 금옥만당의 해석은 '금관자나 옥관자를 붙인 높은 벼슬아치들이 방 안에 가득함' 혹은 '현명한 신하가 조정에 가득함'이라고 되어 있다.

한국 사회에서 금옥만당을 어떠한 연유로 이렇게 해석하게 되었는지를 여기서 논할 필요는 없겠으나 중국에 가서 金玉满堂이라는 글귀나 말을 접하면 그 뜻은 100% 돈 많이 벌라는 얘기이니 혼동하지 말기를 바란다.

필자가 감히 100%라고 얘기하는 이유는 금옥만당(金玉满堂)의 출처인 노자 제9장 때문이다. 金玉满堂이 나오는 부분의 원문은 이렇다.

金玉满堂(jīn yù mǎn táng), 莫之能守(mò zhī néng shǒu).

富贵而骄(fù guì ér jiāo), 自遗其咎(zì yí qí jiù).

功成身退(gōng chéng shēn tuì), 天之道也(tiān zhī dào yě)。

직역해 보면

금과 옥이 집안에 가득해도 그것을 지키기는 어렵다.

부귀하다고 교만하면 화를 자초하게 된다.

공을 세우면 물러나는 것이 하늘의 도리이다.

각 글자의 뜻에 따라 해석해 보면 대략 이런 말인데, 굳이 도덕경을 연구하는 학자들의 해설서를 보지 않더라도 여기서의 金玉满堂이 '방 안에 가득한 벼슬아치들'이나 '조정에 가득 찬 현명한 신하'를 의미하지 않음은 두 말할 나위도 없다.

아무튼 중국사람들은 노자에서 인용해온 이 글귀를 재복을 기원하는 용도로만 사용하고 있으니 혹시 중국 정부의 고위직을 상대할 일이 있어서 '중국에는 현명한 관리들이 많아서 좋겠습니다' 같은 아부성 발언을 하고 싶더라도 그 상황에서 이 金玉满堂을 쓰는 일은 없어야겠다.

이 밖에 한자를 보면 뜻이야 금방 알 수 있겠지만 우리는 전혀 쓰지 않는 말들도 있다. 财源广进(cái yuán guǎng jìn)이나 招财进宝(zhāo cái jìn bǎo) 같은 것들이다. 财源广进은 '네이버 중국어 사전'에 보면 '부자 되세요'라고 번역이 되어 있다. 그걸 보는 순간 피식하고 웃었지만 사실 정확한 번역이다.

财源(재원)은 우리말에서도 재화나 자금이 나올 원천을 말하고, 广进은 넓게 들어온다.. 즉 여기저기서 들어온다는 말이니 시쳇말로 돈 생길 구멍이 많다는 말이겠다.

그런데 액자에 적힌 이런 글귀들을 해석할 때 서술형으로 해석해서는 본래 목적을 달성하지 못한다.

즉 財源广进(cái yuán guǎng jìn)을 '재물이 여기저기서 들어온다'처럼 해석하기보다는 '여기저기서 재물이 마냥 굴러 들어오기를 기원합니다', 시쳇말로 '떼돈 버세요'와 같이 축원의 의미로 해석해야 한다는 말이다. 혹은 자기 집에 걸어 두는 경우에는 '나 떼돈 벌어야지' 정도의 느낌이 되겠다.

招財进宝(zhāo cái jìn bǎo) 역시 마찬가지이다. '재물을 부르고 보화가 들어온다'가 아니라 '재물과 보화를 끌어 모으세요' 정도로, 즉 '부자 되세요'로 해석해야 한다는 말이다.

바로 이 글자(?)가 招財进宝(zhāo cái jìn bǎo)를 한데 모아 글자처럼 만든 것인데, 중국에선 식당이건 발안마 집이건 간에 영업 장소라면, 아니 가정집에조차 너나 할 것 없이 저렇게 빨간 종이에 써 넣은 걸 하나씩 붙여 놓고 있다.

이건 남에게 선물하는 경우보다 자신의 영업장소나 집 거실에 붙이거나

걸어두는 경우가 대부분이라, 이때의 의미는 '재물 많이 쓸어 모으세요'가 아니라 '재물아 굴러들어 오너라', '재물신이여 광림하소서'의 느낌에 더 가깝다.

아래 사진들처럼 招財进宝를 위의 사진마냥 한 글자처럼 도형화시키지 않고

원래 글귀대로 쓴 것들도 많다.

앞에서 얘기한 이런 축원의 글귀들은 액자나 족자 혹은 문련이나 대련에 많이 쓰이지만 心想事成의 경우처럼 구어체에서 그대로 가져다 대화 중간에 사용해도 좋은 것들도 많다.

일반적으로 앞에 祝你(祝您) 두 글자만 더하면 된다. 祝你吉祥如意나 祝你财源广进처럼 말하면 된다는 말이다. '생일 축하합니다'라는 중국어 祝你生日快乐를 떠올려 보면 쉽게 이해가 갈 일이다. 祝你生日快乐를 우리말로 번역할 때는 '생일 축하합니다'라고 하지만 원래는 직역하면 '생일날 즐겁기를 축원합니다.'라는 말이다.

마지막으로 앞에서 예로 들었던 것들 중에 우리나라에선 쓰는데 중국에선 아예 쓰지 않거나 그 반대의 경우, 혹은 두 나라에서 모두 쓰지만 좀 다르게 쓰는 것들이 있으니 참고 삼아 알아 두자.

소문만복래(笑門萬福來), 느낌상 정말 중국말일 것 같지 않은가? 중국집 벽에 걸려 있으면 너무도 어울릴 것 같은 글귀인데, 물론 우리나라 중국식

당에 있을 수도 있겠지만 중국어에는 없는 말이다.

'웃는 집 대문 안으로 만복이 들어 온다', 즉 '웃으면 복이 와요'라는 말인데, 중국어가 아니다.

앞에서 우리말에서는 쓰지 않는 것으로 财源广进이나 招财进宝의 예도 들었지만, 年年有鱼나 一帆风顺(순풍에 돛 단 듯 만사형통하라는 의미) 같은 것도 우리나라에서는 아예 쓰지 않는 표현이다. 한학을 하신 옛날 어른들의 경우에는 우리나라에 그런 말이 왜 없냐고 할 수도 있겠으나, 사전에도 없고 일반 대중도 쓰지 않으니 우리말이 아니라고 하는 것이 옳겠다.

年年有余의 경우, 중국 식당이나 화교 상점 같은 곳에서 물고기의 그림을 본 분들이 있을지 모르겠다. 금붕어처럼 보이기도 하고 잉어처럼 보이기도 하는, 주로 붉은색의 물고기들 사진이나 그림으로, 그림 어딘가에 年年有余 혹은 年年有鱼라는 네 글자가 있는 그림, 바로 年年有余의 그림이다.

年年有余는 평소에도 쓰지만 특히 새해 인사 문구로 이렇게 물고기의 그림과 함께 많이 쓰는데, 해마다 여유롭고 풍족하라는 의미이다. '여유가 있다'라는 有余(yǒu yú)의 余(yú)와 물고기 鱼(yú)의 발음이 같아서 물고기의 그림과 함께 쓴다. 年年有余 대신 年年有鱼를 쓰기도 한다.

그런가 하면 '입춘대길'이나 '국태민안' 같이 두 나라가 글자들도 똑같이 쓰는 것들도 있고, 우리와 중국이 쓰는 글자가 조금 다른 경우도 있다.

家和萬事成(가화만사성) 같은 것이 서로 조금 다른 경우인데, 중국에서는 '흥할 흥(兴 : xīng)' 자를 써서 家和万事兴(jiā hé wàn shì xīng)이라고 한다.

주로 많이 보이는 몇 가지 예만 들었지만, 중국에 가게 될 일이 있으면 식당이나 중국 친구의 집에 걸린 이런 글귀들을 보면서 이 글을 떠올려 보기 바란다. 이 또한 훌륭한 중국어 공부가 될 것이다.

백년해로하세요
결혼 축하

동해물과 백두산이 마르고 닳도록~.

대만 유학 시절 초기, 친하게 지내던 대만 친구 하나가 자기 사촌 누이 결혼식에 나를 포함한 한국 친구 몇을 초대한 일이 있었다.

거의 40년 전 지방의 작은 도시에서 치러진 결혼식이었던 터라 외국 사람이라고는 본 적이 없는 그곳 분들에게 당시만 해도 가장 가까운 우방이던 한국의 청년들은 가히 귀빈이라 할 만했었다.

그 덕에 반은 주인공 행세를 하며 주는 술을 넙죽넙죽 받아 마시던 우리 일행, 피로연의 흥이 한창 무르익어 갈 무렵 그때까지 받아 마신 술값을 치러야 할 상황이 왔다. 신랑 신부의 친구들이 우리더러 한국 노래 한 곡씩을 하라는 것이 아닌가.

여기서 이 이야기의 상세한 전말은 생략하지만, 독자들이 예상하듯 마지막엔 애국가까지 불러야 하는 상황이 왔고, 그날 필자는 민간 외교관으로서의 역할을 나름 성공적으로 해 냈다.^^

정작 이 글의 주제는 지금부터 할 얘기들인데, 그날 결혼식에 참석한 덕에 필자는 공술 외에도 한 가지 더 얻은 것이 있었으니, 바로 결혼식에서 건네는 중국인들의 인사말에 대한 지식이었다.

그동안은 결혼식 같은 타인의 경사에 해 줄 수 있는 말로, '축하합니다'란 의미의 '꽁시꽁시(恭喜恭喜 : gōng xǐ gōng xǐ)'밖에 모르던 수준에서 결혼식에 특화된 축하 인사들, 덕담이라고 할 수 있는 인사말들을 여럿 듣고 배울 수 있었다는 것이다.

얘기가 나온 김에 먼저 우리네 결혼식에서 들을 수 있는 말들을 떠올려 보자. '떡두꺼비 같은 자식 얼른 낳고 행복하게 살아라!'라든지 '검은 머리 파뿌리 되도록 백년해로 해라!' 같은 말이 제일 먼저 떠오른다.

재미나게도 중국의 인사도 이 두 가지가 주류를 이룬다.

‘早生贵子 百年好合(zǎo shēng guì zǐ bǎi nián hǎo hé : 자식 얼른 낳고 백년 해로하라)’는 말과 ‘白头偕老 永结同心(bái tóu xié lǎo yǒng jié tóng xīn : 검은 머리 파뿌리 되도록 한마음으로 영원토록 함께 하라)’ 같은 것들인데, 네 글자씩으로 이루어진 이들 早生贵子, 百年好合, 白头偕老, 永结同心 등은 딱히 이들끼리의 순서나 서로 대구가 되는 짝을 규칙 정하듯이 일률적으로 정할 필요 없이 본인이 강조하고 싶은 순서나 의미에 따라 적절히 조합을 만들면 된다. 즉 早生贵子 永结同心이나 早生贵子 白头偕老 혹은 永结同心 百年好合 등으로 쓰거나 말해도 상관이 없다는 말이다.

바로 앞에서 얘기한 早生贵子 百年好合의 경우는 좀 더 직역하면 ‘자식 얼른 낳고 백 년 동안 사이좋게 지내라(好合)’는 말인데, 좀 더 익숙한 표현으로 ‘백년해로하라’라고 해석했다. 이때의 ‘백년해로’에서 ‘해로’의 한자는 그 뒤에 나오는 白头偕老의 偕老이다. ‘함께 늙는다’는 말이다. 그래서 중국어에서도 白头偕老 대신 우리말과 똑같이 百年偕老라고 하기도 한다.

사족이지만 한자에 익숙하지 않은 독자들을 위해 얘기하자면 白头偕老의 白는 ‘흰 백’ 자이고 百年偕老의 百는 ‘일백 백’ 자이다. 그래서 白头偕老는 검은 머리가 파뿌리(흰 머리: 白头)가 될 때까지 함께하라는 의미이고, 百年偕老는 백 년이고 이백 년이고 함께하라는 뜻으로 결국 같은 말을 다소 달리 표현한 데 불과한 것이다. 이 百年偕老나 제일 앞의 百年好合 역시 결국은 같은 말이다.

이 외에도 중국사람들이 즐겨 쓰는 결혼식 인사는 많은데, 말로만 하는 것이 아니라 축하 카드에 쓰거나 결혼식장에 붙이거나 걸어 두기도 한다.

郎才女貌 佳偶天成(láng cái nǚ mào jiā ǒu tiān chéng) : 재능있는 신랑

250

에 아름다운 신부, 하늘이 내린 아름다운 배필이로다

相亲相爱 百年好合(xiāng qīn xiāng ài bǎi nián hǎo hé) : 서로 사랑하며
백년해로하기를

甜甜蜜蜜 相亲相爱(tián tián mì mì xiāng qīn xiāng ài) :꿀처럼 달콤하게
서로 사랑하기를

相敬如宾 同德同心(xiāng jìng rú bīn tóng dé tóng xīn) : 서로 공경하며
한뜻으로 함께하기를

天缘巧合 情投意合(tiān yuán qiǎo hé qíng tóu yì hé) : 하늘이 맺은 인연
한마음 한뜻으로

대략 이런 뜻들인데, 이들 글귀들 역시 위의 예시처럼 반드시 짝을 맞추
어야만 하는 것이 아니므로 네 글자들의 뜻을 참작하여 자유롭게 조합을
만들어도 상관이 없지만 위의 예시들이 주로 일반적으로 쓰는 것들이므
로 결혼 축하 카드나 축의금 봉투에 쓸 일이 있는 경우 그대로 따라 하는
것이 무난하겠다.

단지 예를 든 표현들 중에 相敬如宾 同德同心 같은 말은 '손님을 대하듯
서로 공경하라'는 앞 구절이나, 뒤에 오는 '한마음(心)으로 같은 가치나 목
표(德)를 추구하라'는 同德同心이 다분히 당부의 느낌이 있어서 친구들 사
이에서 하기보다는 부모님이나 어른들이 하기에 좀 더 알맞은 말이다.

결혼식 인사 얘기가 길어졌는데, 살면서 가까운 사람들에게 특별한 인
사를 해야 하는 경우가 비단 결혼식만은 아닐 것이다. 가장 비근한 예로 생
일 축하 인사가 있겠지만 그 밖에도 취직, 출산, 승진 등등 살면서 맞이하
는 경사는 한둘이 아니다, 그러나 어디 그뿐인가? 어쩌면 그보다 훨씬 중요

한 애조사와 관련한 인사들, 즉 병문안이나 문상, 사고, 낙방 등등 힘든 일을 당한 경우의 인사도 빼놓을 수가 없다.

외국인인 우리가 현지인들이 하듯 대상이 되는 개인에게 맞춤형의 축복이나 위로의 말을 할 수준이 될 수는 없다 할지라도 적어도 그 순간에 무슨 말을 해야 할지, 아는 말이 한마디도 없어 당황하는 상황은 면해야 할 것이다.

축하합니다
생일과 명절

(祝你)生日快乐!

중국어를 배우는 사람이면 아주 초보가 아닌 이상 모를 리가 없는 '생일 축하해!', '생일 즐겁게 보내!'라는 말이다. 웬만한 경우 웃어른에게도 生日快乐 앞에 祝您 두 글자만 더해서 祝您生日快乐라고 하면 훌륭한 생신 인사가 된다.

그런데 중국의 생일 잔치에 가 봤거나 하다못해 드라마 속의 생일잔치 장면이라도 본 분이라면 寿比南山(shòu bǐ nán shān)이란 글귀를 보았거나 祝您寿比南山이라고 인사하는 하객들의 인사말을 들은 듯한 기억이 있을 것이다. 바로 '남산보다 오래오래 건강하게 사시기를 축원합니다'라는 말이다. 이 말은 생일 잔칫집에 가면 으레 福如东海(fú rú dōng hǎi)라는 네 글자와 함께 벽의 좌우에 걸려 있는 축원의 글귀로 '동해처럼 큰 복을 누리시고, 남산처럼 장수하소서'라는 말이다. 물론 생일카드에 적기에도 좋은 예의 바른 표현이다.

이걸 놓고 어떤 한가한 중국사람들은 이 성어에 나오는 동해는 어느 바다며 남산은 어느 산인지를 논하기도 한다. 그런 얘기들을 듣다 보면 동해의 용왕님에 얽힌 전설도 나오고, 남산에 대해서는 구체적으로 秦嶺산맥의 終南山을 가리키는 것으로 당나라 때 장안(지금의 서안) 남쪽에 위치하여 남산이라 부른다는 설명을 하는 이도 있지만, 필자는 이런 논의에 별로 의미를 부여하지 않는다.

이런 설들이 옳거나 틀리다는 얘기가 아니다. 그보다는 설사 장안의 북쪽에 종남산보다 더 긴 산맥에 더 높은 산이 있었더라도 중국인들이 壽比北山이라는 말을 쓰지는 않았을 것이며, 지리적으로 중국에 서해라는 건 없지만 설사 동해보다 더 큰 서해가 있었더라도 福如西海라는 말은 쓰지 않았을 것이라는 것이 필자의 생각이다.

복은 길함, 즉 상서로움을 말하는 것이고 4방위 중 가장 상서로운 방위는 아침 태양이 떠오르는 동쪽이다. 그것이 복과 관련해 동해를 얘기하는 이유일 것이다.

또, 장수의 핵심은 건강한 생명일진대, 생명과 에너지의 근원인 태양이 장수와 연계되는 것 또한 마땅한 이치이므로, 태양의 기운이 가장 강한 한낮, 남쪽 하늘 한가운데에 뜬 태양을 바라볼 때 마주하게 되는 남산을 장수의 상징으로 삼는 것 또한 더없이 자연스러운 비유가 아닐 수 없다. 굳이 실재하는 어느 산, 어느 바다인지가 별 의미가 없다는 말이다. 중국의 동쪽에 아예 바다가 없다거나, 역대 어느 왕조의 남쪽에도 남산이라 불릴 만한 언덕조차 없었다면 그건 또 다른 얘기이지만 말이다.

　어디까지나 필자의 개인적 생각이니 각설하고, 祝你生日快乐를 배웠으니 祝你 ~~ 快乐 형태의 다른 명절 인사말들을 보자. 일반적으로 명절이나 어떤 기념이 될 만한 날 혹은 특별한 일 등을 祝你와 快乐 중간에 둘 수가 있다.

　祝你新年快乐!(zhù nǐ xīn nián kuài lè) 우리말로 옮기자면 '새해 복 많이 받으세요'라는 말이지만 본래 뜻은 '새해에 즐겁기를 축원(기원)합니다'이니 오히려 영어의 Wish you a happy new year의 느낌에 더 가깝다. 祝你中秋节快乐!(zhù nǐ zhōng qiū jié kuài lè) '즐거운 추석 보내세요'라는 말이고 新年이나 中秋节 대신 端午节(duān wǔ jié : 단오절), 情人节(qíng rén jié : 발렌타인 데이), 圣诞节(shèng dàn jié : 성탄절) 등등 축하하고 싶은 명절 이름을 넣기만 하면 된다.

　명절이 아닌, 또는 하루가 아닌 어떤 기간에 대해서도 쓸 수 있다. 대표적인 예가 祝你们新婚快乐!(zhù nǐ men xīn hūn kuài lè), '신혼 축하해', 즉 '신혼 즐겁게 보내~'라는 말이다. 이때는 축하의 대상이 부부 두 명이니 祝你新婚快乐 대신 祝你们新婚快乐로 복수를 썼지만 신혼부부 중 한 사람만을 상대로 얘기하는 경우에는 단수를 써도 무방하다. 이 밖에 '여름 방

학 즐겁게 보내'라고 하고 싶으면 祝你暑假快乐(zhù nǐ shǔ jià kuài lè)라고 하면 되고 '주말 즐겁게 보내'는 祝你周末快乐(zhù nǐ zhōu mò kuài lè)라고 하면 된다.

그러면 '여행 잘 다녀와'라는 말은 祝你旅行快乐라고 할 수도 있을 것 같은데, 과연 그럴까? 이때에는 관습적으로 旅行 대신 '여행길'이라는 의미의 旅途를 사용하고 快乐 대신 愉快를 써서 祝你旅途愉快!(zhù nǐ lǚ tú yú kuài)라고 말한다. 그러면 절친이 축구를 하다 다리뼈에 금이 가서 병원에 입원을 하게 됐는데 祝你住院快乐!(zhù nǐ zhù yuàn kuài lè)라고 말하는 건 말이 되는 얘기인가? 결론부터 얘기하면 '말이 된다.' 물론 절친이고 병세가 심각하지 않다는 전제하에서이지만, '입원생활 즐겨~^^'의 느낌이라고 보면 된다. 이때 住院은 '입원하다'라는 말이다. 그리고 앞에 든 모든 예에서 말머리의 祝你는 생략해도 무방하다.

축하인사는 이 말 한마디면 충분
출산 승진 등

우리말에 '천금 같은 내 새끼'라거나 '천금 같은 기회' 같은 말들이 있다. 이때 천금(千金)이란 두말할 나위 없이 대단히 소중하다는 의미인데, 우리 말에서 자식을 천금에 비유하듯 중국에서도 자식은 천금에 비유된다. 중국의 남북조(南北朝 : nán běi cháo) 시절 남조(南朝 : nán cháo)의 양(梁 : liáng) 나라 대신이자 문학가였던 谢朏(xiè fěi)의 어린 시절 그의 총명함을 보고 신동이라 칭찬하는 재상 王景文(wáng jīng wén)의 말에 아버지였던 谢庄 (xiè zhuāng)이 谢朏를 가리켜 '우리집 천금(千金 : qiān jīn)'이라고 한 말에서 유래하였다고 하는데, 후대에 와서는 딸도 천금이라 부르다가 요즘은 딸만 천금이라 부른다.

예를 들어 你们家千金有对象没有?(nǐ men jiā qiān jīn yǒu duì xiàng méi

yǒu)라고 하면 '댁의 따님 사귀는 사람이 있나요?' 혹은 '자네 딸아이 애인 있나?'라는 말인데, 한국어 번역에서 보듯 千金이 상대나 상대의 딸을 특별히 예우하려는 의도로 쓰이는 단어는 아니다. 예의 바르고 품격 있는 표현이기는 하지만, 자기 딸을 얘기할 때에도 쓰는 표현이므로 존칭이라고 할 수는 없다.

난데없이 천금 얘기를 하는 이유는 출산을 축하하는 인사말에 관한 얘기를 하려 함인데, 우리네 습관에서도 자녀 출산과 관련한 인사는 딸의 경우와 아들의 경우로 나누어 '득녀(得女)를 축하드립니다' 혹은 '득남(得男)을 축하드립니다'와 같이 구분하듯이 중국도 그렇다.

이때 딸을 낳은 집에 하는 인사가 祝贺您, 喜得千金! 혹은 恭喜您, 喜得千金!이다. 喜得千金(xǐ dé qiān jīn)이라고 하니 단 두 글자인 우리의 득녀(得女)에 비해 좀 있어 보인다. 得 앞에 喜를 더해 경사스러운 기분을 더 강조하고, 그냥 女儿이라고 해도 될 것을 1500년도 더 지난 역사 속 단어 千金을 가져다 사치를 부렸다.

득남의 경우엔 千金 대신 '귀한 아들'이란 의미의 贵子(guì zǐ)를 써서 祝贺(恭喜)您, 喜得贵子!라고 한다. 아들을 가리키는 단어는 이외에도 있지만 출산의 경우에는 贵子를 쓰는 것이 가장 일반적이다.

일부 독자는 이런 질문을 할 수도 있겠다. '결혼식 인사로 早生贵子라는 말이 있었는데, 그러면 그 말은 아들만 낳고 딸은 낳지 말라는 말인가?'라는. 그 말이 맞다. 필자가 결혼식 인사말 관련 얘기를 하면서 早生贵子, 百年好合를 '떡두꺼비 같은 자식 얼른 낳고……'라고 얘기했지만 사실 우리말에서도 본래는 떡두꺼비 같은 '아들'이었다. 남존여비 의식이 강하던 시

258

절의 언어 습관이 그런 인사말을 만든 것인데, 이 경우의 早生貴子를 아들에 국한한 말이라고 해석하는 사람은 요즘은 없다. 시대가 바뀐 덕이긴 하지만 그럼에도 아직 중국어에서 딸을 꼭 집어 얘기하는 경우에 貴子를 쓰지는 않으니 혼동하지 말 일이다.

또 한 가지 주의할 것은 이런 뿌리 깊은 남존여비 사상 탓에 많은 경우에 현대 중국인들조차 딸이 千金(천금)이니 아들은 万金(만금)이라 부를 것이라고 잘못 알고 있다는 것이다. 千金小姐万金郎이라는 드라마가 있기는 하지만 아들을 万金이라 부른다는 것은 틀린 말이다. 그래도 내 아들만큼은 만금이라고 부르겠다는 이가 있다면 말릴 수는 없겠다.

출산 외에 입학, 졸업, 취직, 수상 등의 경우에 공통적으로 해 줄 수 있는 축하 인사도 있다.

우선 직장과 관련한 인사로는 이제 막 취직한 사람이나 승진한 사람에게 공통적으로 할 수 있는 인사말로 (祝你)步步高升(bù bù gāo shēng)이 있다. 한 걸음 한 걸음 내디딜 때마다 높이 오르라는 얘기이니 직장에서 승승장구하라는 축복의 말이다. 이런 경우에는 일반적으로 앞에 '축하합니다'라는 의미로 恭喜恭喜라고 한 후 祝你步步高升을 덧붙이는 것이 일반적이다.

앞에서 결혼 축하인사 얘기를 하면서 恭喜恭喜를 잠깐 언급했지만, 대단히 편리하게 모든 종류의 축하 인사를 대신할 수 있는 말이다. 일반적으로 두 번 반복해서 恭喜恭喜라고 많이 얘기한다. 恭喜 혹은 恭喜你라고만 하기도 하는데, 이 경우 윗사람에게는 恭喜您이라고 하면 된다. 친한 사이에는 恭喜你呀처럼 어기조사를 끝에 붙여서 말투를 정겹게 하기도 한다.

모든 경우의 축하할 만한 자리에서 예외 없이 쓸 수 있는 말이다. 즉, 위에서 얘기한 恭喜恭喜, 祝你步步高升같은 경우 祝你步步高升 없이 喜恭喜恭!만 해도 된다는 말이다.

이렇게 취직을 했거나 승진을 한 경우 외에도 축하할 일은 부지기수인데, 상을 받거나 바라던 학교에 합격을 하는 경우 등등 굳이 상황 별로 다 나누어 인사말을 정리하지 않아도 되는 방법은 恭喜恭喜 하나로 퉁치는 것 외에 좀 더 유식한 방법이 있다. 바로 恭喜恭喜 뒤에 이런 말을 하는 것이다.

我真替你高兴(wǒ zhēn tì nǐ gāo xìng), 혹은 我真为你高兴(wǒ zhēn wèi nǐ gāo xìng) 너 대신 기쁘다 혹은 너를 위해 기쁘다 그런 의미인데, 恭喜, 恭喜, 我真替你高兴이라고 하면 '축하해, 정말 잘 됐다!' 이런 느낌이다. 물론 恭喜, 恭喜를 빼고 (我)真替你高兴만 해도 된다.

혹은 我以你为荣(wǒ zhēn yǐ nǐ wéi róng)이나 我真以你为傲(wǒ zhēn yǐ nǐ wéi ào) 같은 말을 써도 좋다. '네가 자랑스럽다는 말이다'. '너는 나의 영광이야' 혹은 '너는 나의 자랑이야' 그런 말인데, 영어의 I'm so proud of you와 같은 의미이다. 以你为傲의 傲는 '오만(傲慢)하다'라고 할 때의 '오(傲)'인데, 이때는 오만이나 교만이 아닌 '프라이드'나 '자랑' 같은 의미로 쓰였다.

이들 문장에서 기쁘고 자랑스러운 기분을 강조하는 부사로 '정말로', '진심으로'라는 의미의 真을 공통적으로 사용했는데, '정말 자랑스럽다', '진짜 기쁘다' 정도의 느낌으로 이해하면 되겠다. 真을 사용하지 않아도 무방하며 상황이나 표현하고 싶은 어감에 따라 非常이나 很같은 다른 부사를 써도 상관없지만, 일일이 어떨 때 어떤 부사를 쓰는 것이 적절한지 감을 잡기가 어려운 경우에는 예문에서와 마찬가지로 眞을 쓰면 유사한 어떤 상황에도 잘 어울리니 고민하지 않아도 된다.

　그러나 다시 한번 강조하지만 이런 말들이 아직 어렵다면 축하의 자리에서는 恭喜恭喜!만 해도 훌륭한 인사가 되니, 이 말만은 잊지 말자!

몸조심하세요
병문안, 위로, 조문

祝你早日康复(zhù nǐ zǎo rì kāng fù)

'얼른 건강 회복하라'는 말이다.

환자에게 하는 문안의 말 가운데 가장 일반적으로 어떤 상황에서나 즉 입원을 했건 안 했건, 사고이건 일반 질병이건, 중증이건 경증이건 무난하게 사용할 수 있는 표현이다.

이때의 祝你가 축하한다는 말이 아님은 문맥을 통해서도 알았겠지만, 옥편을 찾아보면 알 수 있듯 본래 祝가 갖고 있는 뜻에는 '빌다(기원하다)'는 뜻이 있다. 祝(zhù)를 우리는 '빌 축' 자라고 하지 않는가. 그래서 祝你早日康复는 '일찍 회복해서 축하한다'가 아니라 '일찍 회복하기를 빈다(기원한다)'는 말이다.

이 밖에 꼭 환자가 아니더라도, '몸조심하세요!', '힘내세요!' 하는 느낌으로 하는 말로, 중국 생활하다 보면 정말 많이 듣는 말이 있으니 바로 保重(bǎo zhòng)이다.

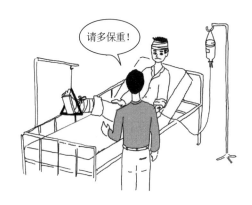

请多保重!

우리말 사전에도 '보중하다'의 뜻이 '몸의 관리를 잘하여 건강하게 유지하다'라고 나와 있기는 하지만, 요즘은 그리 흔히 쓰지 않는, 구한말 애국지사들이 나오는 영화나 드라마에서나 나옴 직한 말인 데 비해 중국에서는 정말 많이 쓰는 말이다. 먼 길을 떠나는 사람이나 병중에 있는 환자, 혹은 오래 헤어져 있어야 하는 상대에게, 혹은 애국지사들처럼 목숨을 건 임무를 맡게 된 사람에게 '몸조심하라' 혹은 '건강 잘 챙기라'는 느낌으로 하는 말이다.

거두절미하고 保重이라고 한마디만 하면 얼핏 앞서 얘기한 역사극에서처럼 상당히 결연한 느낌이 묻어나는 것으로만 생각할 수 있으나, 일상생활에서도 아주 많이 사용한다. 다소 편한 사이에서는 保重 한마디만 하거나 多多保重, 你保重, 多保重 등을 사용하며, 좀 더 예의를 갖추려면 请你保重, 请多保重 정도로 얘기하면 된다.

그러면 사고나 불행한 일을 당한 사람, 예컨대 교통사고를 당했다든지, 회사에서 해고를 당했다든지, 시험에 낙방했다든지 하는 경우에는 어떻게 위로할까? 우리라면 "세상만사 새옹지마입니다. 좋은 쪽으로 생각하세요"

라든지 "전화위복이라 했습니다. 전보다 더 좋은 일이 생길 거예요" 같은 위로의 말을 할 수 있는데, 중국어에서도 마찬가지이다.

'새옹지마'나 '전화위복' 같은 성어를 써서 위로하면 되는데, 중국어가 능숙하지 않으면 앞뒤에 다른 장황한 말들을 붙일 필요 없이 네 글자만 말하면 된다. 단지 우리와 다른 것은 '새옹의 말'이란 의미의 塞翁之马(塞翁之馬) 대신 '새옹이 말을 잃었다'는 의미로 塞翁失马(sài wēng shī mǎ)라고 말하고 '화를 복으로 바꾸다'라는 转祸为福(轉禍爲福) 대신 '화로 인해 복을 얻다'라는 의미의 因祸得福(yīn huò dé fú)를 쓴다. 중국에 塞翁之马나 转祸为福이란 말이 없지는 않지만 일상대화에서 塞翁之马나 转祸为福이라고 말하는 사람은 없다.

이 밖에 아주 큰 사고를 당한 사람에게는 大难不死必有后福(dà nàn bù sǐ bì yǒu hòu fú) 같은 말도 아주 적절한 위로의 말이 되는데, '큰 사고를 당하고도 죽지 아니하면 후일 반드시 복이 온다'는 말이다. 필자가 북경 주재원 시절 갈비뼈 아홉 대가 부러지는 큰 교통사고를 당하고 병원에 누워 있을 때 후배 중국 직원이 해 준 말이라 잊지 않고 기억하고 있다.

注意保暖多喝水。

이 밖에 중국인의 건강 관리 방법 중 가장 중요한 두 개의 축이 되는 보온과 수분섭취의 생활화를 단적으로 보여주는 병문안의 말로는 注意保暖多喝水(zhù yì bǎo nuǎn duō hē shuǐ)가 있다. 감기에 걸려 병원에 가면 거의 100% 의사에게서 들을 수 있는 말이기도 한데, '보온에 주의하고(몸 따뜻하게 하고), 물 많이 마시라'는 말이다.

건강관리의 두 축이라고 좀 과장해서 말했지만, 중국인들은 몸을 차게 하는 일은 절대로 하지 않는다. 그래서 식당에 가도 찬물 대신 더운물이나 더운 차를 마시고, 서구화의 물결이 밀어닥치기 전까지는 맥주나 콜라도 냉장고에 보관하지 않았던 것이다. 예전엔 미니스커트를 입은 아가씨가 스타킹 안쪽에 분홍색이나 살구색 겨울 내복을 입은 모습을 심심치 않게 볼 수 있었는데, 촌스러워서가 아니라 그만큼 보온을 중시했기 때문이다.

수분 섭취에 관해서도 '중국사람들이 특별히 물을 많이 마시나?'라고 의아해하는 분들은 그들의 차 문화를 좀 다른 각도에서 볼 필요가 있다. 중국사람들이 차를 즐겨 마신다고 하지만, 사실 따지고 보면 차를 좋아한다기보다는 물을 늘 입에 달고 사는 것이고, 단지 수질이 좋지 않기 때문에 맹물 대신 차를 끓여 마시던 것이 습관이 되고 문화가 된 것이라고 보는 편이 더 바른 분석일 수도 있다.

마지막으로, 쓸 일이 없었으면 좋겠지만 살다 보면 경사만 있는 것은 아니니니 상을 당한 이들에게 할 인사도 하나 정도는 배우고 마무리하자.

짧게 네 글자만 익히면 된다.

节哀顺变(jié āi shùn biàn).

풀어서 설명하면 节制哀痛,顺应变故(jié zhì āi tòng, shùn yìng biàn gù)

애통함을 절제하고 변고에 순응하라는 말이다. 너무 슬퍼하지 말고 상황을 받아들이라는, 어찌 보면 참 매정한 말이지만 사실 그것이 가장 현명한 대처 방법이기도 하니 좋은 인사이자 충고인 셈이다.

물론 앞에 请을 더해서 请节哀顺变이라고 해도 좋다.

제 5 장

고사성어는
고사성어가
아니다

알아 두면 좋은 관용어

같은 듯 다르고 다른 듯 같은
두 나라의 고사성어

    외국어를 배우는 즐거움이라면 기본적으로는 새로운 단어나 표현을 알아가는 즐거움과 그것들을 실생활에서 써보는 즐거움이겠지만, 그 즐거움이 배가될 때는 역시 현지 친구들로부터 내 실력을 인정받는 때일 것이다. 이때 중요한 것이 실제 그 나라 사람들이 쓰는 속어나 속담을 적재적소에 쓸 수 있는 능력이다. 우리도 그렇지 않은가. 외국인 친구가 우리 속담을 능청스럽게 구사할 때 우리는 심지어 놀라기까지 한다.

    여기서 우리와 중국이 유사한 부분이 하나 있다. 속어나 속담 외에 고급 언어 구사 능력과 수준의 척도가 되는 사자성어가 바로 그것이다. 사자성어 중에서도 역사적 고사에서 유래한 고사성어 몇 개라도 읊어 대면 중국인들은 우리가 중국의 역사와 문학에 대해서도 조예가 깊은 것으로 착각

(?)을 해 준다. 이렇게 고사성어는 속어나 속담보다는 더 수준이 있으면서
도 다른 외국인에 비해 우리에게는 더 익숙한 것이라 아는 고사성어 몇 개
만 잘 활용해도 쉽게 중국인 친구들에게 실력을 인정받을 수 있다. 문제는
우리나라의 고사성어와 비슷하거나 똑같은 것도 있지만 글자의 순서가 바
뀌거나 아예 다른 글자들로 조합이 되어 우리의 성어를 그대로 썼다가는
상대가 아예 못 알아듣는 수도 있다는 것이다.

　가장 가까운 예로 '고사성어'라는 말 자체도 중국에서는 고사성어(고사
성어 故事成语)라고 부르지 않고 성어고사(成语故事 : chéng yǔ gù shì)라고 부
른다. 이런 미세한 차이야 이해하는 데 아무 문제가 없으니 상관없지만, 차
이가 큰 것들도 있으니 써 보고 싶은 고사성어가 있으면 사용하기 전에 최
소한 사전 한 번쯤은 찾아보는 성의를 가져야 한다.
　우선 성어고사처럼 우리와 글자의 조합은 다소 다르지만 한자를 아는
경우에 보면 알 수 있는, 즉 차이가 크지 않은 예들부터 보자.
　衣锦还乡(yī jǐn huán xiāng : 의금환향), 우리는 금의환향(錦衣還鄕/锦衣还乡)
이라고 하는데 중국에서는 글자 순서를 바꾸어 사용한다.
　乌合之众(wū hé zhī zhòng : 오합지중), 우리는 오합지졸(烏合之卒/乌合之卒)
이라고 마칠 졸(卒) 자를 쓰지만 저들은 '무리 중(众)'을 쓴다. '까마귀 떼 같
은 졸개들'과 '까마귀 떼 같은 무리' 정도의 차이일 것이다.
　鹤立鸡群(hè lì jī qún : 학립계군), 우리가 군계일학(群鷄一鶴/群鸡一鹤)이라
고 쓰는 성어다. 우리가 '닭 무리 중의 학 한 마리'라고 다소 시적(詩的)으로
표현했다면 저들은 '닭 무리 가운데 학이 우뚝 서 있다'라고 보다 구체적

269

으로 표현하고 있다.

五十步笑百步 (wǔ shí bù xiào bǎi bù : 오십보소백보), 우리는 오십보백보(五十步百步)라고 줄여서 얘기하는 반면 저들은 웃을 소(笑) 자를 생략하지 않음으로써 '오십 보 도망간 놈이 백 보 도망간 놈을 비웃는다'라는 문장의 원래 형태를 거의 그대로 살려서 쓴다.

한 가지만 더 보자. 호형호제(呼兄呼弟), 남자들 사이에서 많이 쓰는 말이다. 그러나 중국에선 부를 호(呼) 대신 '일컬을 칭(稱)'과 '말할 도(道)'를 써서 稱兄道弟(chēng xiōng dào dì : 칭형도제)라고 쓴다.

이렇게 글자의 순서가 다르거나 일부 글자를 다르게 혹은 더 쓰긴 했지만 앞에 열거한 성어들은 한국 것과 중국 것 사이에 아무런 뜻의 차이가 없다. 그러나 지금부터 예를 드는 몇 가지는 의미가 다소 달라지는 것들로서, 심지어 두 나라의 사회적 관습이나 인식의 차이를 엿볼 수도 있다.

잘먹고 잘산다는 호의호식(好衣好食), 중국에선 좋을 호(好) 대신 '풍족(丰足)하다' 할 때의 풍(丰) 자와 족(足) 자를 앞뒤에 각각 배치하여 丰衣足食(fēng yī zú shí : 풍의족식), 즉 '입을 것 먹을 것이 풍족하다'라고 표현한다. 우리가 좋은 것에 중점을 두었다면 중국은 넉넉한 것에 초점을 맞추었다. 즉 먹을 것 입을 것이 '넉넉하면 됐지', 굳이 '좋은 것까지는 필요 없다'는, 우리에 비해 실용적인 느낌이 강한 성어이다.

이번엔 우리의 현모양처(賢母良妻/贤母良妻)를 중국사람들은 어떻게 말하는지 보자. 贤妻良母(xián qī liáng mǔ), 별로 다른 게 없는 것 같지만 자세히 보면 아내라는 妻와 어머니라는 母의 위치가 바뀌어서 현처양모가 되었

270

다. 현모(贤母)가 현처(贤妻)로, 양처(良妻)가 양모(良母)로 글자의 조합이 달라지면서 뜻도 달라졌다. 한자사전을 보면 현(贤)과 양(良)은 모두 '어질 현', '어질 양'으로 기본 뜻은 어질다는 의미로 나와 있지만 '우문현답(愚問賢答)'이나 '현명(賢明)하다' 등에서 보듯 현(賢/贤)은 지혜로움에 가깝고, '양심(良心)', '양약(良藥/良药)' 등에서 보듯 양(良)은 좋다는 의미에 가깝다.

다시 말해 현모양처(贤母良妻)가 '지혜로운 어머니 좋은 아내'의 뜻이라면 현처양모(贤妻良母)는 '지혜로운 아내 좋은 어머니'의 뜻이라고 볼 수 있다는 말이다. 우리가 '자녀 교육 잘 시키고 어진 아내'를 이상적 여성상으로 생각한다면 중국은 '남편에게는 현명한 조언을 할 줄 알고 자녀에게는 자애로운 어머니'를 이상적 여성상으로 본다는 얘기일까? 해석을 결론에 끼워 맞추려고 자의적으로 해석한 감이 없지는 않지만, 참고로 일본에서는 이 말을 양처현모(良妻贤母)라고 한다. 우리와 순서는 다르지만 의미하는 바는 같다. 한국이나 일본 여성의 사회적 지위에 비해 상대적으로 높은 중국 여성의 사회적 지위가 성어에 반영된 결과라면 필자의 지나친 주관적 해석일까?

이번엔 '동서고금'을 비교해 보자. '동양이나 서양이나, 예나 지금이나', 즉 '공간(동서)과 시간(고금)을 막론하고'라는 의미로 우리는 '동서고금(东西古今)을 막론하고'라고 말하는 데 비해 중국에서는 동서고금(东西古今) 대신 古今中外(gǔ jīn zhōng wài : 고금중외)라고 한다. '예나 지금이나 중국이나 외국이나'라는 말이니, 동방과 서방으로 나누는 대신 중국(中)과 그 외(外)의 지역으로 나눈 이 성어에서 중화사상의 주관적 일면이 드러나기도 한다고 하면 역시 필자만의 생각일까? 참고로 일본에서는 고금동서(古今东

西)라고 우리와 순서는 다르지만 역시 동방과 서방으로 다소 객관적 구분을 하고 있다.

이렇게 같은 한자문화권인 데다 일본이건 우리건 이런 성어들은 중국에서 온 것이 거의 대부분임에도 불구하고 이렇게 미묘한 차이들이 있음을 보았는데, 그래도 이제까지 예를 든 것들은 약간의 인식의 차이는 있다 할지라도 기본적인 의미는 차이가 없는 것들이었다.

마지막으로, 오해할 수 있거나 알기 힘들거나 심지어 서로 알아보지 못하는 성어들을 하나씩만 알아보자.

靑梅竹馬(qīng méi zhú mǎ : 청매죽마), 우리의 죽마고우(竹馬故友)에 해당할 수도 있는 말이지만 사실은 아주 다르다. 우리의 죽마고우는 남자 사이에 쓰는 말이지만 청매죽마는 어린 시절 단짝으로 함께 자란 남녀 사이를 말한다. 여기서 청매는 여자, 죽마는 남자를 지칭한다. 글자가 보여주듯 죽마는 대나무 말이란 뜻으로, 대나무를 잘라 그 끝에 봉제 인형처럼 말 대가리를 만들어 사타구니 사이에 끼우고 말 타는 흉내를 내며 노는 모습을 상상하면 되는데, 그게 상상이 잘 안 되면 빗자루를 타고 날아다니는 해리포터를 상상하면 된다. 청매는 바로 청매실을 말하는 것으로 죽마를 타고

青梅竹马

"나 잡아 봐라~" 하고 도망가는 사내 녀석의 뒤를 매실 열매를 던지며 쫓아가는 어린 계집아이의 모습이 상상된다면 靑梅竹馬의 느낌을 정확하게 이해한 것이다.

자칫 어릴 적 ㅂㄹ친구를 중국인에게 소개하면서 '우린 청매죽마(靑梅竹馬)입니다'라고 했다가는 상대방이 크게 당황할지도 모르니 조심할 일이다.

청매죽마와 죽마고우처럼 네 글자 가운데 두 글자가 다른 예는 앞에서 호의호식이나 호형호제에서 보았지만 이들은 한자를 알면 뜻을 짐작할 수 있는 비교적 쉽게 변형된 구조인 데 비해, 죽마고우와 청매죽마의 경우에는 청매와 죽마의 관계를 바로 상상해 내지 못하고서는 이 둘이 유사한 의미의 성어임을 이해하기 힘든 변형이었다.

그러면 空前絶后(kōng qián jué hòu / 공전절후 : 空前絶後)를 한자만 보고 뜻을 알 수 있는 독자는 몇 명이나 될까? 잘 쓰지는 않지만 우리말 사전에도 있는 성어이고, 설사 몰랐더라도 한자를 자세히 보면 알 수는 있겠지만 쉽지 않다. 우리가 자주 쓰는 전무후무(前無後無)에 해당하는 말이다. 앞은 비었고 뒤는 끊어졌다는 말이니 이전에도 이후에도 없을 것이란 말이다. 우리말의 전무후무도 본래는 중국어 前无古人后无来者(qián wú gǔ rén hòu wú lái zhě : 전무고인 후무래자), 즉 '이전에도 사람이 없었고 이후에도 올 사람이 없다'는 말로, 예술가나 문학가 같은 이들의 탁월함을 얘기할 때 쓰는 말이지만, 지금은 전무후무라는 성어를 쓰는 중국사람들은 없다.

마지막으로, 소를 앞에 두고 거문고를 타는 아래 그림을 보고 여기에 해당하는 우리의 성어를 맞혀 보자.

바로 우이독경(牛耳讀經)의 중국판이다. 이건 글로 써 줘도 중국인들은

对牛弹琴

이해하지 못한다. 그도 그럴 것이 이 성어는 우리나라의 성어이다. '쇠 귀에 경 읽기'라는 우리 속담에서 '에'라는 조사를 빼고 '쇠 귀'와 '경 읽기'란 말만 한자로 옮긴 우리식 성어이다 보니 중국어의 문법으로는 이해가 되지 않는다. 중국어의 문장 구조로는 '우이'를 주어로, '독경'을 술어로 보기 때문이다. 그래서 '쇠귀가 어떻게 경을 읽지? 이게 무슨 말?' 하고 묻는다. 그럼 중국인들은 이걸 어떻게 말할까? 对牛弹琴(duì niú tán qín)이라고 표현한다. 弹은 거문고 따위의 현악기를 연주한다는 뜻의 동사 '타다'이고, 琴은 거문고나 가야금 따위의 현악기를 말한다. 對牛는 '소를 마주하고' 혹은 '소를 향해'라는 말이니, '소를 향해 거문고를 연주한다', 즉 못 알아듣는다는 얘기다.

이렇게 꽤 여러 개의 성어들을 비교해 보았는데, 크건 작건 차이가 있는 것들이었다. 그러면 중국에 가면 우리가 알던 고사성어는 모두 다시 배워야 할까? 그렇게까지 걱정하실 필요는 없다. 중국과 우리가 똑같이 쓰는 것들도 많다.

호시탐탐(虎視眈眈 / 虎视眈眈 : hǔ shì dān dān)

대기만성(大器晚成 / 大器晚成 : dà qì wǎn chéng)

고진감래(苦盡甘來 / 苦尽甘来 : kǔ jìn gān lái)

일석이조(一石二鳥 / 一石二鸟 : yì shí èr niǎo)

호가호위(狐假虎威 / 狐假虎威 : hú jiǎ hǔ wēi)

지록위마(指鹿爲馬 / 指鹿为马 : zhǐ lù wéi mǎ)

이구동성(異口同聲 / 异口同声 : yì kǒu tóng shēng)

성동격서(聲東擊西 / 声东击西 : shēng dōng jī xī)

사면초가(四面楚歌 / 四面楚歌 : sì miàn chǔ gē)

주지육림(酒池肉林 / 酒池肉林 : jiǔ chí ròu lín)

중국의 고사성어가 반드시 우리 것과 똑같지는 않으니 주의하라는 얘기를 한다는 것이 말이 길어졌다.

아예 한자를 모르는 세대는 차라리 이런 걱정 할 필요 없이 그냥 중국의 사자성어 모음집 같은 것을 사서 중국 친구에게 좋은 표현 몇 개를 골라 달라고 하여 달달 외워 두었다가 적절한 장소, 적절한 분위기에서 써먹으면 될 텐데, 나이 지긋한 세대는 괜히 몇 자 아는 한자 때문에 오히려 혼란스러울 수도 있다. '아는 게 병'* 이라는 말은 이런 데도 통하나 보다.

---

* '아는 게 병': 우리 성어로는 식자우환(识字忧患)이라고 하는데, 우리에게는 그의 호인 소동파(苏东坡 : sū dōng pō)로 더 잘 알려진, 중국 송(宋 : sòng) 나라 때 시인이자 당송팔대가의 한 사람인 소식(苏轼 : sū shì)의 「石苍舒醉墨堂 : shí cāng shū zuì mò táng」이라는 시에 人生识字忧患始(rén shēng shí zì yōu huàn shǐ : 인생은 글을 아는 데서부터 우환이 시작된다)는 말이 있기는 하지만(우리의 식자우환도 이 시에서 따왔을 것으로 추측), 중국사람들은 식자우환(识字忧患·識字憂患)을 고사성어로 쓰지는 않는다. 필자가 아는 한 '아는 게 병'이라는 의미로 현대 중국인들이 일상에서 사용하는 성어는 없다.

조심해야 써야 하는 고사성어 酒足饭饱

앞에서 중국의 고사성어 중에는 우리 것과 비슷하게 생겼는데 다른가 하면, 얼핏 달라 보이는 데 같은 것들도 있다는 이야기를 하면서 우리의 호의호식(好衣好食)과 중국의 丰衣足食(fēng yī zú shí)를 예로 들었다.

중요한 것은 중국사람들은 호의호식이라 말하지 않고 한국에서는 풍의족식이라고 말하지 않는다는 것이고, 따라서 중국 친구들과 대화하면서 우리말로 호의호식, 즉 '잘먹고 잘산다'에 해당하는 말을 하고 싶으면 丰衣足食(fēng yī zú shí)라고 말하면 된다는 것이다. 그런데 이렇게 서로 달라 보이는 두 나라의 성어가 같은 뜻으로 쓰이기도 하는 데 비해, 얼핏 비슷하게 보이는 같은 중국의 성어 사이에서도 서로 다르게 쓰이는 경우가 있으므로 주의해야 하는 경우도 있다.

바로 '살림이 넉넉하다'는 이 丰衣足食(fēng yī zú shí)와 '술도 충분하고 밥도 배부르게 먹었다'는 뜻의 酒足饭饱(jiǔ zú fàn bǎo : 주족반포)가 그런 경우이다. 글자들은 많이 다르지만 내용을 얼핏 보면 잘먹고 잘사는 것을 가리키는 말인 것으로 보이는 이 두 성어는 쓰임새가 다르다. 첫 번째 이유는, 각각의 성어가 포함한 글자들의 차이, 즉 丰衣足食(fēng yī zú shí)가 '입을 것과 먹을 것(衣, 食), 즉 생활 전반에 대한 얘기를 하는 것인 데 비해 酒足饭饱(jiǔ zú fàn bǎo)는 마시고 먹는 것(酒, 饭)에 대해서만 얘기하고 있다는 어휘적 차이 때문이지만, 정작 이 성어들을 구분해서 사용해야 하는 또 다른 중요한 이유는 그 뒤에 따라오는 대응되는 구절 때문이기도 하다.

무슨 말인지 한번 살펴보자.

중국어의 사자성어는 대화 시의 편의성과 일반 대중의 학습의 용이성이라는 차원에서 일반적으로 네 글자나 다섯 글자로 축약해서 쓴다. 그렇지만 실제 원전의 고사성어들은 그 뒤에 앞 구절과 대응되거나 연결되는 구절들이 있는 것이 보통이다. 앞서 얘기한 丰衣足食(fēng yī zú shí) 뒤에는 일반적으로 国泰民安(guó tài mín ān :국태민안)이란 성어가 따라온다. 즉 '입을 것 먹을 것이 풍족하고 나라는 태평하며 백성은 편안하다'는 말이다.

그러면 酒足饭饱 뒤에는 무슨 구절이 숨어 있을까?

이 고사성어의 본래 구절은 이렇다. 酒足饭饱思淫欲饥寒窘迫起盗心.

한 구절 한 구절 뜯어서 보면 이런 뜻이다.

酒足饭饱(jiǔ zú fàn bǎo) : 먹을(飯) 것 마실(酒) 것이 채워지면(足, 饱)

思淫欲(sī yín yù) : 음탕한 욕구(淫欲)가 떠오르고(思)

饥寒窘迫(jī hán jiǒng pò) : 춥고(寒) 배고파서(饥) 사는 것이 어려우면(窘迫)

起盗心(qǐ dào xīn) : 도적질(盗)할 마음(心)이 인다(起).

酒足饭饱 바로 그 뒤에 오는 思淫欲을 보자.

어찌 보면 인간의 기본적인 욕구들에 대한 이야기이지만, 먹고 마시는 얘기 뒤에 따라오는 어쩌면 더 원초적인 얘기의 성격으로 인해 酒足饭饱(jiǔ zú fàn bǎo)는 '순수하게' 배불리 먹고 양껏 마셨다는 뜻으로 사용할 때조차 주의해야 한다.

예를 들어 酒足饭饱后, 就回宿舍睡觉了. (jiǔ zú fàn bǎo hòu, jiù huí sù shè shuì jiào le / 배불리 먹고 나서 숙소에 돌아가 잤다)는 아무 문제가 없는 용법이다.

이번에는 이민 간 친구와 나누는 대화를 보자. 친구의 근황이 궁금해서 "最近过得怎么样?"(zuì jìn guò de zěn me yàng / 요즘 사는 건 좀 어때?)라고 물었더니 돌아온 친구의 대답이 "放心~, 每天过着丰衣足食的生活。"(fàng xīn~, měi tiān guò zhe fēng yī zú shí de shēng huó / 걱정 마~ 매일 잘 먹고 잘 살고 있어~)였다면 이 또한 있을 법한 대화이다.

허물없는 사이라면 거두절미하고 "丰衣足食", 우리 말의 느낌으로는 "호의호식 중"이라고 네 글자로 대답을 대신할지도 모르겠다. 이때 丰衣足食 대신 酒足饭饱를 써서 "每天过着酒足饭饱的生活。"(měi tiān guò zhe jiǔ zú fàn bǎo de shēng huó)라고 한다면 듣는 입장에서는 생활이 윤택하다는 의미로 받아들이기보다는 매일 먹고 마시는, 건강생활과는 거리가 먼 상황을 상상하게 될지도 모른다.

더욱이 酒足饭饱의 뒤에 본래 따라오는 구절 思淫欲 때문에 말하는 사람이 의도했든 하지 않았든 듣는 사람의 뇌는 자연스레 상상의 나래를 펼칠 수도 있다. 막역한 친구 사이에서는 의도적으로 친구와 농지거리라도 하려고 "酒足饭饱"라고 툭 한마디 던질 수도 있겠으나 외국인인 우리 입장에서는 그 뒤에 따라오는 색깔 있는 농담을 이해하고 받아 줄 실력은 안 되니 주의할 일이다.

이 고사성어의 이러한 맥락을 모르는 경우 친한 중국 친구 집에 놀러 가서 한 끼 잘 얻어먹고, "좀 더 먹어"라는 친구의 말에 배운 성어를 써 보겠다고 "술도 충분하고 밥도 배불리 먹었어"라는 의미로 酒足饭饱라고 답한다면 짓궂은 친구의 음흉한 웃음 뒤에 "그럼 이제 뭘 하려고?(那, 接着要干啥? : nà jiē zhe yào gàn shá)"라는 장난 섞인 질문과 마주하게 될지도 모른다. 이때 酒足饭饱의 뒤에 思淫欲가 따라온다는 사실을 모르면 이 친구가 무슨 말을 하는지 전혀 눈치도 못 채고 "별거 있나? 이제 집에 가서 TV나

봐야지"(没什么，就回家看电视 / méi shén me, jiù huí jiā kàn diàn shì) 같은 건조한 대답을 하겠지만, 만일 친구의 농담을 알아듣고 친구의 어깨라도 툭 치며 "에이~ 무슨 생각 하는 거야?(想到哪里去了? / xiǎng dào nǎ lǐ qù le) 라며 되받는다면 친구도 낄낄거리며 속으로는 "어, 이 친구 봐라? 이걸 다 아네?" 하며 내심 놀랄 것이다.

이런 상황을 피하려면 酒足饭饱의 뒤를 비워 두어서는 안 된다. 酒足饭饱란 말을 쓰지 말거나, 쓰려면 "주족반포한 생활을 하고 있다"로 끝내지 말고 "주족반포한 생활을 너무 오래 했더니 5킬로그램이나 쪘다."(过了太久的酒足饭饱的生活，胖了5公斤。 / guò le tài jiǔ de jiǔ zú fàn bǎo de shēng huó，pàng le wǔ gōng jīn)와 같은 식으로 뒤에 다른 상상이 끼어들 여지를 두지 말아야 한다. 그러면 잘 먹고 잘 마셨다는 말을 어떻게 해야 오해(?)를 피할 수 있을까?

더 먹으라는 주인의 호의에 너무 잘 먹어서 더는 못 먹겠다는 의사 표시를 할 수 있는 말로, 똑같은 의미이지만 酒足饭饱처럼 고사성어의 일부가 아닌 吃饱喝足(chī bǎo hē zú)라는 표현이 있다.

再吃点吧。

吃饱喝足了，
不能再吃了。

밥이나 술이란 목적어 없이 그냥 '배불리 먹고 충분히 마셨다'는 의미 그대로 吃饱喝足了(chī bǎo hē zú le) 정도로 얘기하면 된다. 혹은 간단한 한마디로 太饱了!(tài bǎo le : 너무 불러요!), 즉 '배가 너무 불러 더는 못 먹겠다'라고 말해도 된다. 太饱了!는 우아한 고품격 언어까지는 아닐지라도 어른 앞에서 해도 크게 상관없는 말이니 안심하고 쓰시기 바란다. 물론 두 경우 모두 마지막에 고맙다는 한마디 "谢谢"를 붙이면 금상첨화(锦上添花 : jīn shàng tiān huā)겠다.

회식용 고사성어 民以食为天

먹고 마시는 얘기를 하다 보니 생각나는 성어가 하나 더 있다.

民以食为天(mín yǐ shí wéi tiān), '백성들은 먹는 것으로 하늘을 삼는다', 즉 '민초들에겐 먹는 것이 제일 중요하다'라는, 굳이 많이 쓸 것 같지 않지만 역시 먹는 것과 관련된 표현이라 그런지 대단히 많이 쓰는 성어로서, 다들 배가 고팠다가 느지막이 맞이한 식사자리에서 "자 먹자~!" 할 때 많이들 쓴다. 우리로 따지면 '먹고 죽은 귀신이 때깔도 곱다'거나 '금강산도 식후경' 같은 느낌으로 쓸 수 있는 성어인데, 친구끼리 편한 자리에서만 쓰는 건 아니다.

무슨 기업 초대 만찬이나 축하연에 참석해서 잘 모르는 사람들과 합석하게 되는 경우, 내빈 소개에 만찬사와 답사 등으로 식사가 늦어지기 일쑤지만 공식 행사가 다 끝나면 젓가락을 들어도 되는 순간이 온다. 이때 누

군가가 계면쩍게 웃으며 民以食为天(mín yǐ shí wéi tiān)이란 이 한마디를 꺼내면 그 한마디가 "이제 식사하십시다~"라는 신호가 되어 다들 따라 웃으며, 심지어 따라서 民以食为天을 외치며(?) 식사를 시작하는 풍경을 보게 된다. 중국에서 심심치 않게 볼 수 있는 아주 자연스러운 광경이다.

이 民以食为天은 王者以民为天(wáng zhě yǐ mín wéi tiān), 民以食为天 (mín yǐ shí wéi tiān) 能知天之天者斯可矣(néng zhī tiān zhī tiān zhě sī kě yǐ) 라는 고사성어에서 유래한 말이다. 즉 '군왕은 백성을 하늘로 삼고, 백성은 먹을 것을 하늘로 삼으니, 하늘의 하늘을 능히 안다면 그러면 된다.'는 뜻 이다.

다시 말해, 백성들에게는 배부른 것이 하늘만큼 중요하니 그 도리를 아는 자, 즉 백성을 배불리 먹일 수 있는 자가 군왕의 자격이 있다는 말이겠다.

후일 이 말이 国以民为本(guó yǐ mín wéi běn), 民以食为天(mín yǐ shí wéi tiān), 食以安为先(shí yǐ ān wéi xiān), 安以质为本(ān yǐ zhì wéi běn), 质以

诚为根(zhì yǐ chéng wéi gēn), 즉 '나라는 백성을 근본으로 삼고, 백성은 먹을 것을 하늘로 삼으니, 먹을 것은 안전을 최우선으로 삼아야 하며, 안전은 품질을 기본으로 삼아야 한다. 그리고 그 품질은 만드는 자의 정성에서 비롯되느니라'라는 마치 식품위생국이나 전국 주방장 연합회의의 표어 같은 말로 발전했지만, 기원은 위에서 말한 王者以民为天(wáng zhě yǐ mín wéi tiān), 民以食为天(mín yǐ shí wéi tiān)이며, 그 가운데서도 실생활에서 많이 쓰이는 성어는 民以食为天(mín yǐ shí wéi tiān)이라는 이 다섯 글자이다.

民以食为天!

살짝 시장기가 있는 상태에서 음식을 만나면 정말 자주 쓰는 성어이니, 중국 친구들과의 식사 장소에서 써 보시기 바란다.

내로남불 고사성어 只许州官放火不许百姓点灯

이 고사성어를 보고 바로 해석할 수 있는 독자라면 중국어 공부가 이미 고급 단계에 들어선 학습자이거나, 중국어는 전혀 모르더라도 한자의 기초가 좋아서 한자의 뜻만으로 이해를 한 경우, 둘 중 하나일 것이다.

필자의 중국 주재원 시절, 중국 유명 그룹 동사장의 초청으로 중국을 방문한 그룹 회장님 환영만찬에서 중국 측 동사장이 했던 말이다. 자기네 그룹 영빈관에서 열린 만찬 중에 얼큰해진 동사장이 직원을 시켜 마이크를 갖고 오게 하더니 노래를 부를 준비를 하며 직원들에게 뭐라 한마디 하고는 회장님과 나를 향해 이 말을 했다.

只许州官放火　　　　　不许百姓点灯

처음 듣는 고사성어였지만 다행히 하나둘 자리를 뜨는 임원들을 향해 동사장이 한 얘기 덕분에 쉽게 알아들을 수 있었다. 직원들에게 한 얘기는 이거였다. "총무 담당과 비서만 남고, 나머지는 이제 가서 남은 일들 해라. 나는 계속 손님 접대할 테니." 이어서 회장님과 나를 보고 한 얘기가 바로 只许州官放火, 不许百姓点灯(zhǐ xǔ zhōu guān fàng huǒ, bù xǔ bǎi xìng diǎn dēng)이었다.

무슨 말일까?

밤 8시가 넘은 시간에 임원들에게 퇴근하라는 것도 아니고, 일을 더 하라고 하면서 본인은 남아서 술 마시고 놀겠다고 한 자신의 행동을 나름 유식하게, 해학적으로 우리에게 설명한 말이었다.

州官이라 함은 고을의 관리, 우리 옛 표현으로 하자면 고을 원님 정도가 되겠다. 직역하면 "주관에게만 방화가 허용되고, 백성에게는 점등도 허용

되지 않는다." 즉 "원님은 불을 질러도 상관없지만, 백성들은 등불도 밝혀서는 안 된다."는 말인데, 원님은 동사장 자신을 가리키는 것이고, 백성은 부하 직원들을 일컫는 것이다. 직원들에게 이 말을 했다면 "나는 뭘 해도 상관없지만, 너희들은 아무것도 하면 안 돼."라는 의미가 되겠지만, 우리 일행에게 한 말이니, 이때는 '저야 동사장이니 뭘 해도 상관없지만, 저 친구들은 그러면 안 되지요^^'라는 말이 된다.

여기까진 비록 모르던 고사성어였지만 전후 사정과 대화를 통해 그 뜻을 알 수 있었다. 정작 문제는, 마이크를 잡은 동사장이 회장님께 한 한마디였는데, 또 그놈의 고사성어! 抛砖引玉(pāo zhuān yǐn yù).

혹시 설명 없이 이 성어의 뜻을 아시는 독자는 고전이나 중국어에 대한 이해가 상당히 깊은 분이다. 우리말로는 '포전인옥(抛磚引玉)'이라 하는 이 성어의 뜻은 '벽돌을 던져서 옥을 구한다'는 의미로, '형편없는 노래 실력을 가진 자신을 던져 회장님의 노래 한 곡을 구하겠다'라는, 다시 말해 '부끄러운 실력이지만 제가 먼저 한 곡 부를 테니 회장님도 한 곡 해 주십시오'라는 의미였다. 결국 동사장이 메모지에 중국어로 써 주고 나서야 겨우 그 말뜻을 알아듣고 회장님께 통역해 드릴 수 있었는데, 비교적 편안한 식사 자리였던 데다 술기운에 간이 집 나간 상황이었기에 망정이지, 평소였으면 식은땀을 바가지로 쏟을 상황이었다.

고사성어는 이렇게 중국 측 동사장의 경우처럼 직원들을 야박하게 대하는 듯 보일 수도 있었을 자신의 행동을 유머로 바꾸는 등 다양한 상황에서 유용하게 쓰일 수도 있는 반면, 외국인에게는 쉽지 않은 관문이기도 하다.

그러나 오히려 다행인 것은 고사성어야말로 문법에 대한 이해가 하나도 없더라도 쓰이는 상황에 대한 정확한 이해만 있으면 그냥 외워 버리기만 하면 된다는 것이다. 일상에서 매우 유용하게 쓸 수 있고, 또 중국어를 쉽게 그리고 고상하게 할 수 있는 훌륭한 수단이 바로 이 고사성어이니 틈틈이 많이 알아 두시기 바란다.

모든 고사성어가 네 자로 된 것은 아니다
알아 두면 좋은, 자주 쓰는 관용어들

문어체의 표현들이 어려워 보이지만 한자를 아는 우리 입장에서는 이해도 쉽게 되고, 또 간결하다는 장점에다 유식해 보이기까지 해서 격조 있게 쓰기에도 좋은 표현이라는 얘기를 했었다. 이 문어체 표현의 대표선수가 사자성어(四字成語) 혹은 고사성어(故事成語)이다. 우리도 잘 아는 주지육림(酒池肉林), 결초보은(結草報恩/结草报恩), 사면초가(四面楚歌), 와신상담(臥薪嘗膽/卧薪尝胆) 같은 것들이 그런 예인데(325~327 페이지 참조), 넉 자로 구성된 '성어(成语)'라 해서 '사자성어'라고 부르고, 예를 든 성어들과 같이 역사 속의 이야기가 배경이 된 성어들을 특히 '고사성어(故事成語)', 중국어로는 成语故事(chéng yǔ gù shì)라고 한다.

成语故事(chéng yǔ gù shì)라는 명칭이 붙은 이유는 故事가 중국어로 '이야기'라는 뜻이기 때문인데, 여기서는 단순한 이야기가 아니라 역사적 고전에 나오는 이야기들을 말한다. 그래서 우리말로는 어떤 고사성어의 배경이 되는 출처를 고전(古典)이라고 할 때의 典 자를 써서 '출전(出典)' 혹은 '원전(原典)'이라고 하고, 중국에서는 典故(diǎn gù)라고 하는데, 고전 속의 이야기, 즉 역사적 문헌이나 문학 작품, 민간 전설, 신화 등에 나오는 것들을 말한다.

얘기를 정리하면, 사자성어는 '넉 자로 된 성어'이고, 고사성어는 '고전을 배경으로 한 성어'라는 말이다. 다시 말해 넉 자가 아니면 '사자성어'라 부를 수 없고, 배경이 되는 고전이 없으면 '고사성어'라 부를 수 없다는 말이다. 따라서 '고사성어'가 곧 '사자성어'라는 등식은 성립하지 않는다.

성어와 관용어

일반적으로 중국사람들이 얘기하는 성어는 주로 넉 자로 이루어진 정형화된 관용적 표현으로, 고사성어처럼 원전이 있는, 그것이 공자나 맹자 같은 역사 속 인물의 말이건, 삼국지 같은 소설 속 표현이건, 혹은 역사 속 이야기를 한마디로 함축한 것이건, 역사적 배경이 있는 것들을 말하긴 하지만, 넉 자가 아닌 것들도 있고, 고전의 배경이 없는 즉 典故(diǎn gù)가 없는 성어들도 간혹 있다. 성어라는 말의 뜻 자체가(글자가 모여) 말이(语) 되었다(成)는 의미이니, 언중(言衆)이 오랜 세월에 걸쳐 습관적으로 사용하여 의미가 굳어진 특수한 구문들은 어찌 보면 다 '성어'이지만, 그렇다고 해서 관용적으로 쓰이는 표현들을 다 성어라고 하지는 않는다. 성어를 포함한 관용적인 표현들을 중국어로는 통틀어 惯用语(guàn yòng yǔ : 관습적으로 사용되는 어구)라고 하는데, 우리말의 '관용어(慣用语)'와 거의 같은 개념이다.

중국어의 惯用语에는 成语 외에도 谚语(yàn yǔ : 속담), 格言(gé yán : 격언), 俚语(lǐ yǔ : 비속어), 行话(háng huà : 은어), 歇后语(xiē hòu yǔ : 헐후어) 등이 있는데, 谚语(속담), 格言(격언), 俚语(비속어) 行话(은어) 등은 우리말에도 같은 개념의 관용어들이 존재하므로 쉽게 상상이 가는 것들이지만, 헐후어의 개념은 우리에게는 비교적 생소한 개념이다. 성어의 특성에 대해 좀 더 상세히 얘기하자면 성어는 주로 넉 자로 구성되며, 대부분 典故가 있고, 주로 문어체의 어휘들로 구성되어 있지만, 앞에서 소개한 고사성어(塞翁失马 등)에서 보았듯이 글자들의 표면적인 뜻만으로는 말하고자 하는 바를 이해하기 힘든 경우가 많다.

그 밖에도 성어는 이미 정형화된 구문이므로 그것이 네 글자짜리이든 열 글자짜리이든 그 안에서 글자들의 순서를 바꾸거나 일부 글자를 뜻이 같다 하여 다른 글자로 바꾸거나, 그중에 어떤 글자를 생략하거나 혹은 다른 글자를 더해서는 안 된다. 예를 들어 앞에서 본 성어들 가운데 '주지육림(酒池肉林)'이나 '와신상담(臥薪尝胆)' 같은 것은 '육림주지(肉林酒池)'나 '상담와신(尝胆臥薪)'으로 해당 성어 안에서 글자의 순서를 바꾸어도 뜻에는 아무 차이가 없지만 이미 정형화된 관용어이므로 이런 식으로 순서를 바꾸어서는 안 되며, 사면초가(四面楚歌) 같은 경우에는 사면(四面) 대신 사방(四方)을 써서 사방초가(四方楚歌)라고 해도 뜻에는 변화가 없지만 이 또한 마찬가지 이유로 그리할 수 없다는 말이다.

헐후어는 숙어(熟语)의 일종으로 대부분이 해학적이고 형상적인 어구로 되어 있다. 구문은 앞뒤 두 부분으로 나뉘어져 있는데, 앞부분은 수수께끼 문제처럼 비유하고 뒷부분은 수수께끼 답안처럼 그 비유를 설명하며, 앞부분만 말하기도 한다.

예) 狗拿耗子, 多管闲事(gǒu ná hào zǐ duō guǎn xián shì) : 개가 쥐를 잡다 - 쓸데없는 일에 관여하다.

黄鼠狼给鸡拜年, 没安好心(huáng shǔ láng gěi jī bài nián méi ān hǎo xīn) : 족제비가 닭에게 세배를 하다 - 좋은 마음을 품었을 리가 없다.

위의 예 같은 경우 뒷부분에 해당하는 多管闲事나 没安好心은 각각 狗拿耗子나 黄鼠狼给鸡拜年의 해석이라는 말이며, 일상에서는 狗拿耗子나 黄鼠狼给鸡拜年 등과 같이 앞부분만 말하기도 한다는 얘기다. 참고로 多管闲事같은 경우에는 이 네 글자만 따로 써도 이미 굳어진 관용구로 '쓸데없는 일에 관여하다'는 뜻으로 일상에서 대단히 자주 쓰는 말이지만 多管闲事가 헐후어는 아니다. 헐후어의 핵심은 수수께끼 같은 앞부분에 있다.

또 넉 자짜리가 절대다수이지만 꼭 그렇지만은 않다고 했는데, 敲门砖 (qiāo mén zhuān), 莫须有(mò xū yǒu), 想当然(xiǎng dāng rán)처럼 넉 자가 안 되는 것들도 있는가 하면 心有余而力不足(xīn yǒu yú ér lì bù zú), 江山易改, 本性难移(jiāng shān yì gǎi, běn xìng nán yí), 只许州官放火, 不许百姓点灯(zhǐ xǔ zhōu guān fàng huǒ, bù xǔ bǎi xìng diǎn dēng)같이 넉 자가 훨씬 넘는 것들도 있다. 따라서 이런 몇 가지 특성만으로 성어인지 아닌지

구별하기는 쉽지 않다. 사실, 어떤 말이 성어인지 속담인지 격언인지 속어인지를 궁금해하는 것보다는 해당 표현이 정확히 어떤 경우에 어떤 의미로 사용되는지를 제대로 아는 것이 훨씬 중요한 일이기는 하지만, 공부하는 사람들에게 있어서 호기심만큼 훌륭한 발전의 원동력은 없으니 궁금해한다 하여 나무랄 일은 아니다. 문제는 성어 여부를 판가름하는 일은 중국사람들에게조차 쉬운 일이 아니라는, 아니 대단히 어려운 일이라는 점이다.

특히 성어의 배경이 되는 원전, 즉 典故가 저 앞에서 예시한 것들처럼 고대의 유명한 역사서나 문학 작품 혹은 공자나 맹자 같은 인물이 한 말이 아니라 근대의 문헌일 경우, 이 판단은 더욱 어려워진다. 언제까지의 문헌을 고전으로 보아야 할 것인지, 그리고 최근 수백 년 사이에 생긴 비교적 새로운(?) 성어의 경우, 고대의 고전과는 달리 기하급수적으로 늘어난 방대한 양의 근대 출판물 가운데 어느 것이 최초로 해당 성어를 언급한 것인지, 또 근대 문헌에 한두 번 등장한 표현의 경우, 그 저자의 그 표현이 시발점이 되어 대중이 그 말을 관용적으로 쓰게 된 것인지, 혹은 그 무렵 대중 사이에서 쓰이기 시작한 해당 표현을 어느 저자가 자신의 저서나 문학 작품에 인용하면서 그것이 계기가 되어 관용어로서의 대중적 지위를 갖게 된 것인지 등에 대한 답변은 언어사나 문헌사 혹은 문학사 등을 전문적으로 연구한 사람이 아니면 답할 수 없는 것들이기 때문이다.

그러다 보니 중국사람들조차 어떤 성어들에 대해서는 서로 다른 문헌을 典故로 제시하기도 하고 어떤 성어에 대해서는 그것이 성어다, 아니다를 놓고 의견이 갈리기도 한다.

- 敲门砖(qiāo mén zhuān): '문을 두드릴 때나 쓰는 벽돌 혹은 기왓장'이 라는 의미이지만, 출세를 위한 디딤돌이란 의미를 담고 있으며, 주로 목적을 이루고 난 뒤 버려지는 것을 말한다. 젊은이들이 온갖 자격증 을 다 취득하지만 취직이 되고 나서 이것들을 그냥 벽장에 처박아 둔 다면 이 자격증들은 敲门砖인 것이다.

- 莫须有(mò xū yǒu): '꼭 있지는 않다(未必有)' '있을 수도 있다(也许有)' 혹 은 '설마 없다고?(难道没有吗?)'의 의미이지만, 남송의 영웅 岳飞(yuè fēi) 가 억울한 죽임을 당할 때의 죄명이 莫须有的罪(있을지도 모르는 죄)였 던 고사에서 유래한 말이다. 무고하게 죄를 뒤집어 씌우는 경우 莫须 有的罪의 죄명으로 처벌했다는 말을 한다.

- 想当然(xiǎng dāng rán): 별 근거도 없이 주관적 판단으로 당연하다고 생각한다는 말.

- 心有余而力不足(xīn yǒu yú er lì bù zú): 마음은 굴뚝같은데 힘이나 능 력이 따르지 못할 때 쓰는 말.

- 江山易改, 本性难移(jiāng shān yì gǎi, běn xìng nán yí): '강산은 쉽게 옮길 수 있어도 사람의 본성을 바꾸는 것은 쉽지 않다'는 말로, 나쁜 품성을 가진 이를 비난할 때 '개 버릇 남 못 준다'는 느낌으로 하는 말.

- 只许州官放火, 不许百姓点灯(zhǐ xǔ zhōu guān fàng huǒ, bù xǔ bǎi xìng diǎn dēng): '원님은 불을 질러도 상관없지만, 백성들은 등불도 밝 혀서는 안 된다.'는 말이다. 자신의 행위에 대해 얘기할 때는 '내가 한다 고 너희도 따라 해?'의 의미이고 남의 행위에 대해 이 말을 하면 해당 인사의 '내로남불'을 비난하는 의미이다.

생각보다 쉬운 성어

세 마음 두 뜻 三心二意

성어는 다 어려운 고문의 문어체로만 되어 있고, 해석하기도 어려울까?

앞에서 '문어체의 표현들이 어려워 보이지만 한자를 아는 우리 입장에서는 이해도 쉽게 된다'는 얘기를 했다. 한자를 좀 아는 사람 입장에서는 맞는 말이지만, 그렇지 않은 경우 앞에서 예로 든 몇 가지 성어만 보더라도 塞翁失馬, 酒池肉林, 结草报恩, 四面楚歌, 卧薪尝胆, 指鹿为马 이 여섯 개의 성어에 쓰인 24자의 한자 가운데 쉽다고 할 만한 글자는 몇 자 보이지 않는다.

그래서 흔히 성어라고 하면 다들 어려운 한자로 구성된, 알아보기 힘든 말들을 떠올리기 쉬운데, 정말 많이 사용되면서도 아주 쉬운 예를 통해 성어에 대한 두려움도 털어 버리고 또 일상에서 요긴하게 써먹으면서 중국어 학습에 도움도 되는 공부를 해 보자.

三心二意(sān xīn èr yì)

쉬운 한자들이긴 하지만 글자만 봐서는 얼핏 무슨 말인지 알기 어렵다.

'세 마음 두 뜻'이라니? 무슨 말일까? '한마음 한뜻'이라는 一心一意를 떠올려 보면 이해가 쉬워진다. 一心一意는 '오로지 한마음 한뜻으로', 즉 '처음부터 끝까지 변치 않는 마음을 지키자'라는 말이다. 그러면 三心二意는 무슨 말일까? '세 번의 마음 두 번의 뜻'이란 얘기이니, '이 마음 먹었다가 저 마음 먹었다가, 이런 뜻이었다가 저런 뜻이었다가', 즉 '두 번씩 세 번씩 마음을 바꾼다'는, 다시 말해서 '이랬다저랬다 한다'는 말이다. 명심할 것은 이것이 성어이므로 뜻이 같다 해서 순서나 글자를 바꾸면 안 된다는 규칙을 적용받는다는 사실이다. 물론 二心三意나 二意三心 같은 표현이 아주 드물게 보이기는 하지만 일상에서 그렇게 말하는 사람은 없다고 해도 과언이 아니다. 한 가지 흥미로운 것은, 중국어에서는 왠지 모르지만 二과 三이 들어가는 관용어에서는 주로 三을 먼저 쓴다는 것이다. 三冬二夏(sān dōng èr xià : 이삼 년 / 세 번의 겨울, 두 번의 여름), 三平二满(sān píng èr mǎn : 지내기가 그럭저럭 평안하고 만족스럽다 / 세 개의 평안, 두 개의 만족), 三言两语(sān yán liǎng yǔ : 두세 마디의 말), 三拳二脚(sān quán èr jiǎo: 몇 대 때리다 / 몇 번의 주먹질과 발길질) 등이 바로 그런 예이다. 接二连三(jiē èr lián sān : 둘에 이어 셋, 즉 계속해서 끊임없이)과 같이 순서가 있는 경우에는 당연히 二이 三의 앞에 온다.

여기서는 골치 아픈 典故 같은 것은 잊어버리고 어떻게 쓰는지를 알아보자.

이 말은 '변덕부리다'라는 의미이므로

做事不能三心二意(일할 때는 이랬다저랬다 해서는 안 된다)라든지,

一心一意万事成 , 三心二意失良机(시종일관하면 성공하지만, 이랬다저랬다 하면 기회를 잃는다)

이런 식으로 쓰기도 하지만 실제 일상에서는

(你)别三心二意(了)(nǐ) bié sān xīn èr yì(le)라는 말이 가장 많이 쓰인다.

이랬다저랬다 하지 말라는, 즉 변덕 부리지 말라는 말이므로, 뭔가 하기로 결정하고 이제 시작하려는 사람(주로 의지가 약해 마음이 바뀔 가능성이 있는 사람)에게 이 말을 하면(이제 마음 정했으니) '딴마음 먹지 마!'라는 얘기이지

만, 우유부단해서 결정을 잘 하지 못하는 사람이 어떤 결정을 앞 두고 망설이는 경우에 이 말을 해 주면 '우유부단하게 그러지 말고, 결정해!'라는 말이다. 이때 우유부단하다는 의미로 쓸 수 있는 다른 말은 犹豫不决(yóu yù bù jué)이다. (你)别 犹豫不决(了)라고 하면 된다는 말이다. 그러나 '딴마음 먹지 마!'라는 의미로 말할 때는(你)别 犹豫不决(了)는 쓸 수 없다.

외국어 공부는 사전에만 의존해서는 안 되는 것이 바로 이런 이유 때문이다. '유사어'라고 다 항상 치환될 수 있는 것이 아니니 주의해야 한다는 말이다. 필자가 항상 '어떤 상황에서 어떻게 쓰이는지를 정확하게 이해하는 것'이 문법적 분석을 하거나, 출전을 찾거나, 유사어 하나 더 외우는 것보다 중요하다고 말하는 것 또한 바로 이런 이유 때문이다.

왼쪽 생각 오른쪽 생각 / 左思右想(zuǒ sī yòu xiǎng)

왼 좌(左), 생각 사(思), 오른 우(右), 생각 상(想),

왼쪽 생각, 오른쪽 생각이라…….

좌뇌와 우뇌를 골고루 써서 균형 있는 의사결정을 하자는 얘기인가?(^^)

이 말은 '왼쪽으로도 생각해 보고 오른쪽으로도 생각해 보다', 즉 '이리저리 생각해 보다', '여러모로 고민하다', '심사숙고하다'라는 의미이다.

1. 我左思右想, 终于得出了一个结论。(wǒ zuǒ sī yòu xiǎng, zhōng yú dé chū le yí ge jié lùn) / 나는 곰곰이 생각하여 마침내 결론을 도출했다.

2. 经过左思右想, 好不容易找到了答案。(jīng guò zuǒ sī yòu xiǎng, hǎo bù róng yì zhǎo dào le dá àn) / 심사숙고를 거쳐 어렵사리 답을 찾았다.

3. 我左思右想了半天呢。(wǒ zuǒ sī yòu xiǎng le bàn tiān ne) / 나 반나절이나 고민했어.

4. 左思右想不如大干一场。(zuǒ sī yòu xiǎng bù rú dà gàn yì chǎng) / 고민만 하느니 차라리 크게 한번 저지르는 게 낫다(고민하는 것이 저지르는 것만 못하다).

위의 예문들처럼 활용되는데 1, 3번의 경우처럼 동사적으로 주어인 我의 술어로 쓰이기도 하고, 2번의 경우처럼 명사적으로 经过(거쳐)의 목적어가 되기도 하며, 4번처럼 명사적으로 사용되어 문장의 주어가 되기도 한다.

비슷한 표현으로 前思后想(qián sī hòu xiǎng : 앞뒤로 생각하다), 千思万想(qiān sī wàn xiǎng : 천 번 만 번 생각하다) 등이 있는데, 거의 같은 의미이므로 1, 2, 3번 예의 경우, 즉 일반적 문장에서는 그대로 치환해서 쓸 수 있다. 그러나 4번의 경우는 左思右想不如大干一场이 속담처럼 관용적으로 굳어진 표현이므로 이 경우에는 이들 유사어가 左思右想을 대체할 수 없다.

관용어인 성어 속의 어휘를 임의로 변경할 수 없다는 설명을 하느라 이들 몇 가지 유사어를 예로 들었지만, 실제 일상의 구어체에서는 주로 左思右想만이 사용되니 다른 건 다 잊어 버려도 상관없지만 左思右想만은 꼭 기억하도록 하자.

뇌의 즙을 짜다 / 绞尽脑汁(jiǎo jìn nǎo zhī)

다른 유사어 하나만 더 보자. 左思右想만큼 자주 쓰는, 즉 前思后想이나 千思万想보다 훨씬 자주 쓰는 표현인데, 좀 엽기적인 표현이라 어쩌면 기억하기에는 더 좋은 표현일지도 모르겠다.

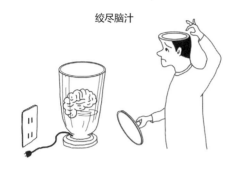

绞尽脑汁

绞尽脑汁(jiǎo jìn nǎo zhī), 좀 모골이 송연해지는 표현인데, 绞는 쥐어짜는 동작을 말한다. 尽은 다 할 진(盡)이므로 绞尽은 마지막까지 쥐어짠다는 말인데, 뭘 쥐어짜는지를 알면 모골이 송연해진다고 한 필자의 말이 실감이 날 것이다. 뒤에 오는 목적어 脑汁는 글자 그대로 뇌의 즙이다. 뇌수(脑髓 : nǎo suǐ)를 이렇게 표현한 것인데, 같은 말이라도 우리는 좀 더 곱게(?) '머리를 쥐어짠다'라고 하는데, 중국어의 표현은 대단히 그로테스크하다.

이 경우에도 위의 예문 1, 2, 3에서는 左思右想 대신 쓸 수 있지만, 같은 4번의 경우에는 앞서와 같은 이유로 대신 쓸 수 없다.

즉 我绞尽脑汁, 终于得出了一个结论。이나 经过绞尽脑汁, 好不容易找到了答案。처럼 말해도 같은 뜻이란 얘기이다. 조금 주의할 것은 3번의 경우에는 我绞尽脑汁, 想了半天呢처럼 绞尽脑汁 뒤에 想을 더해 주는 것이 더 자연스럽다.

이 듣기에도 섬뜩한 绞尽脑汁(jiǎo jìn nǎo zhī)를 유사어의 예로 든 중요한 이유는 바로 이 성어가 100년도 안 된 최근(?)에 쓰인 문학 작품에 등장하는 성어이기 때문이다. 중국의 저명 근대 문학가 老舍(lǎo shě)의 1940년대 장편소설 『四世同堂(sì shì tóng táng)』에 나오는 표현이다. 지금으로부터 불과 80년도 지나지 않은 시점의 문헌이 绞尽脑汁라는 성어의 출전이라는 얘기이다. 중국어에서의 '성어'는 이렇게 우리가 일반적으로 생각하는 '성어'와는 차이가 있다. 그러면 그 당시에 나온 수많은 문학 작품이나 저술에 등장한 표현 중에 저자가 처음으로 쓴 표현이 비단 絞盡腦汁뿐이 아닐 터인데, 그런 것 모두를 성어라고 말해야 하는가? 그렇지 않다. 대중이 오랜 세월 관용적으로 사용하여 일반 대중의 언어생활에서 그 의미와 용도가 굳어진 표현이 되어야 비로소 성어라 불릴 자격이 생기는 것이다.

'호들갑을 떨다'와는 살짝 다른 大惊小怪

주말에 차나 한잔하기로 약속한 고등학교 동창이 카페에 들어서며 호들갑을 떤다.

A : 真不可思议 , 真不可思议。(zhēn bù kě sī yì, zhēn bù kě sī yì)！: 정말 믿을 수가 없네, 믿을 수가 없어!

B : 怎么了?(zěn me le) 发生什么事了?(fā shēng shén me shì le) : 왜? 무슨 일인데?

A : 你还记得以前我们班的阿美吗?(nǐ hái jì dé yǐ qián wǒ men bān de ā měi ma) : 예전에 우리 반이던 아메이 아직 기억해?

B : 当然(dāng rán), 你碰到她了吗?(nǐ pèng dào tā le ma) : 당연하지, 걔 만났어?

A : 真不可思议 , 她已经不是以前的阿美了。(zhēn bù kě sī yì, tā yǐ jīng bú shì yǐ qián de ā měi le) / 정말 믿을 수가 없어, 걔 이미 예전의 아메이가 아냐.

我刚才碰到她(wǒ gāng cái pèng dào tā), 她说她减了十六斤(tā shuō tā jiǎn le shí liù jīn). 她整个人都变了。(tā zhěng ge rén dōu biàn le) / 방금 마주쳤는데, 걔 8kg이나 뺐대. 사람이 완전히 변했어.

B : 你太大惊小怪了。(nǐ tài dà jīng xiǎo guài le) / 너 너무 심하게 호들갑이다. / 뭐 그만한 일에 그렇게까지 놀라고 그래.

最近为了拍结婚照减二十斤的人也到处都有呢。(zuì jìn wèi le pāi jié hūn zhào jiǎn èr shí jīn de rén yě dào chù dōu yǒu ne) / 요즘은 결혼 사진 찍기 위해서 10kg씩 빼는 사람도 사방에 널렸어.

저 위에서 '호들갑'이라고 번역한 大惊小怪, 별것도 아닌 일에 크게 놀란다는 말인데, 글자들을 보면 이해가 간다.

'작은 이상한 일(小怪)'에 대해 '크게 놀란다(大惊)'는 말인데, 가벼운 일상의 대화에서는 '호들갑을 떨다'로 해석하는 것이 자연스러운 경우가 많다.

신혼의 새신랑이 아내에게

"今晚我做海带汤给妳吃。"(jīn wǎn wǒ zuò hǎi dài tāng gěi nǐ chī) / "오늘 저녁에 내가 미역국 끓여 줄게"라고 하자

아내가 눈이 똥그래져서

"什么? 你连海带汤也会做?"(shén me? nǐ lián hǎi dài tāng yě huì zuò?) / "뭐? 자기 미역국도 끓일 줄 안다고?"라며 헐리우드식 반응을 보인다.

이때 남편이

"你别大惊小怪了, 海带汤算什么?我连辣牛肉汤也会做。(nǐ bié dà jīng xiǎo guài le, hǎi dài tāng suàn shén me? wǒ lián là niú ròu tāng yě huì zuò)

298

/ "이 정도 일에 호들갑은. 미역국 따위가 뭐가 대단하다고. 나 육개장도 끓일 줄 알아"라고 하면 이때의 (你)別大惊小怪(了)는 '호들갑 떨지 마!' 정도로 해석하는 것이 자연스럽다.

반면 반품 사태 관련 회의를 하는 회의 석상에서 사장님이

"这一次不良品回收措施会多多少少影响公司的财务状况, 但我们的财务基础很好, 大家别大惊小怪."(zhè yí cì bù liáng pǐn huí shōu cuò shī huì duō duō shǎo shǎo yǐng xiǎng gōng sī de cái wù zhuàng kuàng, dàn wǒ men de cái wù jī chǔ hěn hǎo, dà jiā bié dà jīng xiǎo guài)라고 했다면

"이번 불량품 반품 조치가 회사 재무 상태에 다소(어느 정도는) 영향을 미치겠지만, 우리 회사는 재무기초가 탄탄하니 이 정도 일로 다들 너무 놀랄 필요는 없어요" 정도로 해석하는 것이 상황에 좀 더 어울리겠다.

물론 사장님이 평소 말하는 스타일이 '호들갑 떨지 마라' 같은 식의 표현을 즐겨 쓰는 편에 속한다면 그렇게 번역해도 충분히 자연스러울 수 있다. 번역이나 통역을 할 때에는 대화하는 사람들의 관계나 지위, 또 그들이 쓰는 다른 어휘들과의 균형 혹은 어울림의 여부, 그리고 대화가 이루어지는 장소나 상황 등을 감안해 융통성을 발휘하면 된다.

한 가지 大惊小怪의 활용과 관련하여 주의할 것은 우리말의 '호들갑 떨다' 역시 대수롭지 않은 일에 과하게 반응하는 것을 말하지만, 우리말의 호들갑은 호들갑을 떠는 사람이 실제 어떤 일이나 상황에 대해 호들갑스러운 반응을 보이는 건지를 보거나 알기 전이라도 '호들갑을 떠는' 사람의 과장된 태도나 말소리 등만으로도 '호들갑을 떤다'는 표현을 할 수 있지만, 중국어의 大惊小怪는 놀라거나 호들갑을 떠는 이유가 확실히 대수롭지 않

은 것임을(주관적 판단일지라도) 보거나 알기 전에는 이 말을 할 수 없다는 것이다. 쉽게 예를 들자면, 창밖을 바라보던 여동생이 "까악!" 소리와 함께 팔짝팔짝 뛰며 "오빠, 오빠 빨리 와 봐!"라고 소리를 지르는 경우, 우리말이라면 그 이유가 무엇이든 평소답지 않은 비명 소리와 경망스러워 보이는 동작만으로도 오빠의 입에서는 '웬 호들갑이야?'라는 핀잔 섞인 말이 나갈 수 있지만, 중국어에서는 이때 바로 干吗大惊小怪?(gàn má dà jīng xiǎo guài)라는 말을 할 수 없다는 것이다. 그러면 언제라야 할 수 있는가? 동생이 가리키는 곳에 다가가 자세히 보니 엄지손톱만 한 왕거미 한 마리가 창틀에 대롱대롱 매달려 있다든지, 초록색 도마뱀(대만에서는 집 안에서도 도마뱀을 심심찮게 목격할 수 있다) 한 마리가 유리창에 붙어 있다든지 하는 경우, 그제서야 别大惊小怪(호들갑 떨지 마)이든, 干吗大惊小怪?(왜 호들갑이야)이든 这有什么好大惊小怪的?(이게 무슨 호들갑 떨 거리야)이든 간에 大惊小怪가 들어간 말을 할 수 있다는 것이다.

흔히 大惊小怪의 유사어로 小题大做(xiǎo tí dà zuò)라는 표현을 쓰기도 하는데, 이는 우리나라나 일본에서 자주 쓰는 침소봉대(针小棒大)와 같은 말로, 역시 대단히 자주 쓰는 말이지만 大惊小怪와는 어감이나 쓰임새가 다르다.

大惊小怪와 小题大做가 유사하다고들 하는 이유는 둘 다 작은 일에 대해 크게 반응하는 상황을 얘기한 것이기 때문이지만, 大惊小怪가 일종의 오해에서 비롯된 공포, 즉 별것 아닌 것을 별것인 줄 알고 당황하고 놀라는 것을 얘기하는 것이라 호들갑에 '가까운' 의미로 사용된다면, 小题大做는 '이미 정체를 알고 있는 사소한 일을 과도하게(의도적이든 비의도적이든) 부풀리는 것을 말하는 것이므로, 이는 우리가 자주 쓰는 침소봉대(针小棒大)의 의미와 같이 사용된다고 보면 된다. 참고로 针小棒大는 네이버 중국어 사전에 마치 중국어에 이런 말이 있는 것처럼 나오고 중국어 성어사전에 이 말이 있다고 얘기하는 사람들도 간혹 있지만 百度汉语词典(바이두 중국어 사전)에도 나오지 않을뿐더러 현대 중국인들은 针小棒大라는 말은 아예 쓰지 않는다. 우리나라나 일본에서만 쓰는 표현이다.

우리말의 '불가사의'와는 전혀 다른 중국어의 不可思议

저 위 대화에서 A가 한 말에 真不可思议라는 말이 나온다. 한자를 아는 독자는 이 중국어의 뜻을 몰라도 엉터리(^^) 해석은 가능하다. '정말 불가사의야' 정도의 해석이 가능할 것이다. 한자로 '불가사의(不可思议)'가 적혀 있으니 이 중국어 단어를 배우지 않은 입장에서는 이렇게 해석하는 것이 어쩌면 당연한데, 이렇게 해석하면 '정말 모르겠어'의 의미가 되어 버린다. '불가사의'라는 단어가 우리말에서 갖는 느낌 때문이다.

초등학교 때부터 불가사의가 무슨 뜻인지도 모르면서 '세계 7대 불가사의' 같은 것을 외우지 않았던가. 그런데 중국어의 不可思议는 좀, 아니 많이 다르게 쓰인다. 우리가 이 말에 대해 갖고 있는 신비하거나 대단하다는 느낌은 전혀(?) 없이 단순히 '믿을 수 없다'라는 말이다. 일상에서 너무도 많이 쓰는 말이다.

그러면 중국사람들은 이 不可思议를 일상 대화에서 '안 믿기는데', '믿을 수가 없네', '그게 사실이야?' 등과 같은 의미나 느낌으로 쓰는 외에 세계 7대 불가사의(世界七大不可思议)라고 말할 때는 이 말을 쓰지 않는다는 말인가? 그렇다. 중국사람들에게 世界七大不可思议라고 말해 봐야 무슨 뜻인지 그들은 알지 못한다.

중국 친구에게 '세계 7대 불가사의'에 대해 물어보려면 '세계 7대 기적(世界七大奇迹 : shì jiè qí dà qí jì)'이라는 표현을 써야 한다.

- 辣牛肉汤 : 辣牛肉汤이 정확하게 육개장이란 뜻은 아니다. 중국 요리에 辣牛肉汤이라는 별도의 요리가 있는 건 아니지만, 우육면(牛肉面 : niú ròu miàn)을 파는 식당에 가면 면을 빼고 고기와 탕만 파는 牛肉汤이라는 별도의 메뉴가 있다. 이들 식당 중에 牛肉汤을 맵게 양념하여 (辣牛肉汤 : là niú ròu tang)으로 팔기도 하지만 우리의 육개장과는 전혀 다른 음식이다. 예문에서 육개장을 辣牛肉汤이라고 한 것은 중국에 있는 한식당들이 육개장을 辣牛肉汤이라고 이름 붙여 파는 데서 따온 것이다.

- 多多少少와 多少 : 多少는 你有多少라고 할 때는 '얼마'라는 명사이지만 你有多少钱?이라고 할 때의 多少는 '얼마의'라는 의미로 관형

사적인 용도로 쓰였다. 그러나 多少를 두 자씩 중복해서 多多少少라고 쓰면 '다소(간)', '어느 정도'라는 의미의 부사가 된다. 多나 少는 본래 '많다', '적다'라는 형용사인데, 중국어에는 이렇게 형용사를 두 자씩 중복 사용해서 부사로 쓰는 경우가 많다. 일반적으로 뒤에 부사로 만들어 주는 地(di)를 더하는데, '명료하다'라는 형용사 淸楚를 두 자씩 중복하고 地(di)를 더해 淸淸楚楚地라고 하면 '명료하게'라는 부사가 되는 것도 같은 이치이고, '좋다'라는 형용사 好가 好好나 好好地가 되면 '잘'이라는 부사가 되듯이, '느리다'는 뜻의 慢이 慢慢 혹은 慢慢地가 되면 '느리게'가 되는 것도 그런 경우이다.

고사성어가 난무하는 중국의 술자리

중국의 술자리에 다니다 보면 한 테이블에 앉은 사람들이 돌아가며 일어서서 한마디씩 하곤 건배 제의를 하는 모습을 종종 볼 수 있다. 중국에서는 이때 유독 숫자가 들어가는 성어를 사용하여 건배를 제의하는데, 첫 잔일 경우에는 '일(一)'이 들어간 성어, 두 번째 잔인 경우에는 '이(二)'가 들어간 성어, 이런 식으로 삼, 사, 오, 륙, 심지어 심한 경우에는 십까지 이어지는 상황들도 보게 된다.

시작은 당연히 첫 잔이므로 일(一)로 시작하는 어떤 성어가 되어야 하는데, 합자를 논의하는 두 회사의 만찬이라면 一心一意(yì xīn yí yì : 한마음 한뜻으로 끝까지), 혹은 사업이 잘되기를 바라는 염원을 담아 말한다면 一帆

风顺(yì fān fēng shùn :순풍에 돛 단 듯) 등으로 시작한다. 실제로 一心一意나 一帆风顺은 합작이나 사업상의 회식이 아니더라도 술자리에서 흔히 들을 수 있는 첫 잔을 위한 단골 건배사이다. 두 번째로 등장하는 단골 표현은 好事成双(hǎo shì chéng shuāng)이다.

중국사람들은 단체 회식이 아니라 친구끼리 단둘이 마실 때에도 첫 잔을 비우고 나면 거의 100%의 확률로 '한 잔 주면 정 없지' 하는 기분으로 好事成双을 외치며 두 잔째를 권한다. '好事成双'은 '좋은 일은 쌍으로 온다'라는 뜻으로 겹경사를 축하하는 말이지만, 하나의 경사 뒤에 이어서 경사가 따라오기를 축원하는 의미, 즉 '좋은 걸 한 번으로 끝내면 안 되지!'라는 의미로도 쓰인다. 술자리에서 이 말이 쓰이는 경우는 우리식으로 얘기하자면 '한 잔 주면 정 없지' 정도에 해당하는 말이다.

술이 약한 사람들은 여기서부터 조심해야 한다. 好事成双으로 끝나면 다행이지만, 그 뒤에 三阳开泰(sān yáng kāi tài), 四季平安(sì jì píng ān), 五福临门(wǔ fú lín mén) 등으로 끝도 없이 이어질 수 있기 때문이다.

우선 四季平安과 五福临门은 한자만 알면 쉽게 해석이 되는 말들이다. '四季平安은 사계절(四季) 내내 평안(平安) 하라는 말로 넉 잔째를 유도 내지는 강권(?)하는 말이고, 五福临门은 오복(五福)이 문(门) 앞에 왔다(临 : '왕림하다'의 림)는 말이다. 문제는, 무슨 말인지 도통 감도 잡히지 않는, 석 잔째를 권하는 三阳开泰라는 말인데 뒤에서 알아보도록 하고, 이런 말들 그리고 이어서 얘기할 숫자별 성어들은 그 말뜻을 보면 알 수 있듯이 모두 상서로운 의미로 술자리의 분위기도 띄우면서 자연스레 술을 권하는 말들이지만, 술자리 외에도 평소에 혹은 연말연시 같은 경우에 축원의 말로 오히려 더 많이 쓰이는 표현들이다.

술자리 얘기로 시작했으니 계속 술자리 얘기를 해 보자. 술자리에서 이런 말들이 쓰이는 경우는 거의 회식 장소나 연회장이다. 친지의 결혼식 피로연이라든지, 다른 과 친구들과 운동경기를 마친 후라든지, 사업 상대 회사 임직원들과의 비즈니스 만찬 혹은 사장님을 모시고 하는 월말 회식같이 열 명 혹은 열두 명씩 심지어 그 이상의 인원이 한 테이블에 앉아 식사하는 경우, 이런 류의 이어지는 건배사는 짧은 시간에 몇 순배를 돌게 하여 사람들 사이의 어색함도 무마하고 그 자리의 흥도 돋우어 좌중을 순식간에 취흥에 젖게 하는 일종의 집단의식(^^)이 된다.

특히 결혼식 피로연장 같은 곳에서 한자리에 앉았지만 그저 좌석을 채우기 위해 함께 앉게 되었을 뿐 특별히 다시 만날 일이 없는 경우처럼 우연히 같이 앉게 된 경우가 아니라 그 술좌석이 특정한 목적을 가지는 경우, 그 목적의 중요성과 의미가 크면 클수록 好事成双과 三阳开泰는 四季平安과 五福临门을 넘어 심지어 十全十美(shí quán shí měi)까지도 이어질 수 있다.

어느 과가 술이 더 센지 우열을 가리려는 젊은 혈기나, 한 테이블에 앉게 된 신부 친구들과 어떻게든 엮어 보려는 노총각들의 몸부림, 혹은 사장님 앞에서 단합된 모습을 연출해야만 하는 인사부장과 그 지령을 받은 몇몇 저격수들의 생존 본능, 마시고 죽는 한이 있더라도 이번 투자 건만은 성사시켜야 하는 두 회사의 절실함 등이 바로 好事成双을 十全十美까지 이어지게 하는 동력이란 얘기다.

흔한 광경은 아니지만 十全十美까지 이어지는 장면이 어떻게 가능할까? 이론적으로는 사실 간단하다. 일반적으로 중국 식당의 회식용 원탁형 식탁들은 10인용이 대부분이다. 사람 수가 좀 적으면 의자 한두 개를 빼기도 하고 사람 수가 늘어나면 한두 개를 더 넣어서 열두 명까지 앉게도 하는데, 5성급 호텔의 대연회장 같은 경우엔 심지어 20명 이상이 앉는 원탁형 식탁도 있다.

이렇게 한 테이블에 앉은 사람들이 돌아가며 한 잔씩 건배를 제의하기 시작하면 열 잔째의 구호 十全十美까지 가는데, 심한 경우에는 채 십분이 걸리지 않는 경우도 있다. 그러면 어떻게 이런 일들이 일어나는가? 앞에서 얘기한 뚜렷한 동기가 있는 경우에 일반적으로는 호스트가 먼저 시동을 걸겠지만, 피로연에 모인 청춘남녀 같은 경우라면 그 식탁에서 가장 숫기 있는 누군가가 바람을 잡으면서 시작된다.

앞에서 첫 번째 잔은 一心一意나 一帆风顺 같은 성어로 시작한다고 했지만, 피로연에서 한자리에 앉게 된 젊은 남녀 가운데 누군가가 바람을 잡은 것이라면, 아직 들어 본 적은 없지만 "오늘 이 테이블에 서로 첫눈에 반한 미래의 커플이 있을지도 모르니 그들을 위해 첫 건배사는 一见钟情(yí jiàn zhōng qíng 첫눈에 반하다)으로 하겠습니다"라며 너스레를 떨 수도 있을 것이다.

이렇게 누군가가 시작을 했는데 아무도 그 뒤를 잇지 않는 경우는 거의 없다. 우선 첫 잔을 제의한 사람에 대한 예의가 아니기도 하지만 무엇보다도 공동의 목적이 있기 때문이고, 그보다 더 현실적인 이유로는 회사의 회식 같은 경우 좌장이 돌아가면서 한마디씩 하고 건배 제의를 하라고 시키는 경우 거절할 수가 없기 때문이다.

반강제적인 마지막 경우에는 앉은 사람의 수만큼 권주사가 나오게 되고, 대부분의 이런 회식은 다섯 명은 훌쩍 넘는 인원이 참석하는 경우이므로 앞에서 본 五福临门에 이어 六六大顺(liù liù dà shùn), 七星高照(qī xīng gāo zhào), 八方来财(bā fāng lái cái), 九九同心(jiǔ jiǔ tóng xīn), 十全十美(shí quán shí měi) 등이 고구마 줄기 따라 나오듯 이어지게 되지만 늘 그런 것은 아니고, 건배 제안을 반드시 이렇게 숫자가 들어간 성어로 해야 한다는 법칙도 없다.

'팀 목표 달성을 위하여 건배!(为了预祝达成目标, 干杯 : wèi le yù zhù dá chéng mù biāo, gān bēi)' 같은 말일 수도 있겠고 '자리한 숙녀분들의 영원한 젊음과 미모를 위해 건배!'(为了祝在座的各位女士们, 永远年轻美丽, 干杯 : wèi le zhù zài zuò de gè wèi nǚ shì mén, yǒng yuǎn nián qīng měi lì, gān bēi) 같은 닭살 돋는 표현일 수도 있다.

단지 이 글에서는 실제 중국에서 흔히 듣고 볼 수 있는 1에서 10 혹은 그 이상의 숫자들로 만들어진 성어가 쓰이는 경우를 설명하고자 함이니 거기에 집중하자.

우선 아직 설명하지 않은 숫자들 가운데 쉬운 것들부터 보자. 七星高照(일곱 개의 별이 높은 곳에서 비춘다. 즉 상서롭다), 八方来财(팔방에서 재물이 들어온다), 九九同心(오래오래 한마음으로), 十全十美(열 가지 모두가 아름답다. 즉 완전무결하다) 등이다. 물론 이것들도, 특히 七星高照 같은 경우에는 깊이 설명하자면 길어지지만 이 정도만으로도 무슨 말인지는 알 수 있다. 그런데 남은 두 개 특히 三阳开泰는 글자만 봐서는 무슨 말인지 알 길이 없고, 六六

大順 역시 '아주(大) 순조로운(順)' 것과 관련된 말인 것은 알겠는데, 이것이 육(六)과 무슨 관계가 있는지는 알 수가 없다. 이 둘에 대해서는 따로 알아보도록 하고, 인원이 열 명 이상이 되면 十全十美로 해결이 안 될 텐데 그때는 어떻게 하느냐고 묻는 독자들의 궁금증부터 풀어 보자.

앞에서도 얘기했지만 반드시 숫자가 들어간 말로 건배를 제의해야 하는 것도 아니고, 또 이렇게 1부터 10까지의 숫자가 들어간 관련 성어들을 설명하는 이유도 이것들을 꼭 사용해야 한다거나 사용하라는 얘기이기보다는 이런 관습이 있다는 것도 알아 두고 또 이런 성어들도 알아 두시라는 차원이지만, 이왕 10 이상의 숫자는 어떻게 하느냐는 질문에까지 얘기가 미쳤으니 몇 가지만 더 알고 넘어 가자.

열한 명, 열두 명 혹은 그 이상이라 해서 11이나 12 등의 숫자가 들어간 성어를 쓰지는 않는다. 물론 그런 성어도 없지만, 대신 굳이 숫자를 쓰기를 원하는 사람이 있다면 '10' 이후에는 '백', '천', '만'으로 단위를 건너뛰는 방법을 쓸 수 있다.

물론 실제로 술자리에서 이렇게까지 숫자에 집착해서 건배를 하는 경우는 없다. 단지 궁금해하는 분들을 위해 숫자가 이어진다면 이런 방법은 가능하다는 얘기를 하는 것이고, 이제 설명하려는 '백', '천', '만'과 관련한 성어는 특히 연초의 인사로 한 묶음으로 많이 사용되는 축복의 인사말이므로 알아두면 좋은데, 바로 百事可乐(bǎi shì kě lè : 백 가지 일이 다 기뻐할 만하다), 千事吉祥(qiān shì jí xiáng : 천 가지 일이 길하고 상서롭다), 万事如意(wàn shì rú yì : 만사가 뜻대로 되다)이다.

누군가가 十全十美의 뒤를 이어 百事可乐로 건배를 제의하면 그 뒤 사람이 千事吉祥 그리고 그 다음 사람이 万事如意로 이어갈 수 있다는 얘기인데, 그럴 수 있다는 말이지 이런 경우를 실제 술자리에서 볼 기회는 거의 없다.

그리고 술자리를 제외하고 百事可乐, 千事吉祥, 万事如意 등이 따로 떨어져 하나의 독립적인 축복의 언어로 쓰이는 것으로는 우리도 자주 쓰는 万事如意뿐이고, 百事可乐나 千事吉祥을 쓰고 싶으면 祝您百事可乐, 千事吉祥, 万事如意와 같이 한 묶음으로 죽 이어서 얘기하면 그럴듯하다. 만(万)으로 시작하는 축복인사가 엄연히 있는데 '백(百)'이나 '천(千)'으로 인사를 끝내는 것은 그닥 합당치 않기 때문이다.

재미있는 것은 百事可乐는 단독으로 쓰이는 것을 많이 보게 되는데, 바로 '펩시콜라'의 중국어 브랜드명이 여기서 따온 百事可乐이기 때문이다. '펩시콜라'의 발음과 '바이쓰컬러'의 발음이 비슷한 데다가 그 의미 또한 상서로운 좋은 뜻이라 외국 브랜드의 중국 이름 표기 중 코카콜라(可口可乐 : kě kǒu kě lè)만큼이나 잘 만든 것으로 평가받는다.

주역을 모르면 이해가 되지 않는 三阳开泰

이제 남은 두 개의 성어, 三阳开泰(sān yáng kāi tài)와 六六大顺(liù liù dà shun) 가운데 우선 三阳开泰에 대해 알아보자. 글자들을 놓고 문장의 구조만으로만 보면 세 개(三)의 양(阳)이 泰를 연다(开)는 말이다. 양(阳)은 태양(太阳) 혹은 음양(阴阳)이라고 할 때 쓰는 글자인데, '泰'는 또 무슨 말인가? 이 말은 주역과 관계된 내용으로서, '세 개의 양효(阳爻 : yáng yáo)가 주역의 64괘(卦) 가운데 하나인 '태괘(泰卦)'를 연다'는 말이다. '양효(阳爻)'는 무엇이며 '태괘(泰卦)'는 또 무엇인가? 우선 태괘에 대한 두산백과의 설명을 보자.

〈태괘 泰卦 : 육십사괘 중의 하나. 육십사괘 중 곤괘(坤卦 : ☷)와 건괘(乾卦 : ☰)가 겹쳐 ' '의 형상을 이루는 괘이다. 음양(陰陽)이 화합하여 하나로 뭉쳐짐을 상징하는 지천태괘(地天泰卦)이다. 이는 대지(大地)의 음기(陰氣)가 내려오고, 하늘의 양기(陽氣)가 상승하는 형상으로 길하고 형통할 괘이다.〉

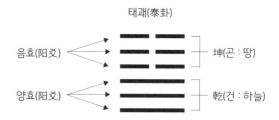

태괘(泰卦)

음효(阳爻) ← 坤(곤 : 땅)

양효(阳爻) ← 乾(건 : 하늘)

바로 위의 그림이 태괘를 간단히 설명한 것인데, 우리 태극기의 사괘에 해당하는 건(乾 : qián), 곤(坤 : kūn), 이(离 : lí), 감(坎 : kǎn) 중에서 건(乾)이 아래에 곤(坤)이 위에 위치해 있음을 볼 수 있다. 효(爻 : yáo)라는 것은 작대기 모양의 기호를 말하는 것으로, 그림에서 아래 세 개의 '효'처럼 작대기가 이어져 있으면 양효(阳爻)이고, 위의 세개처럼 가운데가 끊어져 있으면 음효(阴爻)라고 한다. 그러면 세 개의 양효(阳爻)가 태괘(泰卦)를 연다는 것은 무슨 말일까? 비밀은 괘(卦)를 그리는 순서에 있다. 괘를 그릴 때는 위에서부터 아래로 내려가며 그리는 것이 아니라, 밑에서부터 위로 그리며 올라

간다는 말이다. 따라서 태괘의 시작은 제일 아래에 있는 작대기(ㅡ)를 그리는 것부터 시작하며, 아래의 세 개의 양효를 그리고 나서 위에 있는 음효를 순서대로 그리게 된다. 바로 이것 때문에 '태괘'는 세 개의 '양'에서 시작한다는 의미의 '세 개의 양이 태를 연다'는 말이 생기게 된 것이다. 두산백과 설명의 마지막 부분을 보자. '태괘'를 '길하고 형통할 괘'라고 설명하고 있다. 또 태괘에 관한 다른 설명 글들을 보면 태괘는 정월에 해당한다고도 나와 있다. 따라서 三阳开泰는 세 개의 양효가 모여 길하고 형통함을 연다, 혹은 정월이 시작된다는 얘기이다. 그래서 이 말은 술자리에서뿐 아니라 새해를 시작하는 신년인사로 혹은 길운을 기원하는 덕담으로 더 많이 쓰인다.

이 그림은 또 무엇일까?

三阳에서 阳의 발음이 양(羊: yáng)과 같기 때문에 이 말을 글로 표기할 때에도 三阳开泰 대신 三羊开泰라고 쓰기도 하고, 실제로 위의 그림처럼 세 마리

양을 그린 그림으로 새해를 축하하거나 길운을 기원하는 선물 또는 장식으로 쓰기도 한다. 여기에서의 羊과 阳처럼 발음이 아예 같거나 비슷한 글자들을 서로 해음(谐音 : xié yīn)의 관계에 있다고 하는데, 이 이야기는 바로 뒤에서 다시 하도록 하자.

술 마시는 얘기를 하다가 주역 공부(?)까지 하게 되었지만, 배움에 주제

의 제약이 있을 수 없고, 일상에서 三羊开泰를 무수히 외치는 중국사람들도 그 정확한 의미를 아는 경우는 많지 않으므로 중국 친구들을 놀래킬 또 하나의 무기를 마련한 셈이니 시간 낭비는 아니었으리라.

해음(谐音)을 이용한 사자성어 六六大顺과 168

내친김에 六六大顺도 알아보자. 이것 역시 주역과 연관해 설명하는 사람들이 있지만 주역을 공부하지 않고 이해할 수 있는 얘기들은 아니라 여기서는 생략하고, 중국인들의 실생활과 밀접한 관련이 있는 谐音(xié yīn)에 따른 해석을 알아보자. 谐音이란 서로 다른 글자이지만 발음이 같거나 비슷한 경우 이들 발음을 谐音이라고 하는데, 방금 앞에서 본 阳과 羊 같은 것을 말한다. 이외에도 중국사람들은 谐音의 관계에 있는 글자들을 활용해 복을 기원하는 말이나 행동을 하기도 하고, 역으로 이들 글자들 때문에 특정 행위나 글자를 금기시하기도 한다. 대표적인 예가 '돈을 벌다'라는 发财(fā cái)의 发(fā)와 숫자 八(bā)의 발음이 비슷하다 하여 八가 들어간 자동차 번호판을 선호하다 보니 8888 같은 경우 프리미엄이 우리 돈으로 몇천만 원을 호가하기도 한다. '이별(离别)'의 离(lí)와 '배(梨)'의 梨(lí)가 발음이 같다 하여 연인끼리는 배를 나누어 먹지 않는다는 이야기 또한 같은 예인데, 六六大顺이 바로 그런 경우라는 설명이다. 이 설명에 따르면 六六大顺(liù liù dà shun)은 '路路大顺(lù lù dà shun : 가는 길마다 순탄하라)'는 의미이다. 六(liù)와 路(lù)의 발음이 유사하므로 六를 路의 의미로 썼다는 말이다. 그냥 路路大順이라고 하면 되지 굳이 六로 바꾸어 썼냐고 묻는 독자를 위해 설명하자면, 술자리에서뿐만 아니라 六라는 숫자가 나름의 의미를 갖는 어떤 상황에서 六가 들어간 그럴듯한 성어가 없기 때문에 路路大順의 의미로 六六大順을 쓴 것이다. 앞에서 보았듯이 다른 숫자들은 다들 해당 숫자로 시작하는 그럴듯한 성어들이 있는데 비해 실제로 六가 들어간 상서로운 의미의 성어는 없다. 따라서 구성원이 여섯 명인 작은 모임을 결성했는데, 여섯이 갖는 의미를 뭔가 그럴듯하게 표현하고 싶을 때라든지, 여행을 가기로 했는데 마침 출발일이 6일이라든지, 60세 혹은 66세 생일을 맞는 경우 등등 六六大順을 쓰게 될 경우는 실로 차고도 넘친다.

'168'이 돈 많이 벌자는 얘기라고?

路 대신 六를 사용하는 재미있는 다른 사례로 필자가 미국 샌디에이고에서 근무하던 시절의 작은 푸드코트가 생각난다. 집 근처에 영어로는 'Ranch 99', 중국어로는 '大华'라는 이름의 대형 마트가 있었는데 이 마트에 입점한 작은 중국음식 코너의 간판이 '168'이었다. 미국 사람들도 많이들 와서 먹는 곳이었는데, 그들로서는 중국사람들이 왜 저런 이상한 간판을 달았는지 상상조차 할 수 없었을 것이다. 같은 동양인이라도 중국어를 제대로 배우지 않고서는 우리라고 별 방법이 있을 리는 없겠지만 말이다. 그 식당의 사진은 구할 수 없어서 마침 플로리다에 있는 같은 이름의 식당 사진을 첨부했다.

저 숫자들을 중국어로 읽어보자. 一六八(yí liù bā)이다. 무엇이 떠오르는가? 바로 앞에서 설명한 六(liù)와 八(bā)의 谐音인 路(lù)와 发(fā)가 떠오르지 않는다면 돌아가서 앞에서 한 설명을 다시 읽고 오기 바란다. '168', 즉 一六八(yí liù bā)는 一路发(yí lù fā)를 谐音을 이용해 숫자로 표현한 것이다. 그러면 一路发는 무슨 말인가?

一路(yí lù)는 '가는 길 내내', 즉 '어떤 일이 진행되는 전 과정 내내'라는 의미인데, 주로 여행을 떠나는 사람에게 해주는 축복의 말인 一路顺风(yī lù shùn fēng : 가는 길 내내 순풍이 함께 하기를)이나 一路平安(yí lù píng ān : 가는 길 내내 평안하기를)처럼 사용된다. 마지막 글자 发는 다시 설명하지 않더라도 '돈을 벌다(发财 : fā cái)'라는 의미이니, 一路发는 '계속 돈 버세요' 혹은 '계속 돈 벌자~'라는 의미임을 알 수 있다.

이렇게 谐音 관계에 있는 路路大顺을 六六大顺으로 바꾸었다는 해석 외에 공자의 『春秋』를 재해석한 역사서이자 문학 작품인 『春秋左氏传』에 나오는 구절 君义臣行父慈子孝兄爱弟敬六顺也에서 六六大顺이라는 말이 유래되었다는 해석이 있는데, 이 말은 君义(임금은 의롭고), 臣行(신하는 실행하며), 父慈(아비는 자애롭고), 子孝(자식은 효도하며), 兄爱(형은 사랑하고), 弟敬(아우는 공경하니), 六顺也(여섯 가지 순리라)라는 뜻이다.

'6'이라는 숫자와 관련해 축복의 의미를 담은 말로 쓰이기에는 아무래도 路路大顺설이 군신과 부자, 형제의 도리까지 들먹이는(?) 『춘추좌씨전』 유래설보다 현실감이 있어 보이지만, 요점은 六六大顺이 숫자 '6'과 관련하여 축복하거나 행운의 메시지를 내야 하는 경우 '6은 좋은 거야(^^), 모든 게 순조로울 거야!'라는 느낌으로 쓰는 말이라는 점이다.

한 가지 성어, 두 가지 뜻
好自为之

1. 你既然不听大家的劝告，那就好自为之吧。别说我们没提醒过你。(nǐ jì rán bù tīng dà jiā de quàn gào, nà jiù hǎo zì wéi zhī ba. bié shuō wǒ men méi tí xǐng guò nǐ)

   모두의 충고를 무시하겠다면 이젠 알아서 해, 나중에 우리가 충고해 주지 않았다는 소리 따윈 말고.

2. 那儿太危险, 如果你必须去, 那就好自为之吧。(nàr tài wēi xiǎn, rú guǒ nǐ bì xū qù, nà jiù hǎo zì wéi zhī ba)

   거긴 너무 위험한데, 꼭 가야 한다면 부디 몸조심하십시오.

위 두 개의 문장에 공통적으로 나오는 성어가 있다.

好自为之

그런데 어찌 된 일인지 번역한 내용이 좀 다르다. 1번이 '알아서 해'라는 뭔가 기분이 상한 상태에서 더 이상의 대화를 포기하는 듯한, 마치 '이제 난 모르겠으니 죽든 살든 네가 알아서 해' 같은 느낌을 담은 말인 데 비해, 2번은 '견뎌내라', '조심해라'와 같이 염려가 담긴 격려와 당부의 의미이다. 하나의 성어가 어떻게 이렇게나 다른 의미로 사용되게 되었을까?

같아 보이지만 사실은 같은 성어가 아니기 때문이다. 이게 무슨 말인가?

이 말의 출전이 다르며, 전혀 다른 상황에서 다른 의미로 쓰인 말이라는 얘기이다. 사실 이 말을 자주 쓰는 중국사람 중에도 어떤 때 어떻게 다르게 쓰는지는 다 알면서도, 정작 왜 그런지에 대해 아는 사람은 거의 없다. 뜻은 알지만 차이가 나는 이유까지는 대부분 모르고 쓰고 있다는 말이다.

알아서 하시고 ~ 대신 책임도 지시고 ~

예문 1과 같이 쓰이는 경우의 好自为之의 출전은 서한(西汉) 시대 회남(淮南:huái nán)의 왕이었던 유안(柳安 : liǔ ān)이 식객이던 문인과 학자들의 글을 모아 편찬한 『회남자 : 淮南子(huái nán zǐ)』 에 실린 글들 가운데 군주의 덕목을 얘기한 「本经训(běn jīng xùn)」에 나오는 아래의 말이다. 그리고 이것이 이 성어의 첫 번째 典故이다.

君人者不任能 , 而好自为之 , 则智日困而自负其责也。(jūn rén zhě bú rèn néng, ér hǎo zì wéi zhī, zé zhì rì kùn ér zì fù qí zé yě)

'군주가 능력 있는 인재들에게 일을 맡기지 않고 직접 처리하는 것을 좋아하면 시간이 지남에 따라 그 책임을 자신이 져야 함을 알게 될 것이다'라는 의미인데, 이때 好自为之의 好는 '좋아하다'라는, 즉 '4성'으로 읽어야 하는 '동사'로 사용되었다. 즉 hǎo zì wéi zhī가 아니라 hào zì wéi zhī로 읽어야 한다는 얘기이다.

好自为之를 찬찬히 살펴보자. 好는 앞서 말한 대로 '좋아하다'로 쓰였는데, 목적어가 그 뒤에 오는 세 글자 自为之이다. 즉 '자기(自)가 그것(之)을 하는(为) 것'을 좋아한다는 말이다. 为는 '하다'라는 뜻이고, 之는 '그것'이라는 말인데, 여기서 그것은 '재능 있는 신하에게 맡겨도 될 일'을 말한다. 따라서 여기서의 好自为之는 '신하에게 맡겨도 될 일을 군주가 직접 하는 것을 좋아한다'는 의미이다. 그 뒤 구절까지 해석할 필요는 없겠지만 저 앞의 해석에서 얘기했듯 '책임을 져야 한다'는 것이 뒤 구절의 핵심이고, 이 성어가 현대에 와서 '네가 하고 싶다면(마음대로 하되) 책임은 스스로 져라'는 말로 쓰이게 된 이유이다.

부디 몸조심하시오

그런데 이 말이 어쩌다가 2번의 예처럼 '조심해라', '잘 지내라', '잘해라' 같은 다른 뜻까지 갖게 되었을까?

이때의 好自为之는 힘든 상황을 앞에 두고 있는 친구나 아랫사람에게 몸조심하고 일 잘 처리하라는 의미로 사용하거나, 먼 길을 떠나는 사람에게 혹은 꽤 긴 시간의 이별을 하는 사람끼리 서로에게 잘 지내라는 의미로 사용한다.

이런 의미로 사용되는 好自为之는 典故가 다르다. 앞의 것에 비해 2000년이나 지난 청(淸) 나라 말기인 1885년, '중국 근대 신문의 아버지'라 불리는 사상가이자 소설가였던 王韬(wáng tāo)가 태평천국의 난을 배경으로 쓴 소설 『淞隐漫录 ; sōng yǐn màn lù 』의 제5권 「四奇人合(sì qí rén hé)」가 그 출처이다.

"君素怀大志 , 当杀贼以报国. 此时正大丈夫建功立业之秋 , 愿勿以儿女子为念。行矣李君 , 好自为之！城破 , 妾必不被辱。君能自保 , 妾虽死犹生也。(jūn sù huái dà zhì, dāng shā zéi yǐ bào guó. cǐ shí zhèng dà zhàng fu jiàn gōng lì yè zhī qiū, yuàn wù yǐ ér nǔ zǐ wéi niàn. xíng yǐ lǐ jūn, hǎo zì wéi zhī! chéng pò, qiè bì bú bèi rǔ. jūn néng zì bǎo, qiè suī sǐ yóu shēng yě)"

대략 해석해 보면

"낭군께서는 큰 뜻을 품은 분이니, 도적 떼를 죽여 나라에 보답해야 할 것입니다. 지금이야말로 대장부가 공을 세워야 할 때이니, 저 같은 아녀자에 개의치 마시고 떠나십시오. 부디 몸조심하시기를! 성이 무너져도 소첩은 결코 욕보임을 당하지 않을 터, 낭군께서 목숨을 보전하신다면 저는 죽어도 산 것과 같사옵니다!"

의협심과 애국심의 대명사 같은 여주인공 郑满仙(zhèng mǎn xiān)이 태평군의 공격이 임박하자 사랑하는 남자 李生(lǐ shēng)에게 자신이 가진 돈 전부를 내어 주며, 도주하여 나라를 위해 공을 세우라고 당부하는 장면이다.

李生이 떠난 후 결국 성 아래로 몸을 던져 태평군으로부터 자신의 몸을 지킨 郑满仙의 이 비장한 마지막 대사에 나오는 말이 好自为之인데, 번

역한 내용에서 알 수 있듯이 '부디 잘 지내시라'는 뜻이 기본이지만 더불어 '대업을 잘 이루라'는 당부의 느낌도 있음을 알 수 있다.

　문법적으로 이 말을 해석하자니 2000년도 더 지난 『회남자』에 나온 好自为之를 해석하기보다도 더 까다롭지만, 마지막 두 글자 为之를 '대업을 이루는 것'으로 해석하든, '지내라'는 말로 해석하든, 앞의 好는 절대 '좋아하다'는 뜻은 아님을, 굳이 근세 중국어 문법을 찾아보지 않아도 문맥상 알 수 있다. 이때의 好는 '잘'이라는 부사적 의미로 사용되었다.

　참고로 현대 중국인들은 이 好自为之를 1번의 예, 즉 자기 결정에 책임을 지라는 말로 훨씬 더 많이 쓰지만, 2번의 예로도 간혹 사용하며, 특히 사극 같은 데서는 2번의 용법도 많이 보인다. 일상생활에서 2번의 의미, 즉 '잘 지내라', '몸조심하라'는 말을 하고자 하는 경우에는 好自为之보다는 保重이나 一路平安(먼 길을 떠나는 경우)을 쓰는 것이 더 자연스럽다. 1번의 경우이건 2번의 경우이건 好는 '3성'으로 발음한다.

　위의 그림에서 부모의 반대를 한사코 뿌리치고 의병으로 나가겠다는 아들을 향해 모친이 '몸조심하라(保重)'고 염려 섞인 당부를 하는 데 반해, 아들의 고집에 화가 난 부친은 등을 돌린 채 '죽든 살든 네 맘대로 하라(好自为之)'고 노여워하는 모습을 볼 수 있다. 이때 설사 모친이 好自为之라고 했다 하더라도 저 그림의 상황이라면 그때는 당연히 '몸조심하라'는 의미로 사용한 것으로 이해하면 된다.

이렇게 한 가지 성어가 두 가지로 사용되다 보니 다음과 같은 애매한 상황도 생긴다. 두 친구가 같은 일터에서 일하게 됐는데 어찌 된 일인지 일터에 나쁜 놈들투성이다. 그중 한 친구가 '이런 데 더 있다가는 우리도 물들겠다'면서 때려치우자고 하는데 친구가 영 말을 듣지 않는다. 결국 그 친구가 떠나며 한마디 한다.

既然你坚持留下来 , 那就好自为之吧!(jì rán nǐ jiān chí liú xià lái, nà jiù hǎo zì wéi zhī ba).

이 말은 '그래도 계속 남겠다니, 조심해서 잘 처신하게.'라는 의미의 말일까? 아니면 '그래도 계속 남겠다니, 이제부턴 알아서 처신하게.'처럼 '나 몰라라'투로 하는 말일까? 물론 현대 직장인들 사이의 대화라면 조심하라는 당부의 말인 경우 好自为之를 써서 하기보다는 你自己多保重이나 你自己多小心 같은 표현을 쓸 것이다.

드라마 같은 데서 이런 경우를 보게 된다면 둘의 관계나 그 말을 하기 직전의 대화 내용, 친구의 표정 등을 보아야만 알 수 있다.

성어도 만들어내는 근대 소설가들

王韜의 好自为之

중국 신문의 아버지이자 소설가인 王韜(wáng tāo)가 『회남자』에 나오는 好自为之의 뜻을 몰랐을 리는 없고, 왜 이렇게 이미 굳어진 성어의 의미를 임의로 바꾸어 가며 이 성어를 다른 뜻으로 써서 후대 사람들을 헷갈리게 했을까? 결론부터 얘기하자면 적어도 언어의 사용이라는 측면에서는 그렇게 해도 될 만한 사회적 지위에 있었기 때문이라고 본다.

다른 한 가지 예를 더 보면 '그렇게 해도 될 만한 사회적 지위'라는 이 말의 의미를 좀 더 구체적으로 이해할 수 있을 것 같다.

鲁迅의 疾善如仇

嫉恶如仇(jí è rú chóu : 악을 혐오하기를 원수같이 하다)와 疾善如仇(jí shàn rú chóu : 선을 혐오하기를 원수같이 하다)는 완전히 상반되는 의미의 성어이다. 嫉恶如仇의 출전은 한(汉)나라 때의 『천예형표荐祢衡表』이고 疾善如仇의 출전은 1926년 鲁迅(Lǔ Xùn)이 발표한 논문*『论"费厄泼赖"应该缓行 : lùn"fèi è pō lài" yīng gāi huǎn xíng 』이다. 王韜가 好의 뜻을 달리해서 새로운 성어를 만들었다면, 鲁迅은 기존의 성어에서 恶을 善으로 바꾸어 씀으로써 새로운 성어를 만들어냈다.

참고로, 예를 드느라 인용한 鲁迅이 만든 疾善如仇는 실생활에서 쓰이는 성어는 아니다. '선한 꼴을 보지 못하는 특별히 악한 자'를 형용할 때나 쓸 수 있는 말이니, 굳이 외워 두거나 할 필요는 없지만 아주 악독한 인간에 대해 대화하는 과정에서 那个坏蛋是个疾善如仇的人(nà ge huài dàn shì ge jí shàn rú chóu de rén)처럼 말할 수 있다면 중국 친구들은 십중팔구 佩服!(pèi fú : 대단해!) 佩服!를 연발할 것이다. 이때 那个坏蛋是个疾善如仇的人의 의미는 '그 나쁜 놈은 착한 거하고는 원수가 진 놈이라니까!' 정도가 되겠다.

이 책의 독자들에게도 중국 친구들로부터 佩服!라는 감탄사를 듣는 날이 하루빨리 오기를 기원한다.

앞의 글에서 소설가 老舍(lǎo shě)에 의해 창작된 绞尽脑汁(jiǎo jìn nǎo zhī)를 공부하면서 성어라는 것이 반드시 고대의 것이 아닐 수도 있다는 것을 알게 되었다면, 好自为之와 疾善如仇 두 가지 예를 통해서는 '성어는 언중(言众)이 긴 세월 사용하여 정형화된 표현이므로 임의로 글자나 순서, 의미를 바꿀 수 없다'는 성어의 기본 규칙조차도 언어의 유희를 업으로 삼는 사람들 앞에서는 무용지물이 됨을 알게 되었다. 즉 성어도 결국은 다른 어휘들처럼 궁극적으로는 변화할 수 있다는 얘기이고, 지금 이 순간에도 중

---

* 『论费"厄泼赖"应该缓行』: 『"페어플레이, 서서히 실행해야 함'에 관한 논함』이라는 의미로, 费厄泼赖(fèi è pō lài)는 영어 단어 페어플레이(fair play)의 음역이지만, 요즘 이렇게 말하는 사람은 거의 없다. 公平竞争(gōng píng jìng zhēng)이 페어플레이의 적절한 중국어 표현이다.

* 佩服(pèi fú) : '탄복하다', '기꺼이 복종하다'의 의미로 상대의 말이나 행위에 "대단하십니다"라고 경의를 표할 때 쓴다.
  친구 사이라면 속어로 '졌다'의 느낌을 담은 말이다. 매우 자주 쓰이는 말이다.

국 어딘가에서는 새로운 혹은 본래의 모습과는 달라진 성어들이 유통(^^)되고 있을지도 모른다. 물론 그 이유가 반드시 앞의 예들처럼 저명한 문인들의 언어적 창조력이나 '오피니언 리더'로서의 사회적 영향력 때문만은 아닌 경우도 있다. 일반 어휘이든 성어이든 관용어이든 잘못 사용하는 대중이 늘어나면서 그 뜻이 와전되어 계승될 가능성도 배제할 수는 없다는 말이다. 우리말 비속어인 '존버'를 보라. 일부 젊은 층이 어원도 잘 모르고 만들어낸 민망한 어휘를 모 유명 작가가 공공연하게 사용함으로써 '반복된 오용'과 '저명 인사의 사회적 영향력'이라는 두 가지 요인이 상승작용을 일으켜 이제는 사전에까지 등재되는 '신분'이 되지 않았는가.

언어는 변한다. 성어라고 예외일 수는 없다.

본문에 나온 주요 고사성어

1. 새옹지마(塞翁之馬/塞翁之马)

'새옹의 말'이라는 의미인데, 인생의 길흉화복은 변화가 많아서 예측하기가 어렵다는 뜻이다. 옛날에 새옹이 기르던 말이 오랑캐 땅으로 달아나서 노인이 낙심하였는데, 그 후에 달아났던 말이 준마를 한 필 끌고 와서 그 덕분에 훌륭한 말을 얻게 되었으나, 아들이 그 준마를 타다가 떨어져서 다리가 부러졌으므로 노인이 다시 낙심하였는데, 그로 인하여 아들이 전쟁에 끌려 나가지 아니하고 죽음을 면할 수 있었다는 이야기에서 유래한다.

중국에서는 '새옹이 말을 잃어 버리다'라는 의미로 새옹실마(塞翁失马 : sài wēng shī mǎ)라고 한다.

출처 : 『회남자 淮南子 : huái nán zǐ』 「인간훈 人间訓 : rén jiān xùn」

2. 주지육림(酒池肉林 : jiǔ chí ròu lín)

'술 연못, 고기 숲'이라는 의미로, 술과 여색이 어우러진 방탕하고 사치스러운 생활을 이르는 말이다. 중국 은(殷)나라의 마지막 왕인 주(纣)왕이 연못을 파 술로 채우고 숲의 나뭇가지에 고기를 걸어 잔치를 즐겼던 일에서 유래한다. 여기에 등장하는 왕비가 세기의 음녀(淫女)이자 중국 4대 경국지색(倾国之色 : qīng guó zhī sè)의 한 명인 달기(妲己 : dá jǐ)이다.

출처 : 『사기 史记 : shǐ jì』 「은본기 殷本纪 : yīn běn jì」

3. 결초보은(结草报恩)

'풀을 묶어 은혜에 보답한다'는 의미로, 결초보은하겠다고 하면 죽어도 은혜를 잊지 않고 보답하겠다는 말이다. 중국 춘추 시대에 진(晋 : jìn) 나라의 위과(魏 颗 : wèi kē)가 부친이 세상을 떠난 후에 부친의 첩을 순장(殉葬)하지 않고 개가 하게 해 주었더니, 훗날 전쟁터에서 그녀의 아버지의 혼이 적군의 앞길에 풀을 묶어 적을 넘어뜨림으로써 위과가 공을 세울 수 있도록 했다는 고사에서 유래 한다.

출처 : 『춘추좌씨전 春秋左氏传 : chūn qiū zuǒ shì zhuàn』

4. 사면초가(四面楚歌 : sì miàn chǔ gē)

'사방이 초나라 노래'라는 의미로, 아무에게도 도움을 받지 못하는 외롭고 곤란 한 지경에 빠진 것을 이르는 말이다. 초(楚)나라 항우(项羽 : xiàng yǔ)가 사면을 둘러싼 한(汉 : hàn)나라 군의 진영에서 들려오는 초나라의 노랫소리를 듣고 한 나라 진영으로 잡혀간 초나라 군사들의 수가 이미 상당히 많은 줄 알고 전의를 상실했다는 이야기에서 유래한다.

출처 : 『사기 史记 : shǐ jì』 「항우본기(项羽本纪 : xiàng yǔ běn jì」

5. 와신상담(卧薪尝胆 : wò xīn cháng dǎn)

'장작더미에 몸을 눕히고 쓸개를 맛본다'는 의미로, 원수를 갚거나 마음먹은 일 을 이루기 위하여 온갖 어려움과 괴로움을 참고 견디는 것을 비유적으로 이르 는 말이다. 중국 춘추 시대 오(吴: wú)나라의 왕 부차(夫差 : fū chāi)가 아버지 의 원수를 갚기 위해 장작더미 위에서 잠을 자며 월(越 : yuè)나라의 왕 구천(勾 践 gōu jiàn)에게 복수할 것을 맹세하였고, 그에게 패배한 월나라의 왕 구천이 쓸개를 핥으면서 복수를 다짐한 데서 유래한다.

출처 : 『사기 史记 : shǐ jì 』「월세가(越世家 : yuè shì jiā)」

6. 지록위마(指鹿为马 : zhǐ lù wéi mǎ)

'사슴을 가리키며 말이라고 하다'라는 의미로, 윗사람을 농락하여 권세를 마음
대로 함을 이르거나, 모순된 것을 끝까지 우겨서 남을 속이려는 짓을 비유적으
로 이르는 말이다. 중국 진(秦 : qín)나라의 조고(赵高 : zhào gāo)가 자신의 권
세를 시험하여 보고자 황제 호해(胡亥 : hú hài)에게 사슴을 가리키며 말이라고
하면서 대신들로 하여금 자신의 말에 동조하게 한 데서 유래한다.

출처 : 『사기 史记 : shǐ jì 』「진시황본기(秦始皇本纪 : qín shǐ huáng běn jì)」

指鹿为马

이상훈의 고품격 중국어

초판 1쇄 발행 | 2022년 11월 1일

지은이 | 이상훈 · 강월아
펴낸이 | 이성수
주간 | 김미성
편집장 | 황영선
편집 | 이경은, 이홍우, 이효주
디자인 | 여혜영
마케팅 | 김현관
펴낸곳 | 올림
주소 | 07983 서울시 양천구 목동서로 77 현대월드타워 1719호
등록 | 2000년 3월 30일 제2021-000037호(구:제20-183호)
전화 | 02-720-3131 | 팩스 | 02-6499-0898
이메일 | pom4u@naver.com
홈페이지 | http://cafe.naver.com/ollimbooks

ISBN 979-11-6262-055-7 03720